Ullstein

Für Anna
Sabine
11/94

ÜBER DAS BUCH:

Claire Waldoff, Volkssängerin und Kabarettistin, zählte im ersten Drittel unseres Jahrhunderts zu den populärsten Persönlichkeiten der Bühne. Ihr Name stand für Witz, Schlagfertig- und Volkstümlichkeit. Begriffe, die man noch heute mit Claire Waldoff assoziiert. Sie interpretierte Lieder von Kurt Tucholsky, Walter Kollo und anderen namhaften Textdichtern und Komponisten der zwanziger Jahre. Doch sie schrieb auch viele ihrer Chansons selbst; so stammt ihr wohl bekanntestes »Wer schmeißt denn da mit Lehm?« aus eigener Feder.

Helga Bemmann zeichnet den Lebensweg des »Spatz von Berlin« nach und nimmt den Leser mit auf eine Reise durch die Berliner Bühnenwelt der Vorkriegszeit, so daß sich die Atmosphäre jener Jahre erahnen läßt.

DIE AUTORIN:

Helga Bemmann, geboren 1933, studierte an der Universität Leipzig und arbeitete 1954–1969 als Redakteurin und Verlagslektorin in Berlin. Sie veröffentlichte zahlreiche Bücher, speziell über Dichter und Künstler der kleinen Bühne, des Kabaretts und des Chansons (Ringelnatz, Otto Reutter, Marlene Dietrich, Friedrich Hollaender, Truck Hesterberg). Sie lebt als freischaffende Autorin in Prieros in der Mark Brandenburg.

Weitere Veröffentlichungen (u. a.): *Kurt Tucholsky (1992, UB 35375)*; *Erich Kästner (1994, UB 35391)*.

Helga Bemmann

Claire Waldoff

»Wer schmeißt denn da mit Lehm?«

Ullstein

Biographie
Ullstein Buch Nr. 35430
im Verlag Ullstein GmbH,
Frankfurt/M – Berlin

Völlig neu bearbeitete
und neu eingerichtete Ausgabe
Mit zahlreichen Abbildungen

Umschlagentwurf:
Jutta Schneider
Unter Verwendung einer Abbildung
des Bildarchivs Preußischer Kulturbesitz
Alle Rechte vorbehalten
© 1994 by Verlag Ullstein GmbH,
Frankfurt/M – Berlin
Printed in Germany 1994
Gesamtherstellung:
Ebner Ulm
ISBN 3 548 35430

Oktober 1994

Die Deutsche Bibliothek –
CIP-Einheitsaufnahme

Bemmann, Helga:
Claire Waldoff: »Wer schmeisst denn da mit Lehm?« /
Helga Bemmann. – Völlig neu bearb. und neu eingerichtete Ausg. –
Frankfurt/M ; Berlin : Ullstein, 1994
(Ullstein-Buch ; Nr. 35430 : Biographie)
ISBN 3-548-35430-0
NE: GT

Inhalt

Von der Töchterschule zur »Schmiere«
11

Debüt in Berlin
31

»Mein geliebtes Schmackeduzchen«
44

Der Stern von Berlin
57

Claire – die Berlinerin
83

Claire wird »Schützengrabenbraut«
97

Kabarett, Kintopp und Revue
114

Zwischen »Großem Schauspielhaus« und »Kabarett der Komiker«
133

Repertoire, Interpretation und Komponisten
164

Wer schmiß denn da mit Lehm?
187

Abschied von der Bühne
203

Anhang

Lieder aus dem Repertoire
219

Hermann heeßt er!

Wer schmeißt denn da mit Lehm?

Heinrich heeßt er!

Die Radpartie

Hannelore

Kritiker und Kollegen über Claire Waldoff
230

Das Repertoire (Werkverzeichnis)
237

Claire Waldoffs Lebenslauf
250

Literaturverzeichnis
254

Abbildungsnachweis
258

Personen- und Sachregister
259

Und im übrigen nur fest gelacht.
Lachen ist des Lebens letzter Schimmer,
sturer Ernst hat alles kleen gemacht.

CLAIRE WALDOFF

Von der Töchterschule zur »Schmiere«

Wer es nicht anders weiß, rechnet Claire Waldoff schon nach der ersten Strophe irgendeines Liedes, das er von ihr hört, dem Berliner Sprachraum zu. Aber in der großen Stadt an der Spree hat ihre Wiege nicht gestanden – eine Gemeinsamkeit vieler in dieser Stadt und mit ihrem Idiom berühmt Gewordener. Sie teilt dieses Schicksal mit ihrem langjährigen Freund Heinrich Zille, der im sächsischen Radeburg das Licht der Welt erblickte, mit ihrem Rezensenten Alfred Kerr, dem Kaufmannssohn aus Breslau, der nicht nur für das »Berliner Tageblatt« arbeitete, sondern auch witzige Lieder in »Berlinisch« zu schreiben wußte, und vielen anderen. »Wat heeßt ›mit vielen anderen‹?« – würde Claire Waldoff als Kennerin des Berliner Lebens hier einwerfen und den Satz korrigieren: »Mit den meisten anderen.« Sie hätte darin durchaus recht! Um die Jahrhundertwende kamen über fünfzig Prozent aller »Neuzugänge«, wie es in der Amtssprache der preußischen Polizeistatistik hieß, aus den »Provinzen des Reiches«. Von daher kam auch Claire Waldoff. Genauer gesagt: Sie kam aus Gelsenkirchen im Rheinland.

Der Auszug aus dem Personenstandsregister des Einwohnermeldeamts der Stadt Gelsenkirchen weist nach, daß sie, die eigentlich Clara Wortmann hieß, als siebentes Kind des »konfessionslosen Freidenkers Wilhelm Wortmann und seiner katholischen Ehefrau Clementine Wortmann, geb. Hiltropp« – so der amtliche Eintrag – am 21. Oktober 1884 geboren wurde. Sie waren eine große Familie, wie zu dieser Zeit üblich. Außer ihr sind im standesamtlichen Register noch elf Kinder verzeichnet, nicht sechzehn, wie sie in ihrer Biographie angibt. Ihre Geschwister hießen Wilhelm, Fritz, Otto, Emil, Emma, Emilie, Carl, Hugo, Laura,

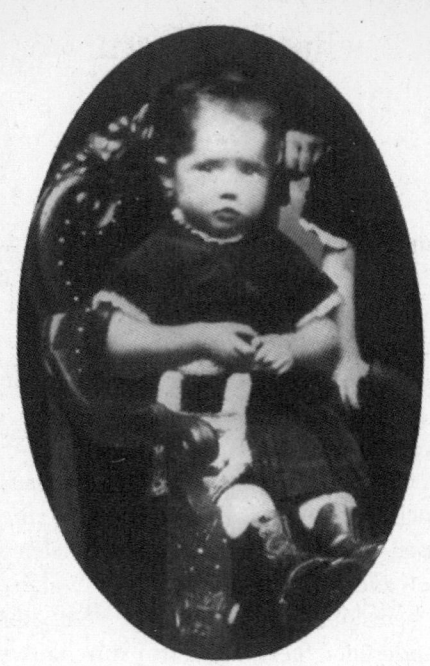

Claire als Kind

Giordano Bruno sowie Ewald und erhielten, wie sie selbst auch, die evangelische Religion. Der Vater, ein ehemaliger Bergmann und Steiger, hatte, als Clara zur Welt kam, bereits die Grube mit dem Schanktisch vertauscht und in der Gelsenkirchener Mühlenstraße 8 eine Gastwirtschaft übernommen. In ihrer rheinischen Heimatstadt, damals etwa 35 000 Einwohner, besuchte Clara Wortmann die Volksschule, und hier hatte sie auch ihre ersten prägenden Kindheitserlebnisse, von denen sie in ihrem Erinnerungsbüchlein »Weeste noch« schreibt: »Als ich noch ein Kind war, waren die Nächte oft erfüllt vom stillen Weinen der Angehörigen der Bergleute. Die schlagenden Wetter unter der Erde forderten bei den häufigen Katastrophen, wo eine Zeche neben der

Claire Waldoffs Geburtsstadt Gelsenkirchen. Luftbildaufnahme der Innenstadt.

anderen liegt, oft ihre Opfer. Stundenlang warteten dann die Mütter, Bräute und Kinder mit den Familien voll Angst auf die Heimkehrenden, ob sie unter den Toten oder den Lebenden sind. Die herzzerreißenden Szenen haben sich für immer meinem Kinderherzen eingeprägt, und der Bergmannsgruß ›Glück auf!‹ ist mir in seiner tiefen und schönen Bedeutung Sinnbild meiner Heimat an der Ruhr.«

Die häufigen Katastrophen in den Gruben der Stadt forderten erschreckend viele Opfer. 1886, zwei Jahre nach der Geburt Claras, verzeichnete das Gelsenkirchener Revier mit 56 Toten auf der Zeche »Consolidation« eines der schwersten Bergwerksunglücke seiner Geschichte. 31 der Verunglückten hinterließen Familie, die ohne Ernährer dastanden. Auch in den folgenden Jahren von Claras Kindheit kam es immer wieder zu schweren Unglücksfällen, die zumeist eine Folge der überlangen Arbeitszeiten – vielfach zwölf bis vierzehn Stunden täglich –, der mangelhaften Sicherheitsvorkehrungen unter Tage und des zu schnellen Kohleabbaus waren.

Mit den Lebensverhältnissen der Bergarbeiter stand es in jener Zeit nicht gerade zum besten. Nur ein kleiner Teil wohnte in werkseigenen Mustersiedlungen; der Rest, viele Großfamilien mit sechs bis zehn Personen, mußte sich mit zwei Zimmern als Wohnung begnügen; mitunter kamen noch zwei oder drei Kostgänger hinzu. Zur gleichen Zeit, während die Wortmann-Kinder die Schule besuchen konnten, waren über 6500 andere Kinder in den Gruben der großen Gesellschaften des Gelsenkirchner Reviers zur Arbeit verdammt, um der Familie das Existenzminimum sichern zu helfen.

Die zwölf Kinder des Gastwirts Wortmann, es waren acht Söhne und vier Töchter, hatten demgegenüber bessere Startbedingungen. Aber soviel warf wiederum der Schankbetrieb auch nicht ab. Der Vater war gezwungen, mit einem Kleinhandel dazuzuverdienen und Futtermittel sowie Landprodukte auf- und weiterzuverkaufen, damit es für die große Familie reichte. Dennoch, die Wortmann-Kinder waren etwas besser dran als die meisten ihrer

Altersgenossen. Das galt insbesondere für die begabte Claire, die sich im Gegensatz zu ihren Geschwistern weniger für handwerkliche Berufe interessierte, desto mehr aber für Bücher und fürs »Weiterkommen«, wie sie es nannte, auf geistigem Gebiet.

Ende der neunziger Jahre zog Familie Wortmann von Gelsenkirchen nach Oberhausen. Der Vater übernahm dort eine größere Gastwirtschaft, erwarb eine Konzession für einen Singspielbetrieb und eröffnete in seinem Lokal ein Varieté. Das neue Etablissement befand sich in dem Gebäude Marktstraße/Ecke Lothringer Straße und firmierte als Restaurant und »Wortmanns Varieté«. Die Eindrücke, die die muntere Claire als Tochter eines Varietébesitzers in ihren Oberhausener Jugendjahren aufnahm, gaben zweifellos mit die Richtung an, als die Zeit herankam, ihre weitere Lebensbahn zu bestimmen. Vorerst aber gab es hier mancherlei Abenteuer, und statt »in die Klappe zu kriechen«, ging es abends, wie sie sich erinnert, »zu den Artisten«. Im Varieté ihres Vaters schloß sie Freundschaft mit den Zirkusleuten und machte Bekanntschaft »mit dem Milieu der Dummen Auguste«.

»Wortmanns Varieté«, vornehmer auch als Konzerthaus bezeichnet, bestand bis 1908. Der Vater zog wieder zurück nach Gelsenkirchen, während am Berliner Himmel ein neuer Bühnenstern aufzugehen begann: Claire Waldoff alias Clara Wortmann aus dem Rheinland. Aber noch war es nicht soweit, vorerst wollte sie nur der Enge der rußigen Bergarbeiterstadt mit den unablässig qualmenden Schloten, dem Stampfen und Pfeifen der rangierenden, mit Kohle und Erz beladenen Züge entfliehen, zumal sie die Töchterschule von Gelsenkirchen und Oberhausen erfolgreich absolviert hatte. Damals trug sie zwei lange rotgoldene Zöpfe, begeisterte sich für Turnen und Schwimmen, war eine forsche Radfahrerin und ging nachmittags regelmäßig in die Klavierstunde zu Konrektor Nahrwold in Oberhausen. Sie war alles andere als ein »Schürzenkind«. Jahrzehnte später, als sie schon eine prominente Künstlerin war, berichteten ehemalige Altersgenossen aus ihrem Gelsenkirchener Viertel Reportern über das »rotblonde Luder

Clara«, das recht frech aufgetreten und auch nicht davor zurück-geschreckt sei, gleichaltrige Jungen kräftig zu verprügeln. Über-haupt sei an dieser Clara Wortmann wohl »ein Junge verlorenge-gangen«.

Für ihren Wunsch, eine höhere Schule zu besuchen, fand sie Verständnis bei ihren Eltern. Sie schickten Claire 1896 zu den er-sten Mädchengymnasialkursen nach Hannover. »Ich war damals zwölf Jahre alt und die jüngste Gymnasiastin mit zwei langen ro-ten Zöpfen und noch mit Schürze angetan. Unser Mädchengym-nasium fing mit der Obertertia an. Wir mußten also in einem Jahr das Pensum büffeln, das die Jungens in drei Jahren absolvierten.«

In Hannover ist sie Pflegetochter bei den Eltern von Theo Lin-gen. Der berühmte Filmschauspieler erinnerte sich zu Claires Sieb-zigsten 1954 daran: »Als ich 1903 in Hannover geboren wurde, war Claire Wortmann Pflegetochter im Hause meiner Eltern, die wiederum mit den Eltern von Claire sehr gut bekannt waren, da mein Vater seine Anwaltspraxis in der Stadt hatte, wo Claires El-tern wohnten. Die Eltern von Frau Waldoff müssen das junge Ehepaar Schmitz – so hießen meine Eltern und so heiße also ei-gentlich auch ich – wohl sehr dafür geeignet gehalten haben, ihre Tochter Clara aufzuziehen, jedenfalls gaben sie die junge Dame mit, als meine Eltern in Hannover ihren ersten Hausstand einrich-teten. Und dort habe ich als kleines Baby, wie meine Mutter mir oft erzählt hat, stundenlang auf Claras Schoß gesessen.«

Die Leitung der Gymnasialausbildung für Mädchen, die damals ungewöhnlich war und sich nur schwer gegen die Vorurteile der herrschenden Bildungspolitik durchsetzen konnte, lag in den Händen engagierter, modern denkender Lehrerinnen. Die Idee, Mädchen mit der Hochschulreife auszustatten, stammte von der Frauenrechtlerin Helene Lange. In ihren Lebenserinnerungen er-läutert sie, daß die allseitige, auch naturwissenschaftliche Fächer einbeziehende Ausbildung der Schülerinnen und die Zulassung der Frauen zum Hochschulstudium das besondere Ziel der von ihr in Deutschland organisierten Gymnasialkurse für Frauen war.

Mathematik, naturwissenschaftliche Fächer sowie alte und neue Sprachen standen demzufolge auch in Claras Lehrplan im Vordergrund. Unter dem Einfluß dieser Ausbildung, die sich mit den sozial engagierten Ideen Helene Langes verband, und den Eindrükken der Kinderzeit formte sich Claras Berufswunsch: Sie wollte nach dem Abitur Medizin studieren wie schon eine Reihe von Absolventinnen vor ihr.

Aber eine heimliche Liebe zu einem anderen Beruf hatte sie auch, geweckt durch die Schule und »Wortmanns Varieté«. In ihren Erinnerungen gesteht sie, daß es das Theater gewesen sei, das sie lockte. Sie besuchte vom schmalen Taschengeld in Hannover regelmäßig Schauspiele und Opern, im Café Kröpke sah sie die Künstler, für die sie schwärmte, aus der Nähe. »Meine Phantasie brachte mich in eine neue Welt der Freude. Nie vergesse ich die erste Arie meines Lebens aus ›Robert der Teufel‹, die durch das nächtliche Hannover überirdisch an mein Ohr drang, gesungen von einem unbekannten Sänger, während ich im Pferdeomnibus der Pension zuzuckelte.«

Aus der heimlichen Liebe zum Theater sollte schon bald der neue Beruf, aus der Absolventin Clara die Theaterelevin Claire werden. Das Medizinstudium mußte entfallen, da die Eltern sich scheiden ließen, kaum daß Claire die Schule beendet hatte. Somit war mit einem auch noch so bescheidenen Zuschuß von zu Hause nicht zu rechnen. Die Mutter zog zu einer verheirateten Schwester, und nur noch selten kam in den nächsten Jahren, wo es Clara nötig hatte, ein kleines Geldgeschenk oder ein Paketchen »mit was Nützlichem drin«. Zum Vater verlor sie seit dieser Zeit den Kontakt völlig, er wird auch in späteren Jahren von ihr nicht mehr erwähnt, während sie mit der Mutter durch regelmäßigen Briefwechsel in Verbindung blieb, besonders auch, weil deren andere Kinder ihr – so Claire Waldoff in ihren Erinnerungen – »viel Kummer machten. Sie hatten nicht Mutters Güte.«

Nach ihren eigenen Worten waren für den schnellen Schritt von der Schulbank zur Bühne der Wunsch und die Notwendigkeit ausschlaggebend, schnell auf eigenen Füßen zu stehen und Geld zu verdienen. Unmittelbar mit dieser raschen Berufswahl änderte sie ihren Namen in Claire Waldoff. Energisch und tatkräftig, wie ihr Charakterbild sie ausweist, muß der Entschluß, zum Theater zu gehen, bereits wenige Tage nach dem Abitur gefallen sein. Sie ergriff eine sich zufällig bietende Gelegenheit, auf die sie hannoversche Schauspieler aufmerksam gemacht hatten, und nahm im Jahre 1903 ein Engagement am Fürstlichen Sommertheater in Pyrmont als »Naive und jugendliche Liebhaberin« an. Adalbert Brümmer, ihr erster Direktor, engagierte sie für eine Monatsgage von vierzig Mark. Ihre erste Stellung trat sie, wie sie in den zwanziger Jahren zum Reporter eines Musikmagazins sagte, »arm wie eine Kirchenmaus an, mit einem Hemd und einem Paar Strümpfe«.

Der erste Monat muß sehr schwierig und die Woche vor der Gage sehr lang gewesen sein, bevor sie von den ersten zwei selbstverdienten Zwanzig-Mark-Goldstücken der Mutter verschwenderisch per Eilboten einen großen, schönen Blumenstrauß schicken konnte. Den Übergang sicherten ihr solidarisch ein paar befreundete junge Schauspieler des hannoverschen Ensembles, die ihr anonym ein paar Mark zukommen ließen. Der Anfang ihrer Künstlerlaufbahn war wie der des jungen Otto Reutter »wirklich nicht mit Rosen gepflastert«.

In ihren Erinnerungen schildert sie die ersten Schritte am Theater so: »Meine erste Bravourrolle respektive Applausrolle war das Dienstmädchen in ›Dr. Klaus‹: ›Nicht schneiden, Herr Doktor, nicht schneiden!‹ Ich sah damals aus wie ein fröhliches, verschmitztes, listiges Eichhörnchen, immer vergnügt und selig, der Kunst angehören zu dürfen, und ich fragte nicht, woher und wohin. In der Zeit habe ich oft nichts gegessen vor bunter Glückseligkeit.«

Enthusiasmus und Ehrgeiz liegen dicht beieinander. Claire lernte von heute auf morgen selbst die größten Rollen, um »einspringen« zu können, wenn ein »Star« des Sommertheaterchens

Krach mit dem Direktor bekam. Für sie war die Saison daher viel zu schnell zu Ende. Der letzte Spieltag kam unwiderruflich mit den Herbsttagen. Claire fuhr nach Hannover zurück und versuchte in den folgenden Wochen, bei den Theatervermittlern der Stadt etwas Neues zu finden. Aber vergebens.

Es blieb ihr nichts anderes übrig, als das zu tun, was andere Kollegen von der Bühne in engagementslosen Zeiten damals auch taten, nämlich eine Gelegenheitsarbeit anzunehmen. Im »Hamburger Fremdenblatt« entdeckte sie eine Anzeige. In Kappeln an der Schlei in Holstein wurde ein »junge Dame zur Führung eines Hotels« gesucht. Claire, aufgeweckt und intelligent, wurde genommen. Drei Monate arbeitete sie dort, ohne vom Hotelgewerbe irgendeine Ahnung zu haben. Dies fiel jedoch nicht auf. Ihre Schulbildung, ihre hauswirtschaftlichen Talente und die »Fachinformationen« des Hausknechts ließen sie zur vollen Zufriedenheit der Hotelbesitzerin arbeiten.

Endlich ergab sich 1904 wieder eine Chance am Theater. Claire kündigte ihre Hotelstellung und reiste zum Kattowitzer »Interimstheater«, einer Bühne, die im Schauspielerjargon profan als »Provinzschmiere« bezeichnet wurde. Es gab um die Jahrhundertwende etwa zwei- bis dreihundert solcher Bühnen im damaligen Deutschland. Das »Interimstheater« von Kattowitz, an dem einige Zeit später auch Heinrich und Thomas Manns Schwester Carla verpflichtet war und an dem sich auch Claire Waldoffs späterer Kabarettkollege Willi Schaeffers die Bühnensporen verdiente, befand sich im sogenannten »Deutschen Haus«, einem gesellschaftlichen und kulturellen Zentrum dieser im polnisch-schlesischen Kohlenrevier gelegenen Bergarbeiterstadt. Die Atmosphäre von Oberschlesien erinnerte sie an ihre Kindheit im Ruhrgebiet, an Kohlenbergwerke, Hütten, rußige Landschaften, brennende Halden.

Sie wurde wiederum als »jugendliche Liebhaberin« engagiert, und zwar gleichermaßen für Schauspiel und Operette. Daneben hatte sie im Chor zu statieren und mußte auch für kleinere sonstige Rollen zur Verfügung stehen. Laut Vertrag standen ihr dafür sechzig Mark Monatsgage zu.

In der Praxis kam auf die »jugendliche Liebhaberin« noch eine ganze Menge mehr zu, als im Vertrag vereinbart war. In Kattowitz spielte sie von der »Sentimentalen« bis zum Piccolo, von der »derben Soubrette« bis zur »komischen Alten« so ziemlich alles, was an Rollen in den Textbüchern vorkam. Daneben sangen sie in der klassischen Operette ebenso wie in dem damals beliebten musikalischen Schwank »Süße Mädel« von Eysler. Als Märchenfigur Rautendelein agierte sie in der »Versunkenen Glocke« des in jener Zeit populärsten und angefochtensten deutschen Bühnenautors Gerhart Hauptmann. Mit leiser Stimme, wie das Textbuch vorschrieb, hatte sie in diesem Märchendrama, umgeben von Elfen, einem Waldschrat, Holzmännchen und romantischen Bergwiesen, zu deklamieren: »In tiefer Nacht mutterseelenallein, / kämm' ich mein goldnes Haar, / schön, schönes Rautendelein! / Die Vögel reisen, die Nebel ziehn, / die Heidefeuer verlassen glühn.«

Diese darstellerische Vielseitigkeit war für die junge Schauspielerin – und das gilt wohl für die meisten ihrer Berufskollegen, die später mit ihr zusammen am Theater und Kabarett wirkten – eine Talenterprobung, so daß die kleinen Theaterchen mit Recht als die eigentlichen Schauspielschulen angesehen werden können. An ihnen lernte man Schauspiel und Gesang, Deklamation und Improvisation, überhaupt das Handwerk des Mimen viel solider als in den privaten »Schauspiellehrgängen« mit den angeblich so »hervorragenden Referenzen«.

Da in Kattowitz jeden zweiten Tag ein anderes Stück gespielt wurde, um möglichst viele Besucher in die Vorstellung zu locken, waren die Schauspieler dazu verurteilt, quasi Tag und Nacht ihre Rollen zu lernen, von Shakespeare bis zu den damals modischen Sudermann-Stücken. »Wir hatten soviel zu lernen«, heißt es bei ihr, »daß wir die Nächte zu Hilfe nehmen mußten. Nach der Vorstellung steckten wir zu Hause die Beine in eine kleine Waschschüssel mit kaltem Wasser, um beim Rollenlernen nicht einzu-

*Als Rautendelein von Kattowitz in der »Versunkenen Glocke«,
einem »deutschen Märchendrama« von Gerhart Hauptmann.*

schlafen, bis morgens früh, denn um neun Uhr fing die Probe schon an.« Noch Jahrzehnte später preist Claire Waldoff ihre erste Wirtin in Kattowitz, ihre polnische »Matka«, die auf ihre Weise das Künstlerdasein der jungen Aktrice erleichterte. Die gute Frau sorgte dafür, wenn Claire vor Hunger, Rollenlernen und Probenhetze erschöpft war, daß sie mit einer großen Tasse heißem polnischen Kaffee und einer dicken Schmalzstulle wieder auf die Beine kam.

In Kattowitz lernte Claire Waldoff auch einen ihrer späteren Kollegen kennen, der wie sie zu einem Begriff für das Berliner Cabaret an der Friedrichstraße werden sollte: Willy Prager. Seine Mutter, eine dem Theater zugetane Frau, war die nächste Quartierwirtin von Claire. Prager erlebte die Waldoff in seiner Heimatstadt in einem Lustspiel, in der sie als »Naive« in einer Hosenrolle auftrat, »als junges, temperamentvolles und, wie mir schien, recht begabtes Ding«. Schon wenige Monate später trafen sich die beiden in Berlin wieder.

Bis dahin ging der Kattowitzer Theateralltag seinen gewohnten Trott. Das schlimmste Problem war für die junge Waldoff nicht das Lernen, sondern die »Kleiderfrage«. Die Schauspieler hatten damals die Garderobe selbst zu stellen. Claire Waldoff besaß aber so gut wie keine elegante Kleidung, sieht man von einer weißen Federboa ab, die sie in allen »Salonstücken« präsentierte, und einer langen, dicken Perlenkette, die sie selbst als Hauptmann-Nixe Rautendelein trug, obwohl »Wassernixen gewöhnlich solchen Schmuck nicht verwenden«, wie sie meinte. So war sie bei der Premiere oft ratlos, was sie auf der Bühne anziehen sollte. Zumeist half ein Pump bei einer bessergestellten Kollegin über die ärgsten Verlegenheiten hinweg.

»Und wenn der dicke gestrenge Direktor Michels mich nach der Vorstellung zu sich rief, um mir ein Kompliment zu machen, dann wirbelten meine armseligen Klamotten vor lauter Glück durch die Luft.« Ihren Erfolg in »Hanneles Himmelfahrt« von Gerhart Hauptmann schreibt sie scherzhaft einem Paar hoher

Schnürlackstiefel zu, die sie bei allen möglichen Rollen auf der Bühne trug. Sie war sehr stolz auf diese Schuhe, die berechtigtes Aufsehen beim Publikum erweckten, da Claire einen kleinen zierlichen Fuß hatte. Das Geheimnis ihres Erfolgs steckte aber nicht in den Schnürlackstiefeln. Die »Künstlerin« war es, wie das Kattowitzer Lokalblatt vom 15. Februar ausdrücklich feststellte: »Sehr gefreut haben wir uns über die Leistung des Fräulein Claire Waldoff als Hannele. Ihre Maske, ihr Auftreten, ihr Äußeres, ihre Sprechweise, alles war den großen Vorbildern, die für diese Rolle ja mit klassischer Unantastbarkeit festliegen, getreulich und mit Fleiß abgelauscht und mit vielem Geschick und Geschmack nachgeahmt.«

Wie sah der Theateralltag einer Anfängerin anno 1906 in der Provinz sonst noch aus? Die Lokalzeitungen geben darüber Auskunft. Danach hatten die Schauspieler auch an Silvester- und Neujahrsprogrammen, an Benefizvorstellungen sowie an Volksvorstellungen zu kleinen Preisen mitzuwirken. Das Interimstheater, mit Adresse Hotel »Deutsches Haus«, inserierte für den 30. Januar 1906 eine große Vorstellung bei festlich erleuchtetem Hause im Zeichen Seiner Hochfürstlichen Durchlaucht Serenissimus nebst Gefolge, bei der auch Claire Waldoff als kleines Licht eine Rolle spielte. Gemeint war aber kein wirklicher Fürst, sondern die am Theater beliebte Witzfigur, wie sie in Berlin durch Max Reinhardts Parodientheater »Schall und Rauch« zur Berühmtheit gelangt war. Die Texte dafür schrieben sich die Theaterleute selbst, und ein Schauspieler, der eine vertrottelte fürstliche Durchlaucht darstellen konnte, fand sich an jeder Bühne. So wurde im »Deutschen Haus« auch der Kattowitzer Serenissimus durch den Oberregisseur feierlich begrüßt und manche Anspielung auf Politik, Hof und die örtlichen Honoratioren untergeschmuggelt, soweit es die bestehenden Zensurverhältnisse zuließen. Das Programm bestand aus populären Piecen, Arien, Salonliedern, Couplets und Rezitationen, auch eine Gesangsparodie im »Richard-Wagner-Styl« darunter. Auf allerhöchsten

23

Wunsch Seiner Durchlaucht erscheint zum Schluß unter Punkt 7 die Lieder- und Walzersängerin Fräulein Heilmann und im Anschluß daran »die Damen Maas, Waldoff etc. etc«. Aber wenn Claire auch nur als Schlußlicht rangierte – beim Publikum kam sie an, was auch ein Rezensent mit der Formulierung bestätigte, daß »Fräulein Waldoff mit ihrem ›Tralala‹ und ihrem ›schüchternen Backfisch‹ die Oberhand behielt«. In Kattowitz jedenfalls kam ihr Name zum erstenmal in die Zeitung, und hier, fern von Berlin, probierte sie in dem biedermeiernden Tanzduett vom »Lustigen Ehemann«, einem Kabarettschlager der Jahrhundertwende,

Ringelringelrosenkranz,
ich tanz mit meiner Frau.
Wir tanzen um den Rosenbusch –
kling-klang-gloribusch –
ich dreh mich wie ein Pfau

jene urkomischen Wackeltanzschritte, die ihr ein Jahr später auf dem Berliner Kabarettpodium den großen Beifall bescheren sollten, als sie ihr »Lied vom Schmackeduzchen« vortrug.

Das Engagement lief mit Ende der Spielzeit im Sommer 1906 ab. Wieder hieß es sich kümmern. Abermals begann das Briefeschreiben an die Theateragenten, das Herumlaufen, das Herumfragen. Ein neues Engagement zu finden, dauerte bei dem Überangebot an Schauspielern seine Zeit, zumal durch die Pleiten mancher Ensembles auch während der Spielzeit ständig zusätzlich Kollegen auf der Suche nach Arbeit waren. Um die engagementslose Zeit zu überbrücken, taten sich in Kattowitz mehrere junge Schauspieler zusammen – Claire war mit von der Partie –, um als Wandertruppe in der Umgebung der Stadt in Gasthöfen aufzutreten. Der erwartete Gewinn sollte an die Mitglieder der kleinen Truppe »auf Teilung« gehen. Vorwiegend spielten sie in der Gegend um Kattowitz.

So wanderte man von Dorf zu Dorf, schleppte die einzigen Dekorationsstücke – ein altes Feldbett und ein paar Gartenstühle – auf den Rücken von Ort zu Ort und unternahm den Versuch, vor möglichst vielen Leuten mit möglichst viel Applaus eines der drei Stücke aufzuführen, aus denen das Repertoire der Truppe bestand. Infolge der »einseitigen« Bühnendekoration mußten die Stücke alle »im Garten« spielen. In der Wunderszene der Klara in Björnsons »Über unsere Kraft« – so hieß eines der drei Stücke – stand das Bett zwischen den Gartenmöbeln, wie sich auch der Bergsturz im selben Stück dann folgerichtig im Garten abspielte.

Das alles mag nicht wenig dazu beigetragen haben, daß es auf der Tournee mehr heitere Episoden als Einnahmen gab. Für Claire Waldoff war die anstrengendste Rolle das Annchen in dem damaligen Modestück »Jugend« des Münchner Autors Max Halbe. »Weil nun jeder von uns sich abwechselnd vor dem Publikum am Abschluß zu bedanken respektive zu verbeugen hatte, traf mich oft das Los, als Annchen so in die Kulisse zu fallen, als Erschossene, damit ich zum Schluß den Vorhang ziehen konnte, während alle anderen Kollegen sich tief verbeugten.«

Ungeachtet der Widrigkeiten des Wanderlebens bewahrte sie sich an ihre »Lehr- und Wanderjahre« eine unbeschwerte Erinnerung. Dreißig Jahre danach blickte sie auf jene Tage noch einmal zurück, als sie für die »Berliner Morgenpost« ihre autobiographischen Erinnerungen verfaßte und der Zeiten gedachte, da sie mit dem Übermut der Jugend und besessen von unbändigem Künstlerstolz sprich Größenwahn durchs Leben gingen. »Wenn wir von den Großen des Theaters sprachen, hatten wir nur ein verächtliches Achselzucken. ›Die Else Lehmann, was die schon kann, der Bassermann, was der sich einbildet. Dabei haben die doch nur Beziehungen. Die sollten mal zu uns kommen, da würden sie sehen, was wirkliches Theater heißt. Wie wir so eine Rolle hinlegen.‹ Mit solchen Reden ermunterten wir uns gegenseitig und hielten die Hoffnung auf die Zukunft aufrecht.«

Nur manchmal folgte den hochfliegenden Zukunftsplänen die Ernüchterung auf dem Fuß. Als Claire eines Abends in einer Dorfschenke hinter dem Vorhang in einem Kabuff, das als Garderobe herhalten mußte, beim Schminken laut deklamierte:

Dich grüß ich in Ehrfurcht, prangende Halle,
du meiner Väter fürstliche Wiege,
säulengetragenes herrliches Dach

war von draußen der lakonische Kommentar zu vernehmen: »Na, wo ham se denn die losgelassen!« Das ernüchterte, alle waren tief beleidigt, als hätten sie einen Eimer Wasser über den Kopf gekriegt.

Die jungen Künstler mit ihrem improvisierten Wandertheaterchen blieben trotz schlecht besuchter Vorstellungen Enthusiasten, die sich auch von fünfzig Pfennigen Tageseinnahme nicht entmutigen ließen. Sie alle beseelte das »todsichere Gefühl, eines Tages als Else Bassermann oder Josef Kainz entdeckt zu werden«. Man begeisterte sich an jeder noch so winzigen Zeitungsnotiz und an jeder noch so dürftigen Kritik irgendeines Lokalblättchens.

Um die Truppe aufzuheitern, die nach eigener Schilderung weniger von den bescheidenen Einkünften als von Tee und Zigaretten, von der Liebe und der Luft lebte, sang Claire oft etwas vor, Trauriges und Fröhliches, so daß »wir uns dann alle selber auslachen konnten«. Es waren die Lieder von Fritze Bollmann, der seinerzeit »uffn Peetzsee versuff«, die traurige Geschichte von »Mariechen saß weinend im Garten« und die Moritat von dem tugendhaften Sabinchen, das von dem versoffenen Subjekt aus Treuenbritzen ins Unglück gestoßen wurde.

Als junges Mädchen verfügte Claire Waldoff schon über einen beachtlichen Liederschatz. Das Singen war ihr als Gabe in die Wiege gelegt worden. Schließlich war sie Rheinländerin, ihre Eltern hatten ihr mit der Sangesfreude auch ein heiteres Naturell und eine optimistische Lebenshaltung mit auf den Weg gegeben. Die Liebe zum Lied wurde somit ein Stück ihres Lebens. Ob Gassenhauer, Bänkelweisen, Volkslieder, Studenten- und Soldatenlieder, auch was die Theaterstücke und Operetten an neuesten Schlagern und Couplets hergaben – Claire kannte sich aus und gab immer etwas zum besten. Daß sie aber einmal ihren Beruf und den ganz großen Erfolg ihres Lebens auf dem Lied aufbauen würde, das konnte sich aus ihrem Freundes- und Bekanntenkreis keiner vorstellen. Trotzdem war sie sehr für Bildung, las gute Bücher, schwärmte für Poesie, und man muß es als glückliche Fügung des Schicksals ansehen, daß aus ihrer Jungmädchenzeit noch ein Taschennotizbuch erhalten geblieben ist, eine Art Poesiealbum, das einen Einblick in ihre geistige Welt ermöglicht. Das Büchlein ist ein Kuriosum. Angelegt wurde es am 5. Oktober 1905, sechzehn Tage vor ihrem 21. Geburtstag, gewidmet hat sie es sich selbst: »Clairchen zur Erinnerung an gemeinsame fröhliche und trübe Tage der Wintersaison 1905/1906 von ihrer ›fimmeligen‹ Claire Waldoff.« Als Motto hat sie einen vieldeutigen Spruch von Ibsen vorangestellt: »Wen Gott verderben will, den macht er – zur Individualität, und dann – lacht er!«

Was findet sich in ihrem Poesiealbum an Eintragungen? Hauptsächlich Gedichte, viel Klassisches, daneben auch Verse von den einstigen Modegrößen des Tages, wie Frida Schanz, Felix Dörmann oder Alberta von Puttkammer, die sich Marie-Madeleine nannte, eine um die Jahrhundertwende vielgelesene Kitschdichterin der Erotik, von der Claire Waldoff das »Nokturno« abschreibt.

Ich habe in mein dunkles Haar
einen Kranz von weißen Rosen gedrückt.
Ich bin so schön, wie ich niemals war –
Zum Opfer hab ich mich geschmückt.

Es steht mein Mund in rotem Brand.
In meinen Augen träumt ein Licht.
Zu Boden gleitet mein Gewand –
Ich warte – warum kommst du nicht?

Ich schaue in die Nacht hinein –
Und meine Seele schluchzt vor Leid.

Fürs Gefühl und für die Seele hat sie so manchen Vers, die Sehnsucht und die Liebe, die Nacht und die Sünde betreffend, mit grüner Füllfedertinte ins schwarze Notizbuch eingetragen, akkurat in einer klar ausgeformten, schwungvollen, übergroßen Handschrift.

Für den Hausgebrauch sammelte sie seit dem Gymnasium auch Aphorismen und Lebenssprüche von Dichtern, die sie auswendig hersagen konnte. In allen ihren Briefen sind, bis ins hohe Alter hinein, solche Sprüche zitiert, sie finden sich in großer Zahl auch in dem Buch ihrer Lebenserinnerungen von 1953. Viel Goethe, am häufigsten der Spruch vom Brot, den Tränen und den kummervollen Nächten, der schon im Poesiealbum steht, neben Poetischem von Conrad Ferdinand Meyer, Paul Heyse, Byron, Rilke und Baudelaire. Vertreten ist auch Friedrich Rückert mit dem trostreichen Zuspruch von den »leuchtenden Tagen« – »Nicht weinen – weil sie vorüber.. / Lächeln, daß sie gewesen« –, der so etwas wie das Herzensbildungsgut ihrer Generation war.

Ihre Liebe zur Literatur und zur Poesie hat Claire Waldoff sich ihr ganzes Leben lang bewahrt. Daß Bildung bei ihr ganz oben stand, haben alle, die sie kannten, übereinstimmend bestätigt, darunter auch ihre Bühnenkollegin Trude Hesterberg, eine der großen Diseusen des literarischen Chansons: »Wenige, selbst aus unserer Branche, wissen, daß Claire jeden Pfennig für gute Bücher ausgab, daß sie sich mit klugen Menschen umgab und geistige Diskussionen über alles liebte. Sie war außerordentlich gebildet und belesen.«

Die Grundlagen dafür hat sie schon in Kattowitzer Tagen als Bühnenanfängerin gelegt. Nur – mit Rezitationen oder Liederabenden konnte sie damals noch kein Geld verdienen. Mit einem neuen Engagement am Theater wollte sich nichts einstellen. Was sollte sie machen? Einige Monate Gelegenheitsarbeit waren der einundzwanzigjährigen Claire genug. Energisch im Auftreten, wie

Leuchtende Tage.

All unsre leuchtenden Tage
Sind wie ewige Sterne!
Als Trost für künftige Klage
Blühn sie aus goldener Ferne.

Nicht weinen – weil sie vorüber.
Lächeln, daß sie gewesen – –
Und werden die Tage auch trüber,
Unsere Sterne erlösen –!

Wer sich will an Süßen der Liebe laben,
Ohne das Bittre genossen zu haben,
Will in Tempel Orten nicht da ruhn
Ohne das Pilgerkleid anzutun.

Rückert.

Friedrich Rückerts lyrischer Hymnus an die »leuchtenden Tage«. Ein Lieblingsgedicht Claire Waldoffs aus ihrem Kattowitzer Poesiealbum von 1905. Es gehört heute zu den Schätzen des Märkischen Museums Berlin.

sie von Kollegen geschildert wird, tat sie das, was viele Schauspieler – der junge Otto Reutter aus Gardelegen ebenso wie zwei Jahrzehnte später der Kabarettist Werner Finck aus Breslau – taten: Sie fuhr in die größte deutsche Theaterstadt, nach Berlin, wo bisher noch jedes wirkliche Talent eine Chance gehabt hatte.

Mit einem Dutzend großer und zwei Dutzend kleinerer Theater, einem halben Hundert mehr oder weniger guter Kabaretts und ungezählten anderen Gelegenheiten der schauspielerisch-künstlerischen Betätigung boten sich in Berlin weitaus mehr Möglichkeiten als in Hannover, Bad Pyrmont oder Kattowitz. Das war das nüchterne Kalkül Claire Waldoffs. Nach Berlin zu gehen, wird der jungen Schauspielerin also nicht »im Traum« eingefallen sein, wie sie den erstaunten Kollegen erzählt haben will. Ihr Entschluß dürfte in den erwähnten Gründen logisch wurzeln. Ihrer Mutter gegenüber motivierte sie dieses Vorhaben denn auch mit den beruflichen Gründen »des Weiterkommens« und dem Willen, ihr Talent nicht »in der Provinz« verkümmern zu lassen.

Der Entschluß war gefaßt. Die Reisemittel beschaffte sie sich, indem sie das letzte Wertstück, eine goldene Uhr mit Kette, zur Pfandleihe brachte. Sie packte ihre Garderobe zusammen und bündelte ihre Klassiker-Ausgaben aus Reclams Universalbibliothek. Dann fuhr Claire Waldoff, erwartungsvoll, optimistisch, mit der Eisenbahn »vierter Güte«, damals im Volksmund »Brustbild Vierter« genannt, auf ihrem Korbkoffer sitzend, mit ihrer spärlichen Garderobe und Mutterns Konfirmationsgeschenk, einem Regenschirm mit Silbergriff, bewaffnet, nach Berlin.

Debüt in Berlin

Von ihrer Ankunft in Berlin sind Claire Waldoff zwei Dinge besonders im Gedächtnis geblieben: das Tempo und die Atmosphäre der Stadt, die »lebendige, kurz angebundene Art und Weise« im Umgang. Sie nahm dieses Tempo auf, kaum daß sie auf dem Schlesischen Bahnhof angekommen war. Schon am nächsten Morgen wurden die ersten Theateragenten aufgesucht, um so rasch wie möglich an einem der achtzehn Theater für Schau- oder Lustspiel unterzukommen oder an einem der elf Volkstheater und Spezialitätenbühnen, die Possen, Burlesken und Volksstücke brachten, oder wenigstens an einer der zwölf Singspielhallen. Und wenn das nicht klappte, dann vielleicht an einem der dreihundert Lokale mit Aufführungskonzession – hierunter fielen auch die etwa fünfzig Kabaretts –, wenn es nicht gar gelingen sollte, am Metropol, der Bühne für große Ausstattungsstücke, eine Statistenrolle zu ergattern. Es gab, wie gesagt, viele Möglichkeiten, ein Engagement zu finden, in »Weimanns Volksgarten« genauso wie in »Huths Sommertheater«, im Berliner »Prater« und direkt gegenüber bei »Puhlmanns«, oder auch im »Schweizergarten« am Königstor, wo ebenfalls im Sommer zur Unterhaltung des Bier- und Kabarettpublikums Theaterstücke aufgeführt wurden.

Genauso fix, wie Claire die Theateragenten aufsucht, nimmt sie Kontakt zu einer Freundin vom Hannoverschen Gymnasium auf, die in Friedenau wohnt und bereits in Berlin auf der Bühne steht. Sie wird von Clairchen um Rat und Hilfe für ein Engagement angegangen. Die Freundin Anni Vara weiß sofort Rat. Ihre Theaterdirektorin Olga Wohlbrück sucht für die Besetzung einiger Stücke ihres »Figaro«-Theaters noch Schauspieler. Aber die Garderobe? Claire Waldoff beschreibt die Situation und den lustig-komischen

Dialog zwischen Anni Vara und ihr höchst anschaulich: »Laß dich mal ansehen, Claire. Hast du aber einen kurzen Rock. Nein, so einen kurzen Rock trägt kein Mensch mehr in Berlin.« – »Was willst du, Anni, das ist mein bestes Kostüm. Den Rock habe ich mir so oft in meiner Waschschüssel waschen müssen, davon ist er so kurz.« – »Nein, meine Freundin, mit so einem kurzen Rock kannst du hier in Berlin nicht ausgehen! Du bist hier in Berlin und nicht in Kattowitz! Also sei pünktlich morgen um sechs bei der Wohlbrück in der Wohnung. Mach dich schön, hörst du, und toi, toi, toi!«

Die Freundin hatte recht: Um an Berliner Bühnen ein Engagement zu erhalten, war gute Garderobe eine nahezu elementare Voraussetzung. Frack und Smoking samt modischem Tagesanzug bei den Herren, schickes Straßenkostüm und elegante Abendgarderobe bei den Damen. Es war Claire vor Betriebsamkeit gar nicht aufgefallen, daß sie in Berlin, wo in jener Zeit selbst ein Sitzplatz unter den Linden nur gegen ein Entgelt von fünf Pfennigen zu haben war und wo elegante Damen im knöchellangen »Humpelrock« die Straßen der City zwischen Linden und Leipziger bevölkerten, genauso wirken mußte, wie ihre Freundin gesagt hatte: wie eine aus Kattowitz.

Ein guter Bekannter, Dr. Paul Alfred Merbach, früher Dramaturg in Hannover und jetzt ebenfalls in Berlin, verhilft Claire Waldoff mit einem Vorschuß zu einem kleinkarierten modischen Taftkleid, eleganten Handschuhen und Abendschuhen. Er rät, noch zum Friseur zu gehen. Claire ist selig. »Als ich bei Olga Wohlbrück an der Klingel zog, hatte ich das herrliche Gefühl, elegant zu sein und gut auszusehen.«

Die gebürtige Österreicherin Olga Wohlbrück leitete ein kleines Theater, das in den Jahren 1906/07 im Hause der Berliner Künstler-Secession am Kurfürstendamm sein Domizil hatte. Gelegentliche Gastspielreisen unterbrachen hin und wieder den Rhythmus der allabendlich meist um halb neun beginnenden Vorstellungen. Frau Wohlbrück galt zu jener Zeit als renommierte Schauspielerin und, wenn man so will, auch als Pionier des literarischen Kabaretts im Sinne jener lyrischen Kleinkunst, wie sie vom Wolzogen-Ensemble am Berliner »Überbrettl«, dem die Wohlbrück angehörte, gepflegt wurde. Ihre Vortragsmappen mit eigenem Chanson-Repertoire waren zu dieser Zeit bereits in einem Hallenser und Berliner Verlag erschienen. Angaben darüber wird man allerdings in den Lexika kaum noch finden; sie erwähnen Olga Wohlbrück weder als Schauspielerin noch als Theaterleiterin, sondern lediglich als Autorin sogenannter Gesellschaftsromane, die, das sei am Rande vermerkt, in Zuschnitt und Milieu recht an die Schreibkunst der einstigen Leipziger Verkäuferin Hedwig Courths-Mahler erinnern.

Die Schauspielerin und Theaterleiterin Olga Wohlbrück engagierte die junge Waldoff für ihr »Figaro-Theater«.

Weit mehr Geschmack bewies Olga Wohlbrück bei der Gestaltung ihres Repertoires für den »Figaro«. Kleine französische Schwänke, amerikanische Boulevardstücke und deutsche Einakter-Grotesken erlebten hier ihre Aufführung, wie aus den Spielplan-Annoncen in Siegfried Jacobsohns »Schaubühne« zu ersehen ist. Trotz mancher hübscher, gehaltvoller und beim Publikum beifällig aufgenommener Aufführungen war dem »Figaro« ein bleibender Erfolg und damit Bestand als Bühne nicht beschieden. Alfred Kerr hatte in einer Kritik von 1907 bereits gesagt, daß das Durchschlagende, die »Entdeckung«, fehle. »Es gibt in Berlin ein Theater, Figaro benannt«, schrieb er. »Warum Figaro? . . . Bringt alles mögliche? Figaro ci, Figaro là? Ich fuhr hin, bereit, eine Entdeckung zu begehen . . . Entdeckung unmöglich. Ich sah einen recht spaßigen Akt, ›Das Geisterauto‹ von Hans Werkmeister. Hotelzimmer in Monte Carlo. Dreimal wöchentlich Selbstmord . . . Der Tote ist nur scheintot. Um so besser! . . . Entdeckung unmöglich. Vielleicht kommt es noch. Figaro ci, Figaro là.«

In solchen Stücken, die zwar keine »Entdeckung« am Theaterhimmel der Zeit waren, dessen Fixsterne Hauptmann, Halbe und Wedekind hießen, die aber gediegene Unterhaltung, viel Turbulenz, Fröhlichkeit und netten Theaterspaß auf die Bühne brachten, agierte Claire Waldoff in kleineren Rollen, denn Olga Wohlbrück hatte sie an dem Abend, als sie sich vorstellte, angenommen. »Sie meinte, ich hätte was Besonderes, Eigenes und Originelles.« Zweifellos besaß Olga Wohlbrück ein gutes Gespür für Schauspieler und Rollenbesetzung, wie die vielen Wiederholungen der Aufführungen in den Spielplänen von damals erkennen lassen.

Ihre ersten Auftritte und Erfolge hatte Claire Waldoff, die ab sofort an den Proben des Ensembles teilnahm, jedoch nicht in Berlin, sondern in Westerland auf Sylt. Ihr war eine kleine Rolle in dem Singspiel »Paris« übertragen, in dem die Apfelverteilung des Helden der antiken Sagenwelt auf elegante, pariserischer Art mit Grazie und Witz vorgenommen wurde. Die »Schaubühne« bestätigte denn auch dem »Figaro«, mit diesem Stück, dessen Textbuch

*Claire Waldoff als Liftboy in dem Boulevardstück »Der Chicagoer Land-
wirt« in einer Aufführung des »Figaro-Theaters«.
Links von ihr Anni Vara.*

von de Elers und Caillavet und dessen Vertonung von Claude Terrasse stammten, eine »allerliebste Pikanterie auf seinen Spielplan
gesetzt zu haben«. Sicher auch keine »Entdeckung« im Kerrschen
Sinne, aber brauchbare Theaterunterhaltung, und wie auch in diesem Falle die häufigen Wiederholungen bestätigen, vom Publikum
wohlwollend aufgenommen. »Wir blieben drei Monate in unserem dortigen ›Figaro-Theater‹. Ich spielte bald in größeren Rollen, französische und amerikanische Stücke, mußte viel lernen und
genoß die himmlische Meerluft.« Danach ging es zurück nach
Berlin für die Proben zu einer neuen Premiere.

Die Räumlichkeiten des kleinen Theaters befanden sich damals
im Gebäude der ehemaligen Secession, Kurfürstendamm
208/209; im Theatersaal hatten etwa zweihundert Personen Platz.
Zur Aufführung gelangten Bühnenstücke eines Berliner Dichters
und Künstleroriginals namens Paul Scheerbart, dessen phantasti-

Paul Scheerbart, der Dichter der »Katerpoesie« und Freund Erich Mühsams
(Zeichnung Bruno Paul).

sche und groteske Kurzdramen ihn in die Rolle eines Avantgardisten stellten. Fünf Stücke von ihm standen im Repertoire des »Figaro«: »Der Schornsteinfeger«, »Herr Kammerdiener Kneetschke«, »Das dumme Luder«, »Der Regierungswechsel« und »Das Gift«. Der 15. Februar 1907, der erste Scheerbart-Abend unter Olga Wohlbrück am Kurfürstendamm, wurde somit Claire Waldoffs Debüt als Schauspielerin in Berlin. Die Stücke, exakter gesagt die kleinen Akte Paul Scheerbarts, die er zu einer »Revolutionären Theaterbibliothek« zusammengestellt hatte, waren ebenso eine phantasievolle Verulkung des konventionellen Theaters wie satirische Glossierung der Zeit. Der Dichter der unsterblichen »Katerpoesie« ließ zum Beispiel sein »Jupiterdrama« unter dem Titel »Das dumme Luder« auf dem »Jupiter der dreizehnten Epoche der allgemeinen Begeisterung« stattfinden und erteilte dazu folgende Regieanweisung: »Drei buntkarierte Wände und Flügeltüren in der Mitte. Sieben Bänke hintereinander wie in einer irdischen Dorfschulstube. Alle Personen mit Ausnahme des Dienstmädchens Lissamatsch, das im Ernährungsraume links unaufhörlich mit den Töpfen klappert, sitzen auf den Bänken, die keine Lehne haben, möglichst weit voneinander entfernt, je eine Person hat eine Bank für sich.«

In diesem Fünf-Personen-Stück von etwa zehn Minuten Spieldauer meditieren die »Jupiterbewohner« über ihr »gemeinhin ziemlich stumpfsinniges Leben«. Aber nur ein »dummes Luder« zieht die Konsequenz daraus und den Selbstmord mit dem Dolch der weiteren Verblödung vor – eben weil es, wie die anderen finden, ein »ganz dummes Luder« ist. Auch das »politische Drama« des Abends, »Der Regierungswechsel«, hatte unübersehbare zeitkritische Aspekte, die sich hinter grotesken Späßen verbargen. Es traten auf: der große Napoleon, Kaiser und personifizierter Cäsarenwahn, der große Zibolko, ein Künstler, und als dritte Person Susanne, ein natürlich-unbekümmertes Malermodell, das zum Schluß den großen Kaiser mit den Worten von der Bühne fegt: »Marsch, Napoleon! Es hat zum Abschied geblasen! Du hast hier lange genug Komödie gespielt.«

Ihr mimisches Talent vermochte Claire Waldoff in der komischen Minitragödie »Herr Kammerdiener Kneetschke« voll auszuspielen, in der es darum ging, daß der gräfliche Kammerdiener durch verletzten Domestikenstolz und sonderbare Ehrgefühle in den Selbstmord getrieben wird. Alles unter dem Motto des Stücks: »Üb immer Treu und Redlichkeit!« Als junge Gräfin und Braut Kathi Patzig ist sie die Ursache für des Dieners Selbstmord, der es nicht verwinden kann, durch eine offene Postkarte als Esel desavouiert worden zu sein. Auf der Karte stand: »Mein lieber Kneetschke! Sie sind der größte Esel von ganz Europa! Und es imponiert mir, daß Sie all die vielen andern Esel Europas so überragen. Mit Ihnen ist ein Geschäft zu machen. Ich besitze eine Menagerie lebendiger Monstrositäten – darf ich Sie für diese Menagerie als Riesenesel engagieren?« Sein eigentlicher Kummer aber ist, daß die gräfliche Familie die Verlobungskarten für ihre Kathi nicht wie in der Tradition des Hauses üblich auf Tausendmarkscheinen, sondern, weil sie pleite sind, nur auf Hundertmarkscheinen drucken lassen will, und noch dazu gefälschte, was Kneetschke gegen die Ehre geht. Er greift zum Dolch und gibt sich den Rest.

Die Aufführung erhielt eine wohlwollende Besprechung in Berlins exklusivstem Theaterjournal, der »Schaubühne« Siegfried Jacobsohns, durch den jungen Dichter und Übersetzer Franz Hardekopf: »In erster Reihe Herr Georg Baselt und Fräulein Claire Waldoff waren höchst reizvolle Scheerbart-Spieler. So ward's uns allen ein Abend neuen Sehens und gesteigerter Geistigkeit ... O blieben doch die heiter-erdenkritischen Maskenzüge Paul Scheerbarts auf der Bühne jetzt heimisch! Alle zweiundzwanzig Stücke soll man geben!«

Das Publikum des »Figaro«, das, an kleinen Tischen sitzend, Zigaretten rauchend oder, wie Hardekopf, Chartreuse grün trinkend, dem Spiel folgte, fand die Anspielungen auf Kaiser Wilhelm und die »große wilhelminische Zeit« gewiß leichter heraus als der heutige Leser der Scheerbart-Stücke. Für die Schauspieler boten diese originellen Theatergrotesken einen guten Boden für Ulk und phantasievolles Spiel. Die Scheerbart-Abende des »Figaro« waren in diesem Sinne für Claire Waldoff ein Glücksfall und eine von ihr gut genutzte Chance. Sie behielt außer ihrem ersten, künstlerisch nicht unbedeutenden Bühnenerfolg von dieser Zeit an eine Vorliebe für den geistvollen Dichter Paul Scheerbart.

Mit dem Engagement im »Figaro« war Claire Waldoff der

schwierige Start in Berlin geglückt. In Olga Wohlbrücks Miniaturtheater fand sie jene Mischung von anspruchsvollem Unterhaltungstheater und kleiner Bühne vor, die ihrem Naturell entgegenkam. In der Wohlbrück hatte sie außerdem eine Lehrerin gefunden, die selbst auf dem Vortragspodium und der Bühne des Kabaretts gestanden hatte.

Trotz der guten Kritiken und des festen Engagements – sie erhielt 150 Mark Monatsgage – war für sie das Dasein nicht sorgenfrei. Regelmäßige Gage gab es am »Figaro« kaum, eher schon Ratschläge seitens der Direktion, sich doch irgendwo etwas zu pumpen. Einmal wurde sogar der in Aussicht genommene Gläubiger mitgenannt. Olga Wohlbrücks Tochter empfahl ihr, sich doch für einige Tage 200 Mark bei einem der Gesellschafter des »Figaro«, dem Herrn Referendar Ernst Wollstein in Elberfeld, zu leihen. Das hieß, bei Frau Mama war im Moment wieder einmal die Kasse leer. Da nun Claire ihre Freundin Anni Vara mit 350 Mark Monatsgage am Theater hatte, konnte sie im Notfall bei ihr einen Pump aufnehmen und brauchte sich nicht, wie andere Schauspieler des Ensembles, beim Königlichen Polizeipräsidium am Alexanderplatz wegen nichtgezahlter Gagen zu beschweren.

In der Zeit ihres »Figaro«-Engagements war Claire Waldoff allmählich auch auf dem Wege zur »Berlinerin«. Der Dreiundzwanzigjährigen fiel es nicht schwer, das Berliner Idiom »janz jediegen« zu erlernen und zu beherrschen. Mit Kollegen und Freunden aus dem alten »Café des Westens«, dem »Café Größenwahn«, wie der Volksmund den Künstlertreff nannte, durchstreifte sie an spielfreien Tagen die Millionenstadt, nicht nur den reichen Westen, wie sie sagt, sondern auch die Armenbezirke »janz weit draußen«.

Als der »Figaro« im Verlaufe des Jahres 1907 den Spielbetrieb einstellen mußte und ihr als nunmehr engagementsloser Schauspielerin das bisherige Logis zu teuer wurde, suchte sie sich eine »billige Bude« in der Bamberger Straße im »hinteren Parterre«

mit »nichts drin«. Ihre Freunde, die Maler und Dichter aus dem »Café Größenwahn«, halfen ihr mit der selbstverständlichen Solidarität junger Künstler. Der eine brachte gebrauchte Gardinen, der andere schleppte ein Feldbett aus seinem Atelier herbei, wieder andere stifteten Stühle und Tassen zu der neuen Wohnungseinrichtung. »Wir weihten meine Bude abends beim Schein zweier Kerzen ein. Sieben Mann hoch waren anwesend. A la turque auf der Erde sitzend im Kreise, Brot und Wurst wurden aus dem Papier hervorgezaubert, dazu einige Flaschen Bier und der obligate Festtrunk, der ›Nikolaschka‹. Köstliche Reden wurden gehalten, und ein Lied stieg zur Feier der Einweihung. Endlich war ich glückliche Zimmer- und Wohnungsbesitzerin.«

Auch richtige Mäzene, vermögende Personen, die junge Künstler uneigennützig in ihr Herz geschlossen hatten, gab es damals noch. Eines Tages kamen zu ihrer Überraschung vor ihrem Haus in der Bamberger Straße zwei Taxis vorgefahren. Heraus stieg Hofrat von Rosenberg, der mit einem guten Bekannten den ganzen Tag bei Wertheim für sie eingekauft hatte, um ihr den Haushalt einzurichten. Angefangen vom Besen bis zu Gabeln, Messern, Gläsern, Schüsseln und Meißner Porzellan – vom Korkenzieher bis zum Küchenhandtuch hatten sie an alles gedacht, selbst an die Flasche Wein zur Einweihung. Stundenlang wurden Pakete ausgepackt; die bis dahin kümmerlich eingerichtete Wohnung war nicht wiederzuerkennen. Jetzt besaß Clairchen schöne Kristallschalen, aber auch so nützliche und wichtige Dinge wie Bügelbrett und Bügeleisen.

Nach dem Einzug in diese Wohnung, bei den nunmehr häufiger stattfindenden Atelierfesten der Kollegen, bürgerte sich die Sitte ein, daß sie die Anwesenden durch ihren Gesang fröhlich unterhielt. Sie trug Volkslieder vor, mit denen sie schon in Kattowitz ihre Truppe aufgemuntert hatte, und neugelernte Berliner Gassenhauer, die sie mit ihrem »musikalischen Ohr« rasch erfaßte. Sei es nun die Parodie auf das Lied der Gesangvereine von Methfessel:

*»Man ist nur einmal jung, drum wage ich den Sprung!« Mit dem Übertritt
zum Kabarett fand Claire Waldoff die Bühnenrolle ihres Lebens.*

Hinaus in die Ferne –
forn Sechser fetten Speck,
den eß ick ja so jerne,
den klaut mir keener weg.
Un wer det tut,
den hau ick uffn Hut,
den hau ick uf de Neese,
det se blut . . .

oder die Verulkung des Maßmannschen Turnerliedes, die sie ihrer
»Coronna« zu Gehör brachte:

Turner ziehn
mit Pantin
durch die janze Stadt Berlin.
Turner ziehn
mit Pantoffeln
durch die janzen Bratkartoffeln.

Ohne daß sie sich dessen bewußt war oder einer ihrer Zuhörer es erahnte, formte sich mit diesen »Solo-Vorträgen« der privaten Künstlerfeste nach und nach ein Teil ihres Repertoires, wie es auf ihren späteren Schallplatten zu finden ist oder als Zugabe bei ihren Veranstaltungen beliebt war. Ihre sehr kräftige, herbe, jungenhafte Stimme mit dem eigentümlichen Piano und dem forschen Ton des Gassenhauers war für diese Liedchen wie geschaffen, das spürte sie selbst, und der dankbare Applaus ihres Publikums bestärkte sie in ihrem Vortragsstil.

Nach einigen Wochen hat das Boheme-Leben ein Ende, sie kommt wieder ins Engagement. Ein Agent bietet ihr einen Vertrag für das »Neue Schauspielhaus« an, dessen damaliger Direktor Alfred Halm war. In einem der seinerzeit vielgespielten Stücke, der Berliner Posse »Hopfenraths Erben« von Heinrich Wilken, die in den Gründerjahren spielt, erhält sie eine kleinere Rolle. Sie hat darin einen Satz über ihren Verlobten im Berliner Dialekt zu sprechen: »Wat jeht mir Jelbsiegel an!« Die Regie schrieb dazu vor, sich frech auf dem Absatz herumzudrehen und die Kulissentür hinter sich zuzuschmeißen. Claire muß den Satz so überzeugend »herausgehauen« haben, daß es »jeden Abend einen todsicheren Applaus bei diesem kleinen Satz gab. Das Publikum wollte sich schibbelich lachen und wollte wissen, wer die kleene Kröte ist auf dem Programm.«

Drei Monate ging das so – »Jelbsiegel« war eine stehende Redewendung in Berlin geworden –, da ereignete sich etwas Unvorhergesehenes. »Ich wurde plötzlich von der Direktion entlassen. Nur, weil meine berühmten Kollegen auf einmal nicht mehr Zeuge meines täglichen Beifalls auf offener Bühne in der kleinen, armseligen Rolle sein wollten.« Kollegenneid und Bühnenintrige im Theaterbetrieb lernte Claire Waldoff zum ersten Male gründlich kennen. Sie war dagegen vollständig wehrlos, verfügte sie doch über keinerlei Protektion, die damals selbst bei schon avancierten Mimen für gute Rollen oder Engagements von beträchtlicher Bedeutung war.

Das Engagement am »Neuen Schauspielhaus« war überraschend schnell zu Ende. Sie saß, ohne Monatsgage, wieder in ihrer bescheidenen Wohnung, betroffen und betrübt waren vor allem ihre Freunde, denen sie während ihrer Engagementszeit so manches Mal mit einem kleinen Pump ausgeholfen hatte. Das wird schon wieder werden, meinte sie, nur Kopf hoch!

»Mein geliebtes Schmackeduzchen«

Noch ehe das Jahr 1907 zu Ende ging, sah man Claire Waldoff wieder im Engagement. So schnell, wie sie entlassen worden war – was infolge der ungleichen Arbeitsverträge für Schauspieler täglich möglich war –, so schnell fand sie wieder eine Betätigungsmöglichkeit. Diesmal nicht am Theater, sondern am Kabarett. Kurz entschlossen begab sie sich in das Direktionsbüro des »Roland von Berlin«, einer seit 1905 bestehenden Kleinen Bühne, die als künstlerisches Unternehmen einen guten Ruf hatte, ja, als das beste Berliner Kabarett überhaupt galt. Die Räumlichkeiten befanden sich in der Potsdamer Straße zwischen Potsdamer Brücke und Margaretenstraße. Im Café des Westens hatte Claire gehört, daß im »Roland« ein neues Ensemble formiert würde, da sich die bisherigen gemeinsamen Direktoren Rudolf Nelson und Paul Schneider-Duncker getrennt hatten. Während Schneider-Duncker im alten Haus verblieb, erklärte der damals in der Branche schon arrivierte Komponist Rudolf Nelson, er würde ein neues Bühnchen gründen, das denn auch im Spätherbst 1908 unter dem Namen »Chat noir« an der Friedrichstraße eröffnete. Mit der Trennung der Direktoren zerfiel zwangsläufig auch das bisherige Ensemble, einige blieben, andere wechselten zum neuen »Chat noir«.

Paul Schneider-Duncker, zu dem Claire Waldoff ging, um sich vorzustellen, war, wie die meisten Leiter damaliger Kabaretts, selbst ausübender Künstler. Er galt mit seinen 28 Jahren – ein Mann, ganz Linie, Eleganz und Rhythmus – als Repräsentant des pikant mondänen Chansons. Sein Repertoire war stilbildend und tonangebend, im großen und ganzen ein Reflex der vornehmen Welt und Lebewelt in der Brettlkunst. Er sang von den »chicen Chevreauschuhn« und der »Manicüre«, sein Glanzstück aber war

Chansonnier Paul Schneider-Duncker, ihr erster Chef am Kabarett.

der Nelson-Schlager »Erst kamen die Blusen und Kleider / und dann die Jupons voller Plis«, jenes Verführungslied, das in seiner Apotheose auf Sekt und Séparée, das Berliner Ladenmädel und den Gardeoffizier zum wilhelminischen Epochenchanson aufrücken sollte. Unter den Tagesschlagern dieses Maître de Chanson im eleganten Frack befand sich auch ein Couplet, das er um 1905 kreierte und in dem er ganz im Sinne des spottsüchtigen Berliners die »Heldengalerie« der Siegesallee bewitzelte. Man konnte die Verse auf die Markgrafen, Kurfürsten und Friedrich Wilhelms der brandenburgisch-preußischen Geschichte selbst in Bierlokalen hören:

Rechts 'n Puppchen, links 'n Puppchen,
wer zählt all' die vielen Gruppchen,

in den Ecken all' die Recken,
die in grünen Hecken stecken.

Die Idee, als noch kaum bekannte Schauspielerin zu Schneider-Duncker zu gehen, stammte sicher nicht allein von Claire Waldoff. Kollegen und Freunde aus dem »Café Größenwahn«, die sie als heiteres Naturell und spaßige Gesangsnummer von allen möglichen Festen her kannten, dürften ihr zugeredet und sie bestärkt haben, es mit ihrer Stimme doch einmal beim Kabarett zu versuchen. Auch die Freunde und Bekannten aus dem italienischen Weinrestaurant Bertolini an der Potsdamer Brücke, wo sich gern lustige Künstlerkreise versammelten und gemeinsam »ungeheure Portionen« Spaghetti mit Parmesankäse vertilgten und reichlich Chianti dazu tranken, dürften zugeraten haben. Von Claire weiß man, daß sie statt Chianti in dieser Runde viel lieber einen »echten Nordhäuser« und eine Zigarre bestellte. Bei Bertolini hat sie sich, wie sie Jahre später gestand, das Zigarrenrauchen angewöhnt.

Schneider-Duncker akzeptierte den Vorschlag der Waldoff, bei ihm mit Volksliedern aufzutreten – seit Käthe Hyan war der Liedvortrag zur Laute oder mit Klavierbegleitung ja einer der festen Bestandteile »gepflegter« Kabarettabende. Gleichzeitig schlug sie als weiteren eigenen Programmteil vor, literarische Monologe von Paul Scheerbart zu sprechen. Solche Humoresken auf der literarischen Kleinen Bühne vorzutragen, war vor 1914 gleichfalls eine der beliebten Gepflogenheiten der sogenannten Künstlerkabaretts. Rezitatoren wie Marcel Salzer, Max Laurence und Emanuel Reicher gehörten seinerzeit zu den Koryphäen der Kunst des literarischen Vortrags. Auch damit war der Direktor des »Roland« einverstanden, der die originelle Person für eine recht ansehnliche Monatsgage unter Vertrag nahm. Damit war der erste Schritt Claire Waldoffs zum Kabarett vollzogen.

Über den Beginn ihrer Kabarettlaufbahn, der in die letzten Wochen des Jahres 1907 fiel, gibt es eine Reihe von Legenden. Ein Autor läßt Claire Waldoff bereits 1901 bei Max Reinhardt in einem »Kabarett Unter den Linden ihre Triumphe« feiern (G. Flügge, *'ne dufte Stadt ist mein Berlin,* Berlin 1974), also zu einem Zeitpunkt, da sie noch in Hannover die Schulbank drückte. Gelegentlich wird auch das Jahr 1906 angegeben, als sie noch in Kattowitz in Hauptmann- und Sudermann-Stücken auf der Bühne stand. Ebensowenig wollte sie bei ihrem Debüt im Kabarett »Gedichte und Lieder des philosophischen Poeten Paul Scheerbart« vortragen, wie leicht- und eilfertig behauptet wird (G. Flügge, a. a. O., und gleichlautend W. Tschechne, *Heinrich Zille – Hofkonzert im Hinterhaus,* Hannover 1976). Sie wollte vielmehr – wie sie selbst in ihrem Erinnerungsbüchlein »Weeste noch« exakt sagt – Scheerbarts »literarische Monologe« sprechen.

Mit ihrem vorgeschlagenen Repertoire kam Claire Waldoff jedoch nicht zum Zuge. Die kleinen Scheerbart-Humoresken von der Art des »Radaubengels«, eines »Nihilistenulks«, wie die Unterzeile lautete, erschienen der Zensurbehörde zu »kritisch«, obwohl darin nur ein toter General namens Hohnke aus seinem Grabe steigt und »fürchterlich nach Freiheit zu brüllen anfängt«, schließlich alles, »einschließlich sämtlicher Himmel, kurz und klein schlägt. ›Freiheit‹, brüllte er kanonenmäßig. Das Gebrüll war aber nicht mehr zu hören, denn die Himmel waren mit allem Zubehör nicht mehr am Leben – Hohnke stand im Nichts. Er wunderte sich mächtig – half ihm leider nichts. Was weg ist, ist weg! Nichts kann soviel zerstören wie das Freiheitsgebrüll – sämtliche Himmel mit allem Zubehör bringt es einfach um.

Die Freiheit will eben weiter nichts als – Nichts. –
Hohnke! Du kannst mir leid tun! Wo bist du jetzt?
Hohnke ist wohl nicht mehr am Leben!
O Hohnke, General Hohnke?«

Das war der Zensur zuviel an Nichts und an schwarzem Humor, und ein General, der nach »Freiheit brüllte«, war wohl auch nicht in den Zensurbestimmungen vorgesehen. Der Einspruch der Zen-

sur traf nicht nur den Scheerbart-Vortrag. Das Volksliedpro-
gramm kam gleichfalls nicht zustande, da Claire Waldoff es in
einem Hosenanzug vortragen wollte, und diese Bekleidung auf
der Bühne war Damen abends nach elf Uhr nicht gestattet. Darüber kam es zum Krach mit Schneider-Duncker, der auch sonst
Anstoß an ihrem recht burschikosen Auftreten nahm. Der Assistenz des Komponisten Walter Kollo, der wie sie neu am »Roland« war, verdankte sie ihr Glück – ein neues Repertoire.

Er schrieb ihr den ersten Schlager: Walter Kollo, der Komponist des
»geliebten Schmackeduzchens«.

Der junge Musiker gab dem Direktor zwei seiner Kompositionen für »Froll'n Waldoff« und studierte mit ihr das Volkslied
»Wenn die Soldaten durch die Stadt marschieren« ein. Kollo
wollte die junge, seiner Meinung nach talentierte Schauspielerin,
wie Hermann Frey in seinem Buch »Immer an der Wand lang« berichtet, »lancieren«, weil sie ihm gefiel. Er bestellte deshalb den

Text für ein neues Lied extra als »Eilauftrag« bei seinem Freund Hermann Frey. Frey sollte möglichst einen richtigen »Schlager« zu Papier bringen, etwa derart, wie er dem bekannten Berliner Texter schon mit dem populären Couplet »Immer an der Wand lang« geglückt war.

Wie Hermann Frey den »Schlager« fand, ist eine Geschichte für sich. Zuerst müßte eine Idee gefunden werden, es könnte auch eine originelle Redensart als Refrain verarbeitet werden, überlegte er. Ihm fiel ein, daß in Südende in den Tanzlokalen überall etwas los ist und man dort sicher neue Redensarten höre. Ehe er sich den »geweihten Stätten« näherte, wurde er aufgeschreckt durch ein paar Bengels, die lange grüne Stengel mit Bürstenansatz im Arm trugen und damit dem »Herrn Dichter Frey« um die Nase fuchtelten, wobei sie laut brüllten: »Schmackeduzchen, drei Stück eenen Groschen! Nehmen Sie mit, Dicker, eenen Silbergroschen!« Hermann Frey fühlte sich diesem Großangriff Berliner Lümmels bester Sorte wohl gewachsen. Da er den Ausdruck Schmackeduzchen noch nicht gehört hatte, fragte er vorsichtig, was sie damit meinten. »Wat, Mensch, det wissen se nich? Det sin doch die Bumskeulen mangs Schilf ans Wasser hier. Hab'n se denn keene Oogen in Ihrem wackligen Kopp oder kieken se mit de Ohren?« – Frey, belustigt von dem Dialog, erstand die Schmackeduzchen. Der Rest war für ihn Routine: »Schnell hin zum Ringelpietzchen in Südende, Schwoof bis in die späte Nacht. Und am nächsten Morgen floß der Schlager fertig aus der Feder, die ulkige Geschichte vom Enterich, der sich ins Schmackeduzchen verliebt hatte und dem der böse Schwan das Glück verdarb, indem er Schmackeduzchen abtrünnig machte. Aber ein glückliches Ende kam doch . . . innig, sinnig, minniglich.«

Der Schlager, der noch keiner war, war da. Von morgens bis abends probte Claire Waldoff mit Walter Kollo, der die Strophen ebenso rasch vertonte, wie sie Frey geschrieben hatte, in dessen kleinem armseligen Mietszimmer, wo er mit seiner jungen Frau und seinem Söhnchen Willi in der Potsdamer Straße am Bülowplatz wohnte. Bei den anschließenden Proben auf der Bühne gab es schon erstes Aufsehen. Was »die Neue« und Walter Kollo boten, war kein »feingeistiges Kabarett« im Sinne Ernst von Wolzogens und Otto Julius Bierbaums, sondern recht herzhafte, mehr derb-volkstümliche Unterhaltung, Lieder, die den Beleuchter wie die verzückt lauschende Garderobenfrau, aber auch die anderen Anwesenden zu Lachstürmen hinrissen. So jedenfalls berichteten es Eingeweihte aus dem alten Haus der noch nicht eröffneten Nelsonschen Konkurrenz, noch bevor die Premiere bei Schneider-Duncker im »Roland von Berlin« stieg. In Fachkreisen begann es sich herumzusprechen, daß eine »urkomische Person«, wie man Nelson hinterbrachte, ihren Auftritt präparierte, »eene Pflanze«, die »wie eine Göre aus dem dritten Hinterhof echt berlinisch gröhlen konnte« und die mit großer Wahrscheinlichkeit auf das anspruchsvolle Premierenpublikum ebenso wirken würde wie bei den Proben auf die »Kulissenschieber«.

Ein Bühnenerfolg kündigte sich an. Dennoch war Schneider-Duncker wieder einmal über die Waldoff erbost. Ihn störten zunehmend ihre Gewohnheiten, ihr völlig unkonventionelles Benehmen, ihre Direktheit. Noch vor der Premiere erregte er sich. Schon mit ihrer Garderobe – einem einfachen Samtkleid mit Schleppe – stach sie merklich von den übrigen Damen des Abends ab, die mit Federboa, in kostbare Stoffe gehüllt und mit Kunstwerken an Hüten erschienen. Claire saß, wie Hermann Frey erzählt, in der Künstlerecke »mit einer Tonstummelpfeife im Mund, aus der der berühmte Pastorentabak Supersolem seine zarten Dampfwolken aromatisch entfliehen ließ«. »Eine unmööögliche Person!« tobte Schneider-Duncker und wollte am liebsten Claire Waldoff nicht zum Auftritt auf die Bühne lassen. Darauf wiederum drohte der neue Komponist Kollo, »den Laden hinzuschmeißen«. Der Premierenkrach fand mit Vorstellungsbeginn zwangsläufig sein Ende.

Claire Waldoff war mit ihrem Auftritt erst im zweiten Teil des Programms an der Reihe. Zur Premiere ins Rolandhaus im vornehmen Westen von Berlin waren neben dem Stammpublikum

Schrieb Berliner Gassenhauer und war mit Spreewasser getauft –
der Liederdichter Hermann Frey.

zahlreiche prominente Künstler erschienen. Man sah unter den Gästen des Abends Operettenstar Josef Giampietro, den bestangezogenen Mann von Berlin, Typ Gardeoffizier, die umschwärmte Tänzerin La belle Otéro vom Wintergarten, brillantenübersät, Bühnenautor Julius Freund und Fritzi Massary vom Metropol-Theater. »Meine armen Freunde aus der Boheme konnten nicht kommen, aus begreiflichen Gründen. Überhaupt kein Aas kannte ich in der Menschenmenge. Mein funkelnagelneues Kleid aus braunem Samt mit der Schleppe hatte mir ein Modesalon vom Lützowplatz auf Abzahlung gepumpt, weil meine Freundin Anni für mich gutgesagt hatte.« Im Premierenprogramm trat der im Salonstil brillierende Rezitator Max Laurence auf, desgleichen Direktor Schneider-Duncker mit einigen seiner Spitzenchansons. Es war zweifellos nicht einfach für eine Anfängerin wie die Waldoff, bei einer derartigen Besetzung gut abzuschneiden. Kurz vor ihrem Auftritt klopfte sie gelassen die Pastorentabaksasche aus ihrer Tonpfeife, betrat die hellerleuchtete Bühne und brachte als erstes Lied, wie vorgesehen, »Wenn die Soldaten durch die Stadt marschieren, öffnen die Mädchen die Fenster und Türen«. Es gab Beifall, da die frische Art des Vortrags gefiel. Dann konferierte sie weiter: »Als Nummer zwei bringe ich nun das Lied ›Man ist nur einmal jung‹, Text von Rudolf Bernauer, Musik von Walter Kollo.«

Die Musik von Kollo, der am Flügel saß, und der Vortrag von Claire Waldoff garantierten den Erfolg dieses an sich belanglosen Liedchens: »Man ist nur einmal jung, / drum wage ich den Sprung! So'n bißchen Hoppsassa / was ist denn dabei, Papa? / Ist man erst grau und alt, / macht man von selber halt.« Der Beifall verstärkte sich. Dann folgte als drittes Lied der »Schlager« des Abends:

Ein schlankes Schmackeduzchen stand
im See nah an des Ufers Rand
und freute sich des Lebens.
Ein kleiner, süßer Enterich
bat Schmackeduzchen: »Liebe mich!«
Doch flehte er vergebens.
Sie war so unnahbar und stolz,
ihr Herz war hart wie Buchsbaumholz.
Er wurd' vor Liebe krank,
sie lachte, wenn er sang:
»Mein geliebtes Schmackeduzchen,
komm zu deinem Enterich,
laß uns beid' von Liebe plauschen,
innig, sinnig, minniglich.«

Vor allem die flotten Takte des ulkigen Refrains fanden sofort Eingang in das Ohr des Publikums. Dazu vollführte Claire einen angedeuteten kleinen, watscheligen Ententanz. Musik, Gesang und Mimik machten dieses kleine Lied von der Liebe zu einem phantastischen Erfolg. Sie mußte es neunmal wiederholen.

Claire Waldoff fand für dieses Lied auf Anhieb die adäquate Form der künstlerischen Interpretation. Keine großen Gesten, kein theatralisches Getue. Sie stand ruhig auf der Bühne, sparsame Handbewegungen und lustig-komischer Augenaufschlag korrespondierten mit den entsprechenden Stellen des Textes. In diesem natürlichen, vom Charme der Persönlichkeit geprägten Auftreten lag an ihrem ersten Kabarettabend ebensosehr ihr Erfolgsrezept wie in der Art der Lieder, die ihr auf den Leib und auf den Mund geschrieben schienen. Sie kommentierte es so: »In den ersten Tagen unsres neuen Programms ging es oft stürmisch zu. Ich war zu Anfang umstritten. Meine einfache Art, ohne Geste, nur auf Mimik, nur auf das Mienenspiel der Augen gestellt, war etwas Neues auf der Kabarettbühne. Meine Art war etwas anders als die bisher gewöhnte Manier der Chanteusen, die viel zu viel Bewegungen machten. Ich war und blieb die große Nummer in meiner Einfachheit.«

Als der Beifall des Premierenabends die Debütantin am Schluß der Vorstellung erneut auf die Bühne holte, tat sie noch den zweiten Schritt, der von da ab ihr unverwechselbares Profil ausmachen sollte. Sie, die »Neuberlinerin«, sang als Zugabe das beliebte berlinische Couplet:

Aujust, reg dir bloß nich uff!
So wat jibt es nich!

Auch das war ein absolut neuer Ton im Kabarett. Couplets berlinischer Mundart gehörten bislang ausschließlich zum Volkstheater oder zur Singspielhalle, sprich Tingeltangel, bestenfalls zum Walhalla-Theater, in dem Berliner Stücke und Lokal-Possen von Lud-

Notentitelblatt von 1910. Warnung für Humoristen und Sängerinnen:
Nachsingen verboten!

wig Kalisch und anderen, das »Berlinische« pflegenden Autoren auf dem Spielplan standen. Diese Art der Zugabe aus ihrem Volkslied- und Gassenhauerschatz hat Claire Waldoff von diesem Tag an beibehalten.

In der Jugend Maienblüte, bevor »Hermann« kam.

Noch am Abend ihres Premierenerfolgs gab Schneider-Duncker bei der Druckerei Nauck und Hartmann, die das Monopol für die Anschlagsäulen der Hauptstadt besaß, neue Ankündigungsplakate in Auftrag. Die Berliner konnten nun in großen Lettern lesen, daß im »Roland von Berlin« allabendlich Claire Waldoff mit ihrem »Schmackeduzchen, Text von Hermann Frey, Musik von Walter Kollo« auftrat. Wer die Anschläge übersah, fand ab 1. Januar 1908 auch im »Berliner Tageblatt« eine entsprechende Annonce, in der für den »Roland« täglich von elf bis zwei, sonntags von acht bis elf – ohne Weinzwang – und donnerstags zum »Fünf-Uhr-Tee« neben den Namen anderer mitwirkender

Künstler auch der fürs Berliner Kabarett neue Name Claire Waldoff angekündigt war.

Der Sprung zum Kabarett war damit geglückt. Energie und Begabung, Originalität und Natürlichkeit, ein untrügliches Gespür für Lieder und Couplets, die ihrem Typ gemäß waren, und schließlich angeborene Musikalität hatten die junge Waldoff zum Erfolg geführt – zu einem anhaltenden und dauerhaften. Die Namen ihrer schönen, schicken Kolleginnen, »die eine groß wie eine Juno, die andere wie eine Germania«, die schon am Premierenabend von ihren Verehrern vor dem Auftritt herrliche Blumenarrangements dediziert bekamen, sind dagegen heute völlig vergessen, und nur vergilbte Programmzettel erinnern noch daran, daß einst mit ihr auch eine Mize Friese auf der Bühne gestanden hat.

Der Stern von Berlin

Volle acht Monate sang Claire Waldoff im »Roland« ihr Repertoire. In diesem Kabarett, das hauptsächlich von den vornehmen Kreisen der Gesellschaft besucht wurde, begründete sie ihre sich allmählich einfindende Anerkennung als humoristische Vortragskünstlerin, die das Publikum zu unterhalten verstand, es zum Lachen brachte und natürliche, ungezwungene Fröhlichkeit verbreitete. Von diesem Künstler-Lokal im Südwesten der Stadt begann ihr »Stern« am Berliner Kabaretthimmel aufzugehen, keineswegs kometenhaft, eher peu à peu, doch dafür dauerhaft. Von dieser Popularität profitierte gleichzeitig ihr erster Komponist Walter Kollo, dessen »Waldoff-Schlager« sich mit dem wachsenden Ruhm der Künstlerin steigender Nachfrage erfreuten und schon bald in den Annoncen der Musikverlage zu finden waren.

Claire Waldoff verbreitete, wenn sie das Podium betrat, auf natürliche Art jene Stimmung, die der legendäre und exaltierte Vortragskünstler Danny Gürtler in diesen Jahren immer für das Kabarett und die literarisch-musikalische Kunst der Unterhaltung gefordert hatte und die er auf seine Weise nach den Worten René Schickeles durch »animalische Stimmfülle, die Katarakte zweifelhafter Einfälle vom Himmel stürmender Plagiate« zu erzwingen suchte. Die Stimmung, die die vom Theater zum Kabarett »übergetretene« Claire Waldoff auf die Kleine Bühne brachte, war weniger gekrampft und gekünstelt als der forcierte Ruf »Stimmung!« Danny Gürtlers, des hochdotierten »Königs der Boheme«. Bei ihr klangen die Töne von Anfang an echter und tiefer. Es waren trotz unüberhörbarer Anklänge an den Gassenhauer originelle, lebenswahre und im Humor realistische Lieder, die ein breites Publikum ansprachen.

Das »Linden-Cabaret« im ersten Stock des Passage-Panoptikums Friedrichstraße/Ecke Behrenstraße war bis zum Ersten Weltkrieg ihr ständiges Auftrittslokal.

Diesen Ton zu finden war ihr nicht zuletzt deshalb möglich, weil sie in ihren neuen Beruf als Vortragskünstlerin eine solide Erfahrung einbrachte, die sie als Schauspielerin an kleinen Bühnen gesammelt hatte. Sie war, wie gesagt, eine »Übergetretene«, deren Ausbildung in der Praxis stattgefunden hatte und nicht an einer der fragwürdigen Soubretten-Schulen, die zumeist weniger durch die Leistungen ihrer Absolventinnen als durch Gerichtsprozesse ins Gerede kamen.

Als Claire Waldoff mit ihrem Vortragsprogramm um 1910 auf der Höhe ihrer ersten Erfolge stand, fand vor dem Stadtbezirksgericht Berlin-Mitte gerade wieder einer dieser Skandalprozesse statt. Der Redakteur Felix Wolff hatte in einem kritischen Artikel dem Direktor einer Soubretten-Schule, Rudolf Baron, nachgesagt, »dem Soubretten-Macher Baron komme es darauf an, aus den Schülerinnen möglichst viel Kapital herauszuschlagen«, anstatt ihnen das Bühnenhandwerk beizubringen. Obwohl auch der Direktor des Berliner Varietés »Intimes Theater« vor Gericht als Gutachter aussagte, daß die Bühnen von Soubretten-Schulen keine gute Meinung hätten, und obwohl auch das Gericht in der Urteilsbegründung einräumte, es wisse, »daß an den Soubretten-Schulen Mißstände herrschen«, wurde der kritische Redakteur wegen »Schädigung des Ansehens« des Herrn Direktors Baron zu 300 Mark Geldstrafe verurteilt.

Claire Waldoff hatte – genau wie Otto Reutter – von Haus aus bekanntlich kein Geld gehabt, um sich einer solchen »Ausbildung« zu unterziehen. Ihre Bühnenlaufbahn unterschied sich in den Anfängen nicht allzu sehr von den Startversuchen Otto Reutters, der aus der Kaufmannslehre in Lychen entfloh und sich in Berlin als Statist am »American Theater« verdingte, und ihres nicht minder berühmten Bühnenkollegen Paul Graetz. Der hatte wie sie an der »Schmiere«, und zwar in Glogau, »mit dreimal Premiere in der Woche, mal Sudermann, mal Lessing«, angefangen, mit dem einzigen Unterschied: Er steckte nachts beim Rollenlernen nicht wie Claire die Beine ins kalte Wasser, sondern in kalten Kaffee.

Die Bühnenpraxis der kleinen Provinztheater mit dem Zwang, aus wenig viel zu machen, die eigene Phantasie wie die Energie an den unterschiedlichsten Objekten immer wieder neu zu entwikkeln, zahlte sich bei Künstlern, die diese »Schule« durchlaufen hatten, beruflich aus. Einer ihrer Textdichter, Hermann Frey, berichtet von einer Premiere Claire Waldoffs im »Roland von Berlin«, daß sie durch das Extempore eines falschen Abgangs den Beifall für ihr Couplet »Man ist nur einmal jung« enorm verstärkte und dem Publikum mit diesem Gag ein großes Vergnügen bereitete. Die im Alltag der schauspielerischen Praxis erworbenen Kniffe und Fähigkeiten, nicht zu vergessen die Zielstrebigkeit und das Selbstvertrauen in die eigene Leistung erwiesen sich bei Claire Waldoff ebenso wie bei Paul Graetz und später bei Werner Finck, um nur einige zu nennen, zugleich als wichtig für das Finden eines eigenen künstlerischen Stils und den Aufbau eines ihrem Typ gemäßen Repertoires.

Ihre Auffassung vom Kabarett unterschied sich daher auch wesentlich von der vieler Direktoren und Kollegen. Schon die junge Claire Waldoff erblickte im Kabarett nicht »ein verfeinertes Chantant« wie die meisten, denen es um eine konventionelle, unverbindliche »Vergnügungskunst« ging. Da diese Auffassung bei vielen Künstlerinnen vorherrschte, sah man damals, wie Claire Waldoff es später einmal beschrieb, »noch die neckischen Bewegungen, das Röckchenlüften, das jenseits der Weidendammer Brücke den Erfolg ausmachte. Aber auch im ›Apollo-Theater‹ und im ›Wintergarten‹ ernteten hochbezahlte Stars mit diesen Neckischkeiten tosenden Beifall. Ich ging andere Wege, und damit wurde ich eine Nummer.«

Als Claire nach acht Monaten den »Roland« verließ, um zum »Chat noir« zu gehen, dessen Direktor Rudolf Nelson hieß, darf der Hauptgrund für den Wechsel wohl in dem Bemühen gesehen werden, sich als Liedkünstlerin mit eigenem Repertoire zu profilieren. Gewiß wird auch manche Theaterintrige einer »schicken Kollegin« dazu beigetragen haben und vielleicht auch die Tatsache, daß sie den erfolggewohnten Schneider-Duncker als Chansonnier etwas in den Schatten stellte. In jedem Fall war dieser Wechsel zum »Chat noir« an der Friedrichstraße, an das Kabarett, das als das musikalisch perfekteste von Berlin galt, ein Schritt auf dem Wege zum »Stern« der Unterhaltungsbühne. Rudolf Nelson begrüßte sie als eine »neue Note«, die ihm bisher gefehlt hatte, obwohl – wie er in seinen Erinnerungen schreibt – manch einer seiner sonst gar nicht so zartbesaiteten Stammgäste »ihren derben Realismus gern vermißt hätte«.

Es war, wenn man so will, ein erlesener Kreis von Kabarettisten, in den Claire Waldoff nunmehr kam. Wer an der Kasse sein Billett für einen Tischplatz oder einen Terrassenplatz inklusive Programm entrichtet hatte, den höchsten Eintrittspreis für ein Kabarett in Berlin überhaupt, bekam erstklassige Künstler zu sehen und zu hören; darauf achtete Direktor Nelson, der zugleich sein eigener Hauskomponist war, mit größter Strenge. In seinem Kabarett sang damals der die französische Note bevorzugende Chansonnier Jean Moreau, der das Repertoire der Yvette Guilbert in Deutschland bekannt machte. Der Vortragskünstler Willy Prager und der Improvisateur und Blitzdichter Paul Steinitz waren regelmäßig im Programm, ebenso Gussy Holl – Schwarm des jungen Tucholsky – und die blonde Käthe Erlholz, ehedem kaum bekanntes Mitglied des Wiesbadener Hoftheaters und nunmehrige Frau des Direktors. War ihre künstlerische Leistung als Diseuse auch umstritten, die Bühnenschönheit Erlholz gefiel. Daran änderte auch die Boshaftigkeit René Schickeles nichts, der in einer Rezension stichelte, daß die Erlholz »so gut wie gar nichts« könne. Trotzdem, fügte er versöhnlich hinzu, sei sie ihm lieber als die bei Nelson gastierende, herausgestellte Lene Land, die erfolglos versuche, die Guilbert zu kopieren, und an der nichts echt sei »außer ihrer Hysterie«. Ein besonderer Genuß in den abendlichen Programmen, in denen Claire Waldoff nun auftrat, war wegen seiner kultivierten Beredtsamkeit der Conférencier Fritz Grünbaum, jener sprachbesessene schmächtige junge Mann, der als Dr. jur.

Ihre Karikatur schmückte die Wände des »Linden-Cabarets«
(Zeichnung von Jo Steiner).

von Wien nach Berlin übergesiedelt war und dem die »Schaubühne«, die sonst recht kritisch mit den Kabaretts umging, bestätigte, literarischen Geschmack und Kenntnisse zu haben.

Selbst der überwachende Schutzmann Müller vom 26. Berliner
Polizeirevier fand an Nelsons Etablissement nichts zu beanstanden. Er beobachtete und berichtete an seine vorgesetzte Behörde,
die Königliche I. Polizeihauptmannschaft, mit Protokoll vom

10. Dezember 1911: »Der Eintritt kostet 1,20 bis 5,20 M. Zutritt haben Männer jeden Alters mit und ohne ihren Verhältnissen. Es verkehren dort Familien besserer Stände, aber hauptsächlich Geldmänner und Damen der Halbwelt. Die dort auftretenden Personen erscheinen nicht in Kostümen. Vorgetragen werden nur die im Programm verzeichneten Couplets. Die Sängerinnen nahmen nicht an den Tischen der Gäste Platz. Die Bedienung wurde durch Kellner bewirkt. Es wird dort ausnahmslos Wein getrunken. Die Menge und Güte der Getränke entspricht den Preisen. Der Verkehr der Gäste untereinander ist frei und ungezwungen. Das Lokal war bis auf den letzten Platz besetzt. Pünktlich um 2 Uhr wurde das letzte Couplet gesungen, und das Publikum verließ den Saal in geordneter Weise. Ein Schausitzen von weiblichen Personen fand nicht statt. Zettel wurden auf der Straße nicht verteilt. Unregelmäßigkeiten sind nicht vorgekommen. Ein Programm konnte nicht mehr erlangt werden, da solche nicht mehr verkauft wurden.«

Claire Waldoff debütierte im »Chat noir« mit zum Teil neuem Repertoire. Wieder war ihr Komponist Walter Kollo. Er schrieb ihr zu einem Text von F. W. Hardt den Schlager: »Wenn der Bräut'gam mit der Braut so mang de Wälder jeht, / wenn der Weizen übern Meter uff de Felder steht, / dann is alt und jung / mächtig uff'n Sprung«. Mit seiner Musik verhalf er ihr zu einem weiteren Standardtitel, Text von A. O. Alberts, den sie ebenfalls im »Chat noir« kreierte und über Jahrzehnte im Programm behielt: »Was liegt bei Lehmann unterm Apfelbaum? / Ein Kind, ein Kind, ein Kind! / Was lacht so quietschvergnügt und lutscht am Daum? / Das Kind, das Kind, das Kind! / Nu sag bloß, wer hat den Storch verkohlt / mit's Kind, mit's Kind, mit's Kind? / Es ist bestellt und ist nicht abgeholt, / das Kind, das Kind, das Kind!«

Die neuen Lieder der fünfundzwanzigjährigen Interpretin »schlugen ein«. Ab jetzt konnte sie nicht nur das Programmangebot variieren, auch die Musikverlage begannen das Claire-Waldoff-Repertoire zu drucken. Der Carve-Harmonie-Verlag, der die

Rechte daran erwarb, brachte erstmals die Kollo-Vertonungen in Umlauf. Im »Chat noir« baute Claire Waldoff die »populäre Note« ihrer melodiebetonten Lieder weiter aus. Daß sie jetzt auch den Hausherrn Rudolf Nelson zum Komponisten hatte, war für sie von großem Nutzen. Ihr Auftreten bekam dadurch eine gewisse Politur und noch mehr melodischen Schmiß. Sie konnte sich außerdem bei Nelsons Frau Käthe Erlholz, der Diva des »Chat noir«, manches abgucken, was das perfekte kabarettgemäße Servieren der Pointen und Refrains betraf, denn zwischen Couplet, Chanson oder einem Soldatenlied auf dem Brettl gab es gravierende Unterschiede, die beherrscht sein wollten, und auch eine Claire Waldoff mußte sich das Bühnenhandwerk erst aneignen. Obwohl die jüngste von den Damen, war sie schon eine Säule des Programms. Ihr Foto im Kostüm des Etonboys fand sich ganzseitig im Programmheft, darunter die Titel, die sie neu in der Herbstsaison 1909 kreierte:

»Cuno der Weiberfeind« von Fritz Grünbaum, Musik von Rudolf Nelson
»Der Frosch« von Eddy Beuth, Musik von Martin Knopf
»Ein Soldatenlied«, nach einer alten Volksmelodie
»Zeppeline«, Terzett von O. A. Alberts, Musik von Rudolf Nelson
»Musenstreit«, Szene von Jeanette Gutten
»Das Varieté« – Fräulein Waldoff

Im Kostüm des Etonboys, ihr gestattet, obwohl ihr Auftritt nach elf Uhr abends lag, erhielt ihr Vortrag etwas Weltläufiges; es war ein Zugeständnis an das elegante hauptstädtische Publikum mit seiner zeitbestimmten Vorliebe für »english style« in Mode und Umgangsformen. Wer modern sein wollte, mußte mit der Zeit gehen, was erst recht für ein Kabarett in der City dicht an der Straße Unter den Linden galt. Über den Premierenabend vom September 1909 ist in der Zeitschrift »Cabaret, Brettl und Varieté« nachzulesen: »Die diesjährige Premiere gab mit dem Bilde ihres großstädtischen Gepräges ein beredtes Zeugnis für die bereits eingetretene

Auf der Bühne im Etonboy-Anzug.

Beliebtheit des ›Chat noir‹ ab. Im Publikum waren Persönlichkeiten aus den ersten Gesellschaftskreisen anwesend. Die Künstlerschaft war besonders stark vertreten.« Genannt werden die Komponisten Victor Hollaender vom »Metropoltheater«, Paul Lincke vom »Apollotheater« und Gustav Wanda vom »Wintergarten« sowie die Schriftsteller Rudolf Presber, Rudolf Schanzer und Hans Brennert, die bevorzugt für das heitere Genre arbeiteten. Von den Mitwirkenden erhält neben dem Conférencier Fritz Grünbaum »aus Mähren« den meisten Zuspruch »die rothaarige Claire Waldoff mit dem süßen Gamingesicht«. Dieser niedliche Fratz verstehe es stets, mit feindurchdachter Komik sich »auf ein Piedestal der Merkwürdigkeit zu stellen und ist künstlerisch zweifellos die stärkste Persönlichkeit des Ensembles«.

Für die Kritik war die agile Waldoff »ein ganz originelles Menschenkind, ein weibliches Wesen mit wirklich humoristischem Einschlag«. Nur wenige Blätter gab es, die sich darüber mokierten, daß im »Chat noir« alles zu sehr auf die erotische Pointe zugeschnitten sei – zuviel Cochonnerien, zu deutsch Anzüglichkeiten und Zweideutigkeiten. Manche sahen mit Neid, andere mit erhobenem Zeigefinger auf das vielgepriesene Berliner Nachtleben an der Friedrichstraße, wie der Rezensent der »Norddeutschen Allgemeinen Zeitung«, der am 13. Januar 1909 für seine Redaktion berichtete: »Unter den weiblichen Kräften gibt es gleichfalls Schlager, die in einer richtigen *gradatio ad majus* (gesteigerten Abfolge zur Spitze hin) losgelassen werden. Besonders schien die Art zu belustigen, wie Fräulein Waldoff irgendeine laszive Geschichte servierte: leicht gedämpfte Berliner Frechschnauzigkeit. Das Auditorium, besonders das männliche, heulte vor Vergnügen.«

Mit dem Jahre 1910 wurde die Waldoff durch Notendrucke und anerkennende Rezensionen in der Fach- und Tagespresse über die Grenzen Berlins hinaus bekannt. Für zunehmende Popularität sorgten auch ihre Schallplatten, die ebenfalls um 1910 herum zu erscheinen begannen. In ganz Preußen und den anderen deutschen Landen, vom Königreich Sachsen bis zu den Freien und

Hansestädten im Norden, kannte man ihr »Schmackeduzchen« und den »Bräutigam mit der Braut«. Allerdings waren der freien Kunst genau wie am Theater Grenzen gezogen, hauptsächlich durch die Überwachung der Justiz, die sich immer dann in Erinnerung brachte, wenn es um die vermeintliche Gefährdung der Sittlichkeit ging. Die Paragraphen des Strafrechts machten auch um eine Claire Waldoff keinen Bogen. 1912 erwirkte die Staatsanwaltschaft beim Landgericht Berlin einen richterlichen Durchsuchungs- und Beschlagnahmebefehl für Musikalienhandlungen und Plattenfirmen wegen Verbreitung mehrerer Schallplatten »unzüchtigen Inhalts«. Etwa ein Dutzend Platten, darunter Aufnahmen mit den beiden beliebten Humoristen Martin Bendix und Gustav Schönwald, wurden beschlagnahmt und vernichtet, ebenso die Matrizen. Gegen Hersteller und Händler wurde vor dem Landgericht ein Prozeß angestrengt. Von Claire Waldoff waren zwei auf Platte aufgenommene Couplets betroffen: »Knoll, der stramme Grenadier«, Text und Musik von Wilhelm Lindemann, sowie die dritte Strophe ihres Walter-Kollo-Liedchens »Wenn der Bräut'gam mit der Braut«, die den folgenden Wortlaut hatte:

Kaum achtzehn Lenze zählt' Helene,
da schwärmte sie nur für Natur,
und sonntags jing se stets per Beene
durch Feld und Wald, durch Hain und Flur.
Doch jetzt seit zirka vierzehn Tagen,
da bleibt Helene stets zuhaus.
Sie sieht, was soll ich Ihnen sagen,
so furchtbar jräßlich elend aus.
Und überall erklingt voll Hohn:
Ja, siehste woll, das kommt davon!
    Wenn der Bräut'gam mit der Braut so mang de Wälder jeht,
    wenn der Weizen übern Meter uff de Felder steht,
    dann is alt und jung mächtig uffn Sprung.
    Wenn der Bräut'gam mit der Braut so mang de Wälder jeht,

wenn der Weizen übern Meter uff de Felder steht,
dann schreit jroß und kleen:
»Och, wie is det scheen!«

So ein Liedchen auf Mutter Natur sollte unsittlich sein? Claire Waldoff, zum Prozeß als Zeugin geladen, konnte guten Gewissens aussagen, daß ihre Lieder beim Publikum, das zu einem gut Teil aus besseren Gesellschaftsschichten, darunter nicht wenige Juristen, Angehörige der Hofkreise und das stets in Zivil erscheinende Militär, noch nie Anstoß erregt hatte, janz im Jejenteil. Es gab hin und wieder witzige Wortduelle in den Verhandlungen. Die Anklage argumentierte, daß in den Katalogen der Schallplattenfirma die beanstandete Platte mit der Bezeichnung »pikant« versehen sei, was schon auf Fragwürdigkeit oder Unanständigkeit schließen lasse. Es gab großes Gelächter im Saal, als die Verteidigung daraufhin entgegenhielt: »Es gibt sicherlich viele Ehemänner, die sich freuen, wenn man von ihrer Frau sagt, daß sie pikant sei, die es sich aber sehr verbitten würden, wenn man sagen würde, ihre Frau sei – unanständig.«

Staatsanwaltschaftsrat Heinzmann als Anklagevertreter wußte sich am Ende nur so zu helfen, daß er der Zeugin Waldoff zu verstehen gab, ihre Kunst sei doch nicht »die Kunst im höchsten Sinne, das heißt eine Kunst, die läutert und veredelt«. Eine Bemerkung, die kaum eine Karriereempfehlung für ihn gewesen sein dürfte angesichts der Beliebtheit des »Chat noir« und seines Stars in den maßgebenden Kreisen der Berliner Gesellschaft, denen damit indirekt eine Vorliebe für minderwertige Kunst oder Unzüchtiges unterstellt wurde.

Die Verteidiger der angeklagten Plattenhersteller wußten ebenfalls um die Achillesferse der Anklage. Sie konnten belegen, daß das Couplet vom strammen Knoll unlängst erst bei einer Festlichkeit im Berliner Landwehrkasino von Kabarettsänger Appelbaum, vormals Oberpostsekretär, vorgetragen worden sei. In Gegenwart Kaiser Wilhelms II., und Majestät habe lebhaft applaudiert.

Damit stand die Frage im Raum, was an den Platten eigentlich zu beanstanden sei. Ja, befanden die Richter bei der Urteilsverkündung, der Vortrag im Kabarett sei eben etwas anderes als die Verbreitung der Schallplatte, denn diese könne in die Hände von Jugendlichen geraten, die es zu schützen gelte. Somit traf das Verdikt der Justiz »grob unzüchtig« den »Hauswirt Klauke« aus dem Repertoire des Sprechmaschinenhumoristen Schönwald, die »Ermahnungen vor der Hochzeit« von Martin Bendix und die Platte der Firma Grammophon mit »Knoll«. Freispruch erhielt, wenn auch nicht ausdrücklich fixiert, die dritte Strophe des Bräutigams samt der Braut, deren Unanständigkeit wohl ohnehin nur dem Staatsanwalt erkennbar gewesen war. Die verhängten Strafen blieben insgesamt milde: Hundert Mark für einige Hersteller und fünf Mark für die angeklagten Musikalienhändler.

Mit dem Nelson-Ensemble trat Claire Waldoff erstmals auch in einer anderen deutschen Großstadt, in Frankfurt am Main, auf. Ihre Mutter konnte sie hier zum ersten und einzigen Mal auf der Bühne sehen. »Sie hatte einen schönen Platz in den vorderen Reihen und war sehr aufgeregt«, erinnerte sich Claire. »Sie winkte mir mit ihrem großen Taschentuch zur Bühne herauf, und ich höre noch immer Mutters glückselige, gerührte Stimme zwischen Lachen und Weinen zu den Nachbarn laut in den Beifall hinein sagen: ›Das ist ja mein Kind, das ist ja mein Kind!‹«

In Frankfurt traf sie einen Schauspielerkollegen aus Berliner und Kattowitzer Tagen wieder, den liebenswürdigen Willy Prager, der schon ein großer Mann am Kabarett war, dessen Name allabendlich in den Lichtreklamen strahlte, damals etwas sensationell Neues für Berlin. Freund Willy war ihr im richtigen Moment erschienen.

Claire hatte schon eine Weile im Café gesessen und sich den Kopf zerbrochen, wie sie zu einer noch fehlenden dritten Strophe für ihr Schusterjungen-Lied »Det Scheenste sind die Beenekens«, das sie sich selbst geschrieben hatte, kommen könnte. Ihr fehle für den Auftritt noch die passende Schlußstrophe, jammerte sie. So wie jetzt sei das Ganze doch verschenkt. Und ihr Direktor Rudolf Nelson hätte doch an dem Abend Geburtstag, da sollte das die Überraschung für ihn sein. Freund Willy hörte mit seinem charmantesten Lächeln zu und ließ sich nicht lange bitten. Noch ehe der Kellner mit der Rechnung kam, waren die gewünschten Zeilen zu Papier gebracht. So original Berlinisch, wie sie es sich vorgestellt hatte. Ort der Handlung: das Panoptikum, wo man alles, was nur interessant, aus erster Hand zu sehen bekommt: Wachsfiguren jeder Art, Weiber, die wie 'n Aff' behaart. »Ick zahl' gern, nur nich für'n Weib, die ausgestellt ohn' Unterleib«, denn: »Wo bleib'n denn da die Beenekens, die Beenekens, die Beenekens, / so rund und doch so fein, / aber grade müssense sein!«

Diese eine Strophe von Prager hat weitreichende Folgen gehabt. Nicht nur, daß die »Beenekens« zu einer stehenden Redensart avancierten und manche Halbwüchsige auf der Straße hinter Claire Waldoff herriefen: »Aber grade müssense sein!« – sie hat auch noch jahrelang Chansons kreiert, die von Willy Prager stammten, eins darunter, das ihre Freude an der Selbstparodie erkennen läßt:

Wenn alles meine Lieder singt,
wenn meine Konkurrenz zerspringt,
wenn ich aus jedem Grammophon
hör' meinen eignen Fistelton,
wenn ich komm' in die »Woche« rin,
fühl' ick, det ick was Feines bin.

Wenn mein Direktor damit prahlt,
daß er mir Riesengagen zahlt
und diese täglich noch erhöht,
solange, bis er pleite geht,
und ick komm' in die Masse rin,
fühl' ick, det ick was Feines bin.

Auch die erste Auslandstournee unternahm sie zu jener Zeit mit dem »Chat noir«. In Budapest spielte das Ensemble vor dem deutschsprachigen Publikum der damals zur Donaumonarchie Österreich gehörenden ungarischen Hauptstadt in dem kleinen Theater »Stadtwäldchen«.

Wie durch die Varieté-Zeitschrift »Das Programm« belegt ist, begann Claire Waldoff in der Spielzeit 1909/10, parallel zu ihrem Engagement im »Chat noir«, noch ein zweites anzunehmen, wie das prominente und gefragte Künstler damals häufig taten. Außer bei Nelson war sie nunmehr regelmäßig in den Programmen des »Cabarets Unter den Linden«, kurz »Linden-Cabaret« genannt, in den großen, saalartigen Räumen über dem Panoptikum Ecke Friedrich-/Behrenstraße zu finden. Der Vortrag ihrer Lieder im »Linden-Cabaret«, einer volkstümlich attraktiven Unterhaltungsstätte der City, mitten im Zentrum des Vergnügens und des Fremdenverkehrs, begann erst nachts halb zwölf, wenn alle anderen Verpflichtungen absolviert waren. Sie sang hier vor Tausenden und Abertausenden, bis in die Kriegsjahre hinein, und wurde vor allem durch diese Bühne erstmals einem größeren Publikum bekannt. Im »Linden-Cabaret« saßen der Berliner Bierfahrer ebenso wie der »auf Strom« arbeitende Schlosser von der AEG, der Kommis aus Magdeburg und Onkel Fritz aus Neuruppin. Hier entspannte sich Kurt Tucholsky ebensogern wie Heinrich Zille, Claires erster Maler. Nicht zu vergessen: die »Mächens«, wie der Berliner sagte. Immer zu zweit oder zu dritt. Die Verkäuferinnen der Warenhauspaläste, die Telefonfräuleins von der Post, die Direktricen aus den Comptoirs, ebenso Witwe Meier, Hannelore und Familie Gänseklein, die alle in den Liedern Claire Waldoffs vorkamen.

Die damaligen Direktoren des »Linden-Cabarets« waren die Gebrüder Karl und Theodor Rosenfeld, die als liebenswürdige und kluge Manager ihres Metiers galten und die richtige Mischung für ein Publikum aus allen Volksschichten servierten. Wer sein Zwei-Mark-Billet erworben hatte, bekam ausgezeichnete

Künstler zu sehen, wie den bereits erwähnten ehemaligen Burgschauspieler Danny Gürtler aus Wien, der hier Unter den Linden Erich Mühsams »Revoluzzer« oder dessen »Anarchisterich«, der »nur so mit Bomben um sich schmiß«, aber auch Heines Romanzen lautstark deklamierte und sein Standardlied »Die Vogelhochzeit« sang. Zu den renommierten Stars gehörten fernerhin Lina Loos und ihr Freund, der Kabarettist Egon Friedell von der Wiener »Fledermaus«, der wie Roda Roda mit seinen Anekdoten und Stegreifgeschichten am »Linden-Cabaret« gastierte. Seine Karikatur sah man an der Wand neben denen Claire Waldoffs, Käthe Hyans und Senta Sönelands, von dem Maler und Plakatkünstler Jo Steiner, der zugleich künstlerischer Leiter des Hauses war, genial getroffen.

Der Zugang zur Bühne war für die Künstler nicht ganz einfach. Er mußte spät abends durch das »Passage-Panoptikum« erfolgen. Dieses nächtliche Abenteuer schilderte Claire Waldoff 1932 in der »Berliner Morgenpost«: »Allabendlich stiegen wir die große, teppichbelegte Marmortreppe, an der Wachsdame mit dem Katalog in der Hand vorbei, ins Kabarett hinauf. Wenn wir in die Garderobe gingen, mußten wir durch die Schreckenskammer, wo all die Massenmörder in Wachs standen. Der größte Teil der Säle, durch die wir wandern mußten, war dunkel, nur von den Bogenlampen erleuchtet, die in der Passage brannten. Wenn die flackerten, war es ganz grausig. Wenn wir an dem zu Tode verwundeten Turko mit dem blutdurchtränkten Hemd, unter dem die Brust sich hob und senkte, vorbeiflitzten und irgendwo in der Ferne eine Diele knarrte, so hörte es sich an, als ob die sterbende Wachsfigur ächzte. Wir hielten jedoch gute Nachbarschaft mit den Damen und Herren aus dem Wachsfiguren-Kabinett, und selbst die spanischen Stiefel und die eiserne Jungfrau aus der Folterkammer ängstigten uns nicht mehr, als wir uns nach und nach an sie gewöhnt hatten.«

Das Repertoire der Waldoff im »Linden-Cabaret« war im wesentlichen das gleiche wie im »Chat noir«. In der Regel hatten No-

Am Flügel: Hugo Leonard, der Bruder Rudolph Nelsons.

vitäten stets bei Nelson ihre »Premiere«, diese Lieder wurden aber erst mit dem allabendlichen Auftritt vor mehreren hundert Personen im »Linden-Cabaret« mit ihr identifiziert. Erst seit dieser Zeit – von etwa 1912 an – hat sich ein wirkliches Waldoff-Repertoire herausgebildet. Mit dem Engagement im »Linden-Cabaret« begannen manche ihrer Lieder Berliner »Träller-Liedchen« zu werden, die man in der Kneipe, auf dem Perron der Straßenbahn oder im Lunapark nachsang, nachpfiff oder nachplärrte – je nach Stimme, Talent und Laune. Als ihr damals Walter Kollo nach dem Text von F. W. Hardt »Nach meine Beene ist ja janz Berlin verrückt« schrieb, konnte er nicht ahnen, daß daraus einmal ein regelrechtes Volkslied, der Schlager vieler Saisons, werden würde, der die Operettenmelodien von Paul Lincke, Leo Fall und Franz Lehár in den Schatten stellte. Überall konnte man zumindest den Refrain hören:

Nach meine Beene ist ja janz Berlin verrückt,
mit meine Beene hab' ich manches Herz geknickt.

Keine Frage, daß solche großstädtischen Rhythmen auch einem Mann wie Kurt Tucholsky gefielen, der die Seele des Berliners kannte und ein Gespür für das Solide in der heiteren Muse hatte. In der »Schaubühne«, der Zeitschrift Siegfried Jacobsohns, für die er Kabarett- und Varietékritiken schrieb, lobte er in diesen Jahren Claire Waldhoff gleich mehrfach. Sie ist seine »Klea Waldoff«.

Wenn er im »Linden-Cabaret« bei seinem Lieblingswein, dem roten Aßmannshäuser, saß und Claire ihm von der Bühne herab mitteilte, daß »nach ihre Beene janz Berlin verrückt« sei, fand er, daß diese Künstlerin mit »all ihrer Drolerie und ihrer großen Keßheit durchaus an der Panke lag . . .«. Wenn sie man nicht dick wird, hoffte er, »die Vollendung des Berliner Gamins, des Schusterjungen«.

Dr. Kurt Tucholsky bestätigte ihr das »Höchste an Humor, der so gelassen und unberührt an allen Dingen vorüberschreitet und sie alle gleich verächtlich als Inkarnationen gleichgültiger Ideen abtut. Man muß sie das Wort ›Frühling‹ sagen hören: ein kleiner Seitenblick nach unten, und Hunderte von Sentiments gehen dabei flöten. Sie bemüht sich gar nicht, sie nennt ihre Anbeter objektiv ›farickt‹, aber man glaubt es ihr; in keinem Unterton ist eine geheime Freude, doch so viel Wirkung auf die Männer auszuüben. Wir vergessen bei dieser ein wenig spöttischen Darstellung, daß es sich um eine der beiden großen Quadern handelt, auf denen, nach Schiller, die Welt ruht . . . Humor ist eine Kontrastwirkung.«

Die Technik ihres Vortrags erschien Tucholsky, wie er hinzufügte, ebenso unmöglich wie unübertragbar. Mit sparsamen Gesten und ausdrucksvollem Mienenspiel, herabhängenden Armen, den Kopf leicht nach hinten gelegt, die eine Augenbraue hoch- und den linken Mundwinkel herabgezogen – genauso wie sie auf Bühnenfotos zu sehen ist –, ausschließlich bedacht auf die Wirkung des Wortes, versetzte sie das Publikum in jenen Zustand der Spannung, der Bewunderung und Zustimmung in einem bedeutete. In dieser Art kreierte sie im »Linden-Cabaret« der Vorkriegs- jahre Schlager auf Schlager. Das Liebeslied einer Berliner Köchin, »Er ist nach mir verrückt«, von Ludwig Mendelssohn gehörte dazu wie ein weiteres, ebenso von Mendelssohn geschriebenes »Volkslied«, das ihren Ruhm noch vor 1914 endgültig festigen sollte: »Hermann heeßt er!«

Hermann heeßt er!
Wie der Mann
knutschen, drücken, küssen kann!
Druffgänger kenn' ick schon viele,
aber so schnell kam zum Ziele
keener noch.
Ja, der is Meester!
Hermann heeßt er!
Hermann heeßt er!

Dessen Sehnsucht ist gestillt,
erst wenn ganz verknautscht, verknüllt
meine Blusen, meine Röcke,
bloß von wejen Liebeszwecke.
Hach, in so was is er Meester!
Hermann heeßt er!
Hermann heeßt er!

Der is treu,
der hat keene nebenbei!

Ich bloß kann sein Herze rühren,
den kann keene nich verführen.
Er verachtet so'ne Beester.
Hermann heeßt er!
Hermann heeßt er!
Hermann heeßt er!

Ooch zum Ball
führte er mich neulich mal.
Der kann wackeln, knicken, schieben,
ruff und 'rum, mal hier, mal drieben.
Mit de Knie manchmal stößt er,
Hermann heeßt er!
Hermann heeßt er!
Hermann heeßt er!

Ihren Auftritt mit diesem Lied 1913 im »Linden-Cabaret« hat Kurt Tucholsky minutiös beschrieben: »Buttrig, quäkend und tugendsam singt sie erst eine Menge Dinge von ihrem Liebsten, ob und wie und wo – und auf einmal, über die bewegten Köpfe der lachenden Zuschauer und durch den Zigarrenrauch und den Lärm brüllt ihre Stimme andante: ›Hermann heeest a . . .‹ Und noch einmal, leiser: ›Hermann – heeest – a . . .‹ Und verhallend: ›Hermann – heeest – a . . .‹ Und gleich wieder weiter, wie er tanzt und schnarcht und: ›. . . selbst noch im Traume nach mir quäst er . . . Hermann heeest a . . .!‹ Und dieses Piano ist so ulkig angelernt, so wenig adäquat der Brüllstimme, daß man fassungslos ist. Wie ringt sie sich dieses Piano, jenen Sopran ab? Einen Sopran, der so hoch ist, daß sie gleich kippeln wird, g, gis, a, b . . . Gottseidank, gerettet! Sie singet, wie der Berliner Spatz singt, unbekümmert, frech – und dann (Stimme, von innen, verhallend): ›Hermann heeest a . . .‹«

Dieser »Hermann« ist ihr meistgesungenes Lied geworden. Claire Waldoff trug es selbst noch bei den Auftritten, die sie in den

Jahren nach 1945 hatte, vor. Das Couplet, völlig unliterarisch – für Tucholsky schien es in dieser Hinsicht »das Letzte« zu sein – reflektierte eine lebenswahre, unverstiegene Gefühlswelt, wirkliche Freude und Verlangen nach Liebesglück. Es gehört allerdings ins Reich der Legende, wenn behauptet wird, Claire Waldoff habe in den Jahren der Naziherrschaft den Spottvers hinzugefügt: »Rechts Lametta, links Lametta, / und der Bauch wird imma fetta, / und in Preußen is er Meester – / Hermann heeßt er!« Sie selbst hat dazu gesagt, daß diese Zeilen auf den sogenannten Reichsmarschall Hermann Göring nicht von ihr stammen, sondern vom Volk hinzugedichtet worden sind. Ein Beweis für die enorme Popularität des »Hermann«, denn vom Volk werden nur solche Lieder parodiert, die wirklich Volkslieder geworden sind.

Die Herausforderung zur Parodie war schon vor dem Machtantritt der Nationalsozialisten gegeben, wenn die damals entstan-

Ludwig Mendelssohn, einer der Väter der Brettlmuse, schrieb für sie »Hermann heeßt er!« Der Komponist starb 1921 in Berlin-Charlottenburg.

denen Verse auch keine Massenwirksamkeit hatten und bald wieder vergessen waren. Das sozialdemokratische Witzblatt »Der wahre Jacob« veröffentlichte sie in der 26. Nummer des Jahrgangs 1930 unter der Überschrift »Heil!« mit der Unterzeile: »Claire Waldoff ehrfurchtsvoll gewidmet«. Aus Hermann war Adolf geworden:

Erwache Deutschland! Freue dir,
jetzt haste wieder 'n jroßes Tier!
Erstanden ist der Nöte Tröster –
Adolf heeßt er!

In fünf Strophen wird der braune Krösus, der zum Kampfe gegen Juda bläst – und alle Sklavenketten löst er – karikiert.

Det dritte Reich, er wird et baun,
er wird den beesen Feind verhaun,
wer nich pariert, na, den zastößt er –
Adolf heeßt er!

Claire Waldoff erinnerte sich an die Jahre, in denen sie ihren »Hermann« im »Linden-Cabaret« aus der Taufe hob, als einer schönen Zeit künstlerischen Dauererfolgs. »Es war die Zeit, da ich am frechsten war und am übermütigsten«, meinte sie. »Ich sang nur drei Lieder, ob sie *noch* so lange klatschten, ob sie noch so lange trampelten und ›Bis, bis!‹ riefen – ich kam nicht mehr.« Sie machte es wie die meisten Star-Künstler, die zu festen Zeiten im Programm standen: Sie sang nur das mit der Geschäftsleitung vereinbarte Repertoire, nichts darüber hinaus. Da sie die Lieder nach gewisser Zeit wechselte, verwies sie das Publikum zugleich darauf, ohne es zu sagen, daß es wiederkommen könne, um Neues von ihr zu hören. Ein solches Verhalten war wiederum der Geschäftsleitung nur angenehm. Andererseits konnte sie sich gegenüber der Direktion als Prominente schon einiges herausnehmen. Als sie einmal eine Privatveranstaltung nach Mitternacht vereinbart hatte und die dafür erforderliche Genehmigung, eher im Programm aufzutreten, erhalten hatte, weigerte sich der Direktor entgegen der Verabredung dann doch, sie früher auftreten zu lassen. Er ließ ihr sagen, es bliebe bei ihrem Auftritt wie immer. Ja, er untersagte sogar dem Bühnenmeister, die Beleuchtung einzuschalten, falls sie vor der Zeit die Bühne betrete, und der Pianist erhielt strikte Anweisung, sie in diesem Falle nicht zu begleiten. Was tat Claire? Sie betrat bei der erstbesten sich bietenden Gelegenheit die Bühne, zog den Vorhang selbst auf, schlug an den Gong, kündigte sich selbst an und erläuterte dem Publikum, warum sie ohne den Pianisten und ohne Rampenlicht auf der Bühne stehe. Dann sang sie ihre Lieder. »Das Publikum amüsierte sich königlich. Beim dritten Lied erschien der Direktor, wütend und pustend . . . Ich sang meine Lieder zu Ende unter großem Hallo, zog den Vorhang wieder zu und verschwand.«

In dieser Art mußten sich auch ihre Kollegen manches von ihr gefallen lassen. So erzählte ihr einmal eine Artistin, daß sie an »Seelenwanderung« glaube und zum Beispiel der Ansicht sei, daß der Conférencier Willy Prager »im früheren Leben ein Frosch gewesen« sei, weil er manchmal, wenn er nachdenke, so vor sich hin quackle«. Claire informierte von diesen »Erkenntnissen« sofort ihren Freund Willy. Abends lockte sie dann die Kollegin unter dem Vorwand, das Phänomen Prager »mal genau zu beobachten«, in Bühnennähe hinter die Kulissen. Als Prager mit seinem Auftritt zu Ende war und von der Bühne abtrat, begegnete er – wie zwischen ihm und Claire verabredet – den beiden Kiebitzen, fuhr sich tiefsinnig mit der Hand über die Stirn und sagte: »Ich fühle mich heute ganz elend.« Dann ging er an den beiden vorbei, und »deutlich hörten wir« – so erzählte Claire Waldoff – »Quack, Quack«.

Ansonsten hatte sich für die ehedem aus Kattowitz zugereiste fröhliche und lebenslustige Rheinländerin vieles verändert. Die alte, mit Nikolaschka eingeweihte Wohnung in der Bamberger Straße war von ihr längst aufgegeben worden. Sie gehörte jetzt zu den bestbezahlten Künstlern ihre Branche. Im »Programm« der Fachzeitschrift für Varieté und Artistik war als neue Anschrift »Berlin, Starnberger Str. 2« angegeben. In der »Adressenliste« des Artisten-Blatts findet sich ihr Name in alphabetischer Ordnung zwischen »Walden, Claire, Vortragssoubrette, Cölln« und »Waldow, Fritz, Humorist«. Letzterer ohne feste Anschrift. Bei Claire Waldoff – sie inseriert in der kleinsten Schrift wie Claire Walden und Fritz Waldow – gibt es zum Namen keinerlei Erklärung, genausowenig wie bei Otto Reutter. Dieser Fakt bestätigt, daß sie um 1910 in der Fachwelt bereits so renommiert und mit ihrem Repertoire ein Begriff war, daß es irgendwelcher Fachbezeichnung hinter ihrem Namen nicht mehr bedurfte.

Ihre wichtigste Auslandsreise der Vorkriegsjahre führte sie 1911 für zwei Monate nach Großbritannien. Das Londoner Varieté »Empire« hatte sie engagiert. In London, das nach ihren eigenen Worten für sie ein großes Erlebnis war, sang sie ihr Repertoire auf englisch und deutsch. »In wenigen Tagen mußte ich die neuen englischen Texte lernen.« Offenbar mit Erfolg, denn die englische Presse lobte sie in einem Scherzgedichtchen als ein »Teufelchen jeder Art von Spaß«:

The Puck of every known delight,
the Imp of every form of fun;
the breathing mem'ry of a night
whoose Moon has mingled with the Sun;
The heart and soul all we dare –
That's Claire!

Es schien dem Londoner wie dem Berliner Publikum zu gefallen, wenn sie auf die Bühne trat – eine originelle Erscheinung mit rotem Haarschopf, vielsagendem Augenaufschlag und einer Stimme, mit der sie die »Wand wackeln« lassen konnte, mit der sie aber auch im Piano verhallend leise und auf eine ulkige Art zärtlich sein konnte. Hinzu kam, daß sie bis in die Jahre des Ersten Weltkriegs hinein jährlich etwa drei bis vier Lieder neu ins Programm nahm, so daß es in ihren Vorträgen keine Monotonie gab.

Mit dem witzig-vergnüglichen Couplet von der »Laubenkolonie«, dem Gassenhauer »Morgens willste nich und abends kannste nich!«, den Berlinischen Geschichten »Gustav mit'n Simili« und »Mir hamse die Gurke vom Schnitzel weggemopst«, dem lyrisch gestimmten Soldatenlied »Mir ist so trübe« sowie dem Chanson vom »Kleinen Kadetten«, dessen Sehnsucht nach der Liebe sie mit spottender Schadenfreude abtut, denn: »Lieben ist nicht so leicht!«, erweiterte sie ihr Liedangebot. Neben Walter Kollo und Ludwig Mendelssohn waren es noch andere Komponisten des Unterhaltungsgenres, die ihr die Musik lieferten, darunter O. B. Roeser und Siegfried Niklaß-Kempner. In ihrem Interpretationsstil zeigten sich nunmehr die charakteristischen Merkmale, die sie ausbaute und beibehielt. Zu der Ursprünglichkeit und Frische, mit der sie einst als niedlicher Fratz ihr »Schmackeduzchen« im »Roland von Berlin« kreierte, war mittlerweile ein genau berechnetes Entertainment getreten. Sie pflegte nur solche Lieder zu singen, die ihrem Typ und ihrem Image als der »kessen Berlinerin« entsprachen, ohne Scheu vor Sentiments, bis hin zum Gassenhauer, zum Küchen- und Soldatenlied. Claire Waldoff setzte sich damit klar gegen den Zeitgeschmack ab. »Ich war damals eben schon die elegante Diseuse, die gerade in der Gunst des Publikums stand. Gerade jedoch aus diesem Grunde konnte ich mir am Kabarett eine Sonderstellung verschaffen. Die meisten der Kolleginnen trugen süßlich-kitschige, verlogene Sächelchen vor und bemühten sich, so süß wie nur möglich auszusehen. Mir behagte diese Zuckerwarenkost nicht.«

Was »persönlicher Stil« bedeutete, studierte sie in diesen Jahren vor allem an einer Künstlerin, die sie schon damals verehrte, wenngleich eine nähere Begegnung erst in die zwanziger Jahre fiel: Es war Yvette Guilbert. Die französische Sängerin des Montmartre-Liedes gastierte vor 1914 sehr häufig in Berlin, im »Apollo-Theater« wie auch im »Metropol« und im »Wintergarten«. In den

Vorstellungen der Yvette Guilbert, von denen Claire Waldoff nicht eine versäumte, konnte sie die großartige Interpretationskunst der Pariser Chanteuse bewundern, die, wie Julius Bab 1911 in der »Schaubühne« schrieb, jene Beschränkung hatte, die den Meister anzeigt. »Mit ganz wenigen, klug ausgesparten Bewegungen wird ein Schein von Leben und Kraft erreicht, den die irritierende Vielfalt unserer aufgeregten Halbkünstler nie ahnen läßt. Sie hat eine Art, die blecherne Dünne ihres Organs bald als klirrende Grazie, bald als groteske Stumpfheit, bald als eiserne Starrheit oder lebensgefährliche Schärfe auszuprägen.«

Claire Waldoff ist es nie in den Sinn gekommen, den Stil der Guilbert zu kopieren oder auch nur Details davon zu übernehmen. Aber von ihr lernte sie zweifellos, daß es richtig ist, den eigenen, individuellen Stil auszubauen, an der sparsamen Gestik und Mimik festzuhalten und die wahren Lieder des Volkes zu pflegen. Wie die Guilbert das Lied der Pariser Boulevards entdeckte, vom Leben und der Liebe auf französisch sang, so war auch Claire Waldoff darum bemüht, solche Lieder zu finden, die die kleinen Leute Berlins von NO bis jwd mochten und die ihre Lebensbereiche reflektierten. Sie sang damit im Sinne der Guilbert ihr »Lied der Zeit« gegen den glitzernden, oberflächlichen Stil und Geist der Zeit.

Claire – die Berlinerin

War das Charakteristische der »unvergleichlichen Guilbert« das Lied des Montmartre, das Chanson der Cafés-Chantants und Boulevards von Paris, so war es im Laufe der Jahre das Lied mit dem Flair von Berlin, mit dem Claire Waldoff im deutschen Sprachraum unverwechselbar geworden war. Verfasser von Artikeln und Zeitschriftenaufsätzen versuchen allerdings oft den Eindruck zu erwecken, als sei gerade *sie* die Verkörperung eines »Berufsberlinertums«, stets unverwüstlich vor sich hinsingend. Sie wird beschrieben als »dolle Bolle« – was man darunter auch immer verstehen mag – und als »urwüchsige Berlinerin« angehimmelt, ohne daß dabei auf die eigentlichen, im sozialen Umfeld liegenden Wurzeln ihrer Kunst verwiesen wird.

Als die junge Claire Waldoff die Bühne des sich zumeist salonhaft elegant und amourös-pikant gebenden Kabaretts in Berlin betrat, hatte sie bei relativ geringer Bühnenerfahrung bereits die richtige Erkenntnis, daß sie, um »eine Nummer« zu werden, nicht das übliche Profil »mondäner Chanteusen« brauchte, sondern eine »neue Note«. Eben das war es, was Rudolf Nelson imponierte und veranlaßt hatte, die damals kleine, zierliche Cabareteuse ans »Chat noir« zu holen. Der Glücksfall, daß sie von Anfang an mit dem Komponisten Walter Kollo zusammenarbeitete, der bereits den Gassenhauer »Immer an der Wand lang« und manch andere solide Melodie geschrieben hatte, ermöglichte es ihr, diese »neue Note« rasch zu finden. Ihre Spezialität wurden das volkstümliche Lied und der Coupletvortrag, wie sie der Mentalität des Berliners, seiner Lebensfreude und seinem Humor gemäß waren. Das erst machte Claire Waldoff, wie der Lyriker Max Herrmann-Neiße in einer Rezension im »Berliner Tageblatt« vom 20. Oktober 1927 schrieb, »berlinisch echt, urwüchsig«. Ein Jahr darauf, am 18. Oktober 1928, bekräftigte der prominente Kabarettkritiker des »Berliner Tageblatts«, als er über einen Abend im »Charlott-Casino« referierte, seine Einschätzung hinsichtlich der »köstlichen Lebenscouplets« der Claire Waldoff. Für ihn war die Künstlerin an diesem Abend abermals »ein Stück Berlin, ein Stück Natur, ein Stück Menschendasein«.

Mit dieser Formulierung ist wohl hinreichend gesagt, worin das eigentlich »Berlinische« der Claire Waldoff bestand: in der künstlerisch vollendeten Umsetzung des Lebensgefühls des rastlos und schwer arbeitenden Volks von Berlin, der Vitalität jener anonymen kleinen Leute, die sonst – sieht man von Malern wie Hans Baluschek, Heinrich Zille und Otto Nagel oder von Bühnenkünstlern wie Otto Reutter, Guido Thielscher und einigen wenigen anderen ab – in der Kunst kaum vertreten waren. Auf dem Kabarettpodium der Jahrhundertwende wurden zwar Satire und Soziales im Chanson, möglichst Pariser Kopie, akzeptiert, vorausgesetzt, die Zensur hatte keine Einwände, jedoch das volkstümliche oder gar mundartliche humoristische Lied und erst recht der fidele Gassenhauer waren auf die Singspielhallen einschließlich der Sommer- und Vorstadttheater verwiesen. Die Tingeltangel-Soubretten, mehr Animierdamen denn Chansonetten, erhoben sich kaum aus ihrem Dunstkreis von Zigaretten und Bier; die sogenannten Komiker boten statt anspruchsvoller und witziger Unterhaltung zumeist abgestandene Kalauer. Unüberhörbar war in den Etablissements der Branche auch die »patriotische« Tendenz. In den Varietés mit Damenbedienung konnte man von der Bühne herab zu schmetternder Klavierbegleitung hören, wofür sich ein deutsches Mädchen interessiere und was ihm imponiere: »Ein Reitersmann, recht fesch und sauber, wirkt auf ein Mädchen grad' wie ein Zauber.« Der obligate Coupletsänger stand ihr in Sachen Volkserziehung nicht nach und wirkte mit Texten wie »Unser Kaiser liebt die Blumen, / denn er hat ein zart Gemüt« zumindest stimulierend auf den Bierkonsum des Publikums.

Notentitelblatt ihres populärsten Berlin-Schlagers von 1910 mit Namens-
zug der Künstlerin.

Solches Repertoire entsprach der Vorstellung von der streng klassengeteilten Kunst im wilhelminischen Deutschland, die sich nach den Äußerungen Wilhelms II. in die »hehre Kunst« der Preußenverherrlichung und in »Rinnsteinkunst« einteilen ließ. Für den eitlen, vielredenden Wilhelm II. war es Kunst, wenn in der eigens in seinem Auftrag komponierten Oper »Der Roland von Berlin« sein »Ahnherr« hoch zu Roß den Berlinern eine markige Standpauke hielt. Dann klatschte Majestät nach Augenzeugenberichten in der Hofloge »wie besessen« Beifall. Den Zyklus »Weberaufstand« von Käthe Kollwitz auf Vorschlag der Akademie mit der Goldmedaille der Großen Berliner Kunstaustellung auszuzeichnen, lehnte er dagegen rigoros ab. Das käme ja einer Herabwürdigung einer hohen Auszeichnung gleich: »Orden und Ehrenzeichen gehören auf die Brust verdienter Männer.«

In der Auffassung der herrschenden Kreise gehörten somit künstlerische Äußerungen, die den Menschen in seiner sozialen Umwelt oder gar im Elend darstellten, generell zu der nicht akzeptierbaren »Gossenkunst«. In der Unterhaltungskunst war es lediglich das »mondäne Chanson«, das zwar nicht ausdrücklich für »hoffähig« erklärt, aber doch spät abends in Zivil zum Zwecke des Amüsements recht gern besucht wurde.

Im Gegensatz zu den Chansons der »eleganten Welt« verkörperten die Lieder der Claire Waldoff ein Stück unverfälschten Berliner Menschendaseins. Sie nahm im Verlauf ihrer rund drei Jahrzehnte umfassenden Bühnenpraxis stets nur solche Lieder in ihr Repertoire auf, die diesem selbstgestellten künstlerischen Auftrag entsprachen. Dazu gehörten die bereits vor dem Ersten Weltkrieg geschriebenen Lieder »Nach meine Beene ist ja janz Berlin verrückt«, »Hermann heeßt er«, »'ne dufte Stadt ist mein Berlin« und »Wenn der Bräut'gam mit der Braut«. In den zwanziger Jahren entstanden zu dem Thema »Alltag in Berlin« die Chansons »Die Großstadtpflanzen«, »Hannelore«, »Die Kartenlegerin«, »Wat braucht der Berliner, um glücklich zu sein«, »An der Panke, an der Wuhle, an der Spree«, »Die praktische Berlinerin«, das »Lied der Harfenjule« und »Im Nußbaum links am Molkenmarkt«. Eine Aufzählung, die genügen muß, denn die Zahl derartiger Lieder ließe sich mühelos verdoppeln und verdreifachen. Ihre Themen sind, wie der österreichische Romancier Joseph Roth, einer von Claire Waldoffs großen Bewunderern, zutreffend sagte: »Berliner Liebe, Berliner Frauen, der Bräutijam, die Witwe; sozial gehobene Zillegestalten mit der unbekümmerten, unbeschwerten, problemfreien geschlechtlichen Triebkraft. Eine Erotik ohne Umwege: infolgedessen unanstößig. Denn die Steine des Anstoßes liegen nur auf den Umwegen.«

Roth mag an das »Liebeslied einer Berliner Köchin« gedacht haben, ganz »Milljöh« und »Jefiehl«, das sie seit 1911 im Repertoire hatte:

Wenn er so rieber nach mir schielt,
wenn er mit meine Finger spielt,
wenn er mir an de Hände jreift,
wenn er mir in de Arme kneift,
wenn er sein Knie an mein Knie drückt –
fühl' ick, er is nach mir verrückt.

Wenn er sich rieber zu mir biegt
und dabei jrient so quietschvergnügt,
wenn er mir um de Taille fäßt
und ejal nich det Knutschen läßt,
wenn er mir ziept, wenn er mir zwickt –
fühl' ick, er is nach mir verrückt.

Wenn er mir plötzlich an sich reißt,
wenn er bei't Küßcken sogar beißt,
wenn er doch keene Traute hat,
zu sagen allens, allens, wat
sein Herze ach so sehr bedrückt –
fühl' ick, er is nach mir verrückt.

Wenn er sich schlängelt nach mir ran,
wenn er vor Liebe bibbert dann,
wenn er wie 'n ganz verliebter Hecht,
wie 'n Karpfen mir uffregen möcht',
wenn er ganz selig mir bekiekt –
fühl' ick, er is nach mir verrückt.

Derartige »Lebenslieder« in den Jahren vor dem Ersten Weltkrieg
vorzutragen – zumal seinerzeit die richtige, wahre Liebe nur den
höheren Ständen vorbehalten war –, war für Diseusen ganz und
gar ungewöhnlich. Es galt als »unfein«, von der Liebe einer Berliner Köchin zu singen und vom Sonntagsausflug Berliner Mädchen, die werktags für halben Männerlohn in der »Glühlampe« in

Treptow oder in einem der vielen anderen Großbetriebe schuften mußten oder tagaus tagein in einem der großen Kaufhäuser bei Wertheim oder Tietz zehn Stunden als Verkäuferin »auf Trab« waren. Claire sang von menschlichem Glück und von Lebensfreude, wenn sie ihren Gustav, Wilhelm oder Maxe »so nach ihr rüber schielen ließ« und wenn die Radpartie »sonntags früh um fünfe / mit der Mieze und Marie« abging »nach Potsdam, / nach Werder, / nach Ferch«. Auch das »Lied der Harfenjule«, in den zwanziger Jahren ein beliebter Titel ihres Repertoires, gab in den Krisenjahren die Stimmung von Millionen Menschen wieder, wenn sie sang: »Ja, ja, das Leben, das is wenig heiter.« Da ihr Vortrag frei von kitschiger Rührseligkeit blieb, wie sie Leierkastenleute oft verbreiteten, strahlten ihre Lieder Optimismus aus, beschworen Lebensenergien, für die die arbeitenden Menschen in einer von Kapital und Profitsucht beherrschten Zeit besonders dankbar waren. Daher strömten sie zu »ihrer« Claire ins »Linden-Cabaret«, als sich Wilhelm II. noch an seiner Hohenzollern-Kunst berauschte, und sie feierten das »rotblonde Luder« mit dem Wuschelkopf stürmisch, in den großen Sälen der »Scala« ebenso wie in den volkstümlichen Kabaretts »Alt-Bayern« oder dem »Kabarett der Komiker« in den zwanziger und zu Beginn der dreißiger Jahre.

Mit der Einschmelzung des Berlinischen in ihr Repertoire knüpfte Claire Waldoff an die Berliner Possen und Singspiele an, deren demokratische Traditionen in die Zeit des Vormärz zurückreichen, die große Zeit für das Berlinische, in die auch die Entdeckkung des Berliner Dialekts als bühnenwirksame Ausdrucksform fällt. Es ist jene Zeit, da der Bühnenautor Karl von Holtei die Figur des Eckenstehers Nante zum literarischen Leben erweckte, die der Satiriker Glaßbrenner wiederum zum politisierenden Eckensteher werden ließ. Berliner Lieder, direkt, humorvoll, originell – mit frechen Wendungen und neuen Wortbildungen, die die schöpferische Sprachkraft dieses Völkchens an der Spree dokumentierten, fanden zu jeder Zeit das besondere Interesse Claire Waldoffs, die sich nach und nach mit den Typen des Berliner Volkslebens identifizierte und auf der Bühne in Stimme, Geste und Haltung selbst Schiebermaxe, Orges Braut, dicke Spreemarie sein konnte oder eine von Schulzens drei ausgekochten Töchtern, die bereits mit »ihm« vor de Türe stehn:

Schulzens Mieze, dieset Jöhr,
die weeß heut schon beinah mehr
wie 'n ausjewachs'net Mächen janz jewiß,
trotzdem se noch nich einjesejnet is.
Se hat ooch schon 'n Freund, ach nee,
Ick weeß jenau, se hat schon zwee,
mit die se jeht, die jriene Jöhre.
Der Eene ist noch in de Lehre.
Zuhause aber tut se dann –
weil Vater mächtig kloppen kann –
als ob se keene Ahnung hätt', ach wo,
noch keene Ahnung nich, von wejen wie, woso –
so kann det Mächen sich vastelln.

Das traf den Nerv des Publikums. Man lachte darüber, so von ihr durchschaut worden zu sein. Diese Liedchen lebten vom berlinischen Humor, der das bewitzelte Objekt ganz selbstverständlich versachlicht und in der Ironie jede Distanz aufzuheben vermag. Der Bilderreichtum der Berliner Sprache, der von ihr sehr geschätzt wurde, gab letzten Endes auch ihren Vorträgen eine solide Substanz, die die besten Titel ihres Repertoires überdauern ließ. In dem ebenfalls von ihr getexteten Couplet »Wer schmeißt denn da mit Lehm«, einem ihrer Standardlieder, »gibt so'n kleener Bengel dem alten Maler Kraus« den Rat, auf seinen Sockenhalter achtzugeben, indem er dem alten Herrn nachruft: »Sie, passen se auf ihrn Bandwurm uff, / der macht 'nen Fluchtversuch!«
Gerade in solchen, mit Humor gespickten »Lebensliedern« ist sie »so sehr Berlin«, wie Tucholsky meinte, daß sie ihren Zuhörern

direkt ins Herz und Gemüt sang. Willi Schaeffers, einer ihrer lang-jährigen Kollegen von der Bühne, fand aus dem gleichen Grunde, daß sie »unvergleichlich war«. Seine Einschätzung lautete: »Sie war eine wahre Volkshumoristin. Sie sang und sprach fürs Volk, sie wurde vom Volk verstanden und umjubelt. Sie war das Volk von Berlin.«

Natürlich befand sich in ihrem umfangreichen Repertoire auch manches, was weniger gelungen war, was nicht in die Tiefe lotete. Lieder, wie »'ne dufte Stadt ist mein Berlin« oder »Berliner sein genügt«, die recht vordergründig Milieu und Zeit spiegeln, haben bei weitem nicht die Popularität erreicht wie jene Melodien und Refrains, die die »Seele« des Berliners, das heißt ihn direkt in sei-ner Gemüts- und Denkart anrührten. »Warum soll er nicht mit ihr« betraf jede Familie, und »Wenn der Bräut'gam mit der Braut so mang de Wälder geht« galt mit Sicherheit nicht nur für richtig Verlobte.

Das eigentliche, von den Rezensenten immer wieder apostro-phierte Berlinische ihrer Chansons und Couplets war also nicht das plakative Besingen und Lobpreisen der sogenannten Reichs-hauptstadt. Die Waldoff-Lieder bauen in ihrem Witz und ihrer Wirkung, ihrer Nachdenklichkeit und Fröhlichkeit zumeist auf einem realen sozialen Inhalt, gehen von realen Menschen in realen Situationen aus und sind insofern alles andere als das im Nir-gendwo angesiedelte »Berufsberlinertum«, wenn sie auch selbst manchmal über das Publikum und das Fluidum der Millionen-stadt, die ihr ja die Voraussetzungen für ihren Aufstieg bot, ins Schwärmen geriet.

Drei sozialen Gruppen schreibt sie die Dynamik der Stadt zu: den arbeitenden Menschen, den wissenschaftlich Tätigen und den Künstlern. In ihren Worten liest sich das so: »Mein Berlin . . . bist zu schnell groß geworden – aber: Du bist einzig in deiner erregen-den Atmosphäre, in deiner unerhörten Arbeitskraft, in deiner großartigen Geistigkeit – du Stadt der herrlichen Schauspieler – bist einzig in deinen herben, plastischen, kessen, treffenden Re-

Ganz Berlin kannte ihre Lieder – vom Ladenmädel in der Leipziger Straße (Bild) bis zum Droschkenkutscher in Köpenick.

densarten, die so kühn sind mit ihren verwegenen Sprachbildern – und du hast doch das zarteste, gütigste Herz.«

Sie war zu ihrer Zeit die einzige Interpretin großstädtischen Milieus im witzig-humoristischen Lied, das sich den Melodienreichtum dieser Stadt – vom Gassenhauer bis zum Shimmy – zu eigen machte, das heißt, auch musikalisch mit der Zeit ging, und auch von daher fand sich Berlin durch sie bestätigt. Darin dürfte die Ursache ihres über drei Jahrzehnte anhaltenden Erfolges zu suchen sein. Hinzu kam die technische Vollkommenheit ihres Vortrags, die erstaunliche Modulationsfähgkeit ihres Organs, das sich besonders für die rauhe Berliner Ausdrucksweise eignete.

Diese »Ausdrucksweise« hat sie über viele Jahre gründlich »vor Ort« studiert und vervollkommnet. Ihr ohnehin fixes rheinisches Mundwerk und ihr wacher Sinn für Witz und Humor erleichterten ihr auch in dieser Hinsicht die Assimilation. Gassenhauer und Spottverse hatte sie von der Stunde ihrer Ankunft auf dem Schlesischen Bahnhof an sozusagen mit der Berliner Luft eingeatmet. Der Lebensalltag im Freundeskreis, in Caféhäusern und Lokalen, in der Straßenbahn und in der Laubenkolonie und wo sie auch immer war, verschaffte ihr neue Anregungen und Erlebnisse. Noch als alte Dame mit »70 Jährchen – trallala« zitierte sie in einem Brief an den mit ihr befreundeten Schweriner Komponisten Claus Clauberg und dessen Frau, »damit ihr an mich denkt«, den alten Berliner Scherzvers:

Ick sitze so und esse Klops –
uff eenmal kloppt's . . .
Ick kieke, staune, wundre mir –
uff eenmal jeht se uff die Tür.
Nanu, denk ick, ick denk' nanu,
jetzt jeht se uff, erst war se zu.
Nu jeh' ick raus und kieke –
und wer steht draußen? Icke!

Wo sie sich das Berliner Idiom aneignete und die Eindrücke sammelte, die nötig waren, um ihre »Lebenslieder« zu singen, beschrieb sie 1932 einem Reporter der »Berliner Morgenpost«: »Oft genug saßen wir im ›Nußbaum‹ in der Fischerstraße und in den Schifferkneipen in der Friedrichsgracht oder wir pilgerten hinaus nach dem Wedding, in kleine Stampen, wo es ein anständiges Bier und einen noch besseren Korn gab. Dort habe ich umfassende Studien für die Verkörperung meiner Berliner Typen gemacht, mehr als irgendwo anders.« – »Wir«, damit waren gemeint: ihre Freundin Olly von Roeder, Roda Roda, der Schriftsteller und Vortragskünstler, meist mit ihr im »Linden-Cabaret« engagiert, sowie Lamberts-Paulsen und Paul Westermeier, beides populäre Kabarettisten und vielfach mit ihr im Programm. Häufig waren auch die Maler Heinrich Zille oder Emil Orlik mit von der Partie.

Auch sonst »hörte sie genau hin«. Auf dem vorderen Perron einer »Elektrischen«, wie damals allgemein die Straßenbahn hieß, konnte sie eines Tages folgendes Gespräch erlauschen, das ihr bildhaftes Berlinisch nahebrachte: »Mensch«, sagte einer zu einem anderen, »wat, der olle Affe is frech zu dir jewesen! – Junge, dem hätte ick doch eens in sein Jesangbuch gegeben, det ihm de Zähne wie Noten an de Backe lang jeloofen wär'n!« Gelegentlich empfing sie auch selbst eine originelle Lektion, wie bei dem Zusammenprall mit einem eiligen Arbeiter, der sie auf der Straße, als Claire unwirsch reagierte, anfauchte: »Herrjott! Wat pflanzte dir denn ooch mitt'n in'n Weg, Maus!«

Zum Erlebnis Berlin wurde für Claire Waldoff auch die Zeit, da sie als Laubenkolonistin sonntags ins Jrüne fuhr. Vor dem Ersten Weltkrieg hatte sie sich in der Nähe vom Bahnhof Schmargendorf an der Gasanstalt eine kleine Parzelle gekauft, die sie eine Reihe von Jahren behielt.

Jibt et denn was Besseres
als wie Frühlingsluft
und den Blütenduft

und den Sonnenschein
und die Vögelein –
tititiriti –
in de Laubenkolonie.

Jibt et denn was Schöneres,
als wenn sonntags so
quietschvergnügt und froh
sie ihn unterfäßt
und sich führen läßt
schon am Morgen früh
in de Laubenkolonie.

Trotz Gasanstalt wehte in die Laubenkolonie, die den Namen »Schmargendorfer Alpen« trug, noch die »schöne Luft des Grunewalds«. Wie sie erzählt, war ihr Nachbar dort ein Lehrer, ihr Visà-vis eine Schornsteinfegerfamilie. »Es waren enorm fleißige Menschen. Das war ein Wassergehole abends, wenn das Gemüse begossen werden mußte, und die Blümchen und die Erdbeeren und die Kartoffeln. Die Netze und Taschen waren gefüllt mit Flaschen von Berliner Weiße. Als wir eines Tages zum Abendbrot Appetit auf Setzeier und Rühreier hatten, merkten wir, daß wir keine Kochgelegenheit besaßen. Am nächsten Tag zog ich aus, um ein Öfchen für meine Laube zu erstehen, ein eisernes Öfchen mit einem Ofenrohr. Auf einen kleinen Wagen wurde mein Öfchen aufgeladen, und ich ging stolz neben meinem Wägelchen durch ganz Schöneberg einher zu meiner Laube in den ›Schmargendorfer Alpen‹, und es wurde wieder einmal zur Einweihung Berliner Weiße mit Schuß in die großen Gläser geschüttet und das neue Öfchen damit begossen.« Auch die Kollegen vom Kabarett kamen raus zu ihr. Rudolf Nelson mit seiner Frau Käthe Erlholz tranken Kaffee in ihrer Laube und »manches Kartenspielchen stieg, bis wir alle wieder in die Großstadt mußten an unsere verschiedenen Arbeitsstätten«.

Auf der Bühne wie im Leben war Claire Waldoff schon in den Jahren vor 1914 zu einer Berliner Persönlichkeit geworden, die »zum Inventar« gehörte, wie man sagte. Sie gewann einen Popularitätsgrad, vergleichbar dem eines Otto Reutter oder Heinrich Zille.

1929, als die »Berolina«, das inoffizielle Wahrzeichen Berlins, wegen der Neugestaltung des Alexanderplatzes eingemottet werden sollte, identifizierte Kurt Tucholsky in seinem aus diesem Anlaß für die »Weltbühne« geschriebenen Gedicht die Künstlerin humorvoll mit der Berolina:

Bei mir – bei mir –
da sind sie durchgezogen:
die Lektrischen, der Omnibus, der Willy mits Paket.
Und eh – 'se hier
schnell um de Ecke bogen,
da ham se'n kleenen Blick riskiert,
ob SIE noch oben steht.
Nu stelln die Hottentotten
mir in ein Lagerhaus;
ick seh mank die Klamotten
noch wie Brünhilde aus . . .
Ick stehe da und streck die Hand aus –
der Alexanderplatz, der is perdü!
Ick seh noch imma 'n Happen elejant aus,
ick hab nur vorne hab ick zu viel Schüh . . .!
  Ick laß se alle untern Arm durchziehn –:
  ick bin det Wappen von die Stadt Berlin –!

Bei mir – bei mir –
da denk ick: Nu verzicht ich!
Mit meine Würde paß ick nich – in den modernen Schwof.
Denn fier – Berlin
da war ick jrade richtich:

Pompös, verdreckt un anjestoobt und hinten 'n bisken doof.
Nu blasen die Musieker,
geschieden, das muß sein . . .
sogar die Akademieker,
die setzen sich für mich ein . . .
   Ick stehe da und streck die Hand aus –
   der Alexanderplatz, der is perdü!
   Ick seh noch alle Tage elejant aus –
   ick hab nur vorne hab ick zu viel Schüh . . .
      Nu muß ick jehn. Nu wert a balde lesen:
      Mir hamse injeschmolzen. Laßt ma ziehn!
      Ick hab euch jern. Es wah doch schön jewesen:
      als Wappen von die olle Stadt Berlin –!

Es war wohl die größte Ehrung für seine »Klea Waldoff«, die der Autor mit dem hohen Anspruch an die Wahrhaftigkeit in der Kunst zu vergeben hatte, und diese Zeilen sind wohl auch die wertvollsten für die Künstlerin zu Lebzeiten geblieben. Sie war für ihr Publikum in der Tat ein Wahrzeichen, eine Berolina, geworden. Sie blieb es über ein Vierteljahrhundert lang. Ihre Lieder und die munteren Schlenker darin haben längst Eingang in die Volkssprache gefunden, Zeilen daraus sind Redewendungen geworden und lebendig geblieben bis auf den Tag. »Warum soll er nich mit ihr« ist noch heute ein gebräuchlicher Kommentar in Sachen Liebe und »Wer schmeißt denn da mit Lehm« eine noch immer gemütliche Verwarnung von Leuten, die »Nachredereien« nicht lassen können.

Claire wird »Schützengrabenbraut«

Der Monat August des Jahres 1914 war für Claire Waldoff als Künstlerin – wie für Millionen Menschen in Europa auch – eine einschneidende Zäsur. In allen kriegführenden Staaten hatten Kunst und Künstler dem nationalen Patriotismus ihren Tribut zu entrichten. Das erste Stück, in dem Claire Waldoff für Propagandazwecke vermarktet wurde, hieß »Immer feste druff!«, ein vaterländisches Volksstück in vier Bildern, das im »Theater am Nollendorfplatz« herauskam. Worum es ging, war aus den Überschriften der einzelnen Bilder abzulesen, die folgendermaßen lauteten: »Ein Blitz aus heiterem Himmel«, »Mobilmachung«, »Dem Feind ans Leder« und »Immer weiter feste druff!« Nach dem Text von Herman Haller und Willi Wolff, Musik von Walter Kollo, hatte sie in den Dezembertagen 1914 zu singen:

Der Soldate, der Soldate
ist der schönste Mann bei uns im Staate.
Darum schwärmen auch die Mädchen sehr
für das liebe, liebe, liebe Militär –
siehste wohl!

An der Inszenierung gab es trotz Militärzensur Kritik in der Presse wegen »gedankenloser Witzelei« und Verharmlosung der »furchtbaren und heiligen Angelegenheit des Krieges«. Andererseits fanden Kritiker aber auch, daß mit dieser Posse den »aus der Front wieder in die Heimat zurückgekehrten Helden« Gelegenheit geboten werde, »den Krieg auch von der lustigen Seite kennenzulernen«, was auch immer die »lustige Seite« des Krieges sein sollte.

Als Kantinenwirtin aus der patriotischen Revue »Woran wir denken« im Berliner Metropol-Theater 1915.

Ende 1915 folgte ein weiteres Stück in Sachen Kriegseuphorie im Metropoltheater. Präsentiert wurde eine Folge von »sieben Bildern aus großer Zeit« unter dem Titel »Woran wir denken«. Die Autoren waren Franz Arnold, Leo Leipziger und Walter Turszinsky, die Musik schrieb Jean Gilbert, der sich wieder in den Deutschen Max Winterfeld zurückverwandelte. Der Held ist ein tapferer Landwehrmann, der mit Hilfe des 42-cm-kalibrigen Großgeschützes, »Dicke Berta« im Volksmund genannt, ständig fließender heimatlicher Liebesgabenpakete sowie rührigen weiblichen Zuspruchs den Feind niederringt. Aufgeboten war eine Starbesetzung: Fritzi Massary, Berlins Operettendiva, als Soldatenbraut, der kugelrunde Guido Thielscher, der Alt- und Großmeister des Berliner Bühnenhumors, als Landwehrmann und Claire Waldoff als Katinenwirtstochter. Sie erhielt von der Kritik besonderes Lob für ein Lied, das sie nach der Melodie eines alten Soldatenliedes für ihren Auftritt in diesem Stück selbst verfaßt hatte, bestimmt nicht in ihrer besten Stunde:

Die Trommel ward gerühret,
alle zogen, Mann an Mann,
o du Deutschland, nun wird marschieret,
immer los, immer druff und immer ran!

Da kann kein Kaiser und kein König etwas machen,
das sind Sachen, Sachen, hollahi –
man immer ran ans Leder, Leder,
hier heißt's enten oder weder –
hurra, Soldatenlust!

Die Schallplattenfirma Grammophon kündigte die neusten Waldoff-Schlager aus den beiden patriotischen Kriegsrevuen schon bald nach der Aufführung in ihrer Hauszeitschrift »Die Stimme seines Herrn« an, darunter das urkomisch geplärrte Waldemar-Mieze-Duett zwischen Thielscher und der Waldoff: »Waldemar, Waldemar, Waldemar« – »Mein süßes Miezchen, mein süßes Miezchen« – »Waldemar, ach, es liebt sich wunderbar, auch in Galizien, auch in Galizien.« Die neuen Couplets und Soldatenlieder werden, neben ihren Vorkriegstiteln, bis zum Kriegsende ständig neu gepreßt und in den Handel gebracht.

Das Engagement am Nollendorf-Theater war in den ersten beiden Kriegsjahren ihre Hauptbeschäftigung. Die meisten Kabaretts, darunter auch das »Chat noir«, hatten den Betrieb eingestellt. Eines der wenigen, das noch geöffnet war, das »Metropol-Cabaret« in der Behrenstraße, hatte kaum vorstellbare Schwierigkeiten mit der verschärften Militärzensur. Hier trat Claire Waldoff während der Kriegsjahre regelmäßig auf – Direktor des Hauses war Rudolf Nelson –, mußte aber in Kauf nehmen, daß selbst unverfängliche, völlig harmlose Sachen wie ihre »Laubenkolonie«, das »Liebeslied einer Berliner Köchin« und ihr allseits beliebter »Hermann« dick mit Rotstift durchgestrichen wurden und nicht vorgetragen werden konnten, selbst dann nicht, wenn sie von der Zensur im Vormonat noch für einen Auftritt im »Wintergarten« genehmigt worden waren.

Allein im Januar 1915 verfielen von fünfzehn Titeln, die sie für das »Metropol-Cabaret« eingereicht hatte, acht Titel der Ablehnung. Selbst nicht alle Vorträge mit der Bezeichnung »Soldatenlied« waren erwünscht. Zwar gab es keine Einwendungen gegen das alte Volkslied »Wenn die Soldaten durch die Stadt marschieren, / öffnen die Mädchen die Fenster und die Türen« oder gegen das Marschlied »Als jüngst ich ging von Haus, / da hört ich Trommelklang, / da zog der tapfre Landsturm aus / mit Spiel und frohem Sang« – aber das sinnenfrohe Avancement ihrer »Soldaten-Romanze« fand bei Herrn von Glasenapp im Berliner Polizeipräsidium keine Gegenliebe. So konnte das Lied im Repertoire der Waldoff nie in Erscheinung treten, auch nicht auf Schallplatte gesungen werden, und nur die Polizeiakten von damals haben es konserviert.

Der erste war ein Korporal,
ein junger Bursch, stark und brutal,
's war eine schwüle Sommernacht,
sie war allein, als sie erwacht.

Und der zweite, der war schon viel feiner,
der diente nicht mehr als Gemeiner.
Freiwillig diente er sein Jahr
als eleganter Gardhusar.

Der dritte war ein Leutenant,
ein netter Kerl und amüsant,

jedoch auch er mußt' bald davon
in eine andere Garnison.

Major war schon der nächste dann,
ein ernster, würdevoller Mann.
Jedoch der Ehrgeiz trieb sie weiter
auf militärischer Stufenleiter.

Der General der Kavallerie
verliebte sterblich sich in sie.
Er war schon alt, sein Haar war grau.
Der machte sie zu seiner Frau.

Freiwill'ger Leutnant und Major –
das kommt ihr längst sehr komisch vor.
Nur manchmal träumt Frau General
von einem jungen, von einem jungen Korporal.

Solche Geschichten hatten zu unterbleiben, befand die Zensur und
strich, ohne von Amts wegen irgendeine Begründung zu liefern.
Ein künstlerisch anspruchsvolles Repertoire war unter den gegebe-
nen Verhältnissen und willkürlichen Beschränkungen natürlich
nicht möglich. Was alles möglich war und als erwünscht galt, schilderte die Berliner Zeitschrift »Roland« satirisch zugespitzt so:
»Die Künstlerin Fröhlich hat eben ein schwungvolles Chanson
von der Jungfer mit's Kind vorgetragen. Hernach wird's Licht vio-
lett, die Musik sehr laut, und zwischen die Scheinwerfer-Rekla-
men: Zeichnet die vierte Kriegsanleihe! – Etelkas Florstrümpfe
sind die besten! tritt der von der Direktion reklamierte humoristische Vortragskünstler in schlechtsitzendem Frack mit untermalten
Augenbrauen vor den Biergläserwald der Heimatkriegerschaft
und schmettert nach der Melodie ›Ich bin ein Preuße‹:

Ob unsere Feinde noch so niederträchtig
uns als Barbaren täglich hab'n verschrien –

Es steht ein Storch auf einem Bein

Es steht ein Storch auf einem Bein,
in seinem Neste ganz allein
sein Weibchen ist ihm ausgerückt
das hat sein armes Herz bedrückt
O Storch du hast wir lieb
warum hast du gefreit?

Es steht ein Storch auf einem Bein
u. summt u. spricht in sich hinein:
Kommt nicht die Augschreue bald
dann werden noch die Eier kalt
wo bleibt mein Nachwuchs dann
ich hab doch was ich kann.

Es steht ein Storch auf einem Bein
in seinem Neste ganz allein
Ein Weib passiert in einem Sumpf
mit einem andern Coeur ist Trumpf
die Liebe denkt Bein halb
die Eier werden faul.

Es steht ein Storch auf einem Bein
die Augschreue stellt sich ein.
Ich bleib bei dir du süßer Mann
weil keiner wie du klappern kann.
sie nahm ihn in den Arm
die Eier wurden warm.

Selbst harmlose Liedchen wie der »Storch auf einem Bein« wurden mit Kriegsbeginn von der Zensur verboten. Blatt aus den Theaterzensur-Akten des Berliner Polizeipräsidiums am Alexanderplatz.

's nicht so schlimm, wie es zuerst erschien.
Ob sechse oder sieben,
wir werden sie schon kriegen!
Wir woll'n sie dreschen
alle Mann für Mann,
nur keine Angst nicht,
's kommt ein jeder dran!«

Solch sinn- und hirnloser Hurrapatriotismus auf der Bühne stand schon bald im krassen Widerspruch zur Realität. Erst allmählich setzte sich bei ernstzunehmenden Künstlern des Unterhaltungsfachs die Einsicht durch, mit dem Krieg eine schlechte Sache glorifiziert zu haben. »Wir waren gläubige Künstler. Zu gläubig, dünkt mich jetzt. Die langen Verlustlisten kamen erst später«, bekannte Claire Waldoff in den zwanziger Jahren, auf diese Kriegszeit zurückblickend.

Es wäre völlig abwegig anzunehmen, daß es aufgrund der Repertoirebeschränkungen und eingegrenzten Auftrittsmöglichkeiten während des Krieges einen Popularitätsverlust für sie gegeben hätte. Das Gegenteil ist eher richtig. Sie avancierte in jenen Jahren zu einer der beliebtesten Schallplattenkünstlerinnen Deutschlands. Allein für die Monate Juni und Juli 1916 annoncierte die Firma Grammophon zwölf Platten von ihr mit vierundzwanzig Titeln, die Platte zu 3,50 Mark plus 50 Pfennig Teuerungszuschlag:

Herr Meyer, Herr Meyer, wo bleibt denn bloß mein Reiher
Berlin, wie siehste aus

Hermann heeßt er
Die Berliner Pflanze

Fern der Heimat
Moritat

Mein Justav
Da kann kein Kaiser und kein König was bei machen

Wozu hat der Soldat eine Braut
Maxe von der schweren Artillerie

Die Trommel ruft
Immer feste los

Wenn der Bräut'gam mit der Braut
Er ist nach mir verrückt

Nach meine Beene ist ja ganz Berlin verrückt
Was liegt bei Lehmann unterm Apfelbaum

Na, dann laß es dir man jut bekommen
'ne dufte Stadt ist mein Berlin

Soldatenlied (Mir ist so trübe)
Klärchen aus dem Gartenhaus

For mir (Köchinnenlied)
Ich gehe meinen Schlendrian (Studentenlied)

So denkt im Frühling die Berlinerin
Was meinste, Mensch, wie man sich täuschen kann

Die frisch gepreßten Schellackplatten mit ihren alten und neuen
Liedern wurden an allen Fronten von den Soldaten geschätzt. Dabei interessierte sich niemand dafür, welches Lied gerade von
einem Berliner Schutzmann mit Aufführungsverbot belegt worden
war. Ihr verbotener »Hermann« oder ihr Köchinnen-Liebeslied
orgelten in Unterständen, auf U-Booten, in Casinos der Flieger-
horste, solange die Rillen noch etwas hergaben.

Daß das so war, ist in der Literatur mehrfach belegt, so von dem Schriftsteller Joachim Freiherr von der Goltz, der drei Jahre Frontoffizier und zuletzt Kriegsberichterstatter war. In seinem Roman »Der Baum von Cléry«, 1934 erschienen, schildert er die Atmosphäre eines Schützengrabens in Flandern, in dem man trotz des entfernten dumpfen Rollens der Front eine Waldoff-Platte abspielte: »In einem benachbarten Keller begann ein Grammophon zu schmettern. Es war die wohlbekannte schneidige Stimme der Claire Waldoff, die in ihren schmissigen Kehlkopftönen ihr beliebtes Chanson herausschmetterte: ›Wenn der Bräut'gam mit der Braut... in die Felder jeht... wo das reifende Jetreide... wie Ulanenlanzen steht...‹ Begeistert stimmte der Hauptmann ein und begleitete mit seiner dröhnenden Baßstimme die Sängerin durch alle Verse, an den Hauptstellen mit erhöhter Kraft. Als die Platte zu Ende war, lachte er, bis ihm die Tränen kamen. ›Die göttliche Claire!‹, sagte er gerührt. ›Was danken wir ihr! Ich würde ihr einen Orden mit Schwertern um den Hals hängen für Verdienste im Weltkrieg, wenn ich könnte.‹«

Die Soldaten liebten die Stimme Claire Waldoffs, und sie war stolz darauf, daß sie so viele Briefe von der Front bekam. An die zweitausend sollen es nach ihren eigenen Angaben gewesen sein. Im Juli 1916 ist sie im Engagement im Apollo-Theater in Königsberg. Von dort wendet sie sich in einem Brief nach Berlin mit der Bitte an den Chefredakteur des »Organs der Varietéwelt«, Carl Bretschneider, ob es nicht möglich wäre, den von ihr beigefügten Artikel, »Briefe aus dem Felde«, abzudrucken, wenn kein Platz sei, wenigstens das schöne Gedicht an sie. Die Feldpostbriefe, schreibt sie, kämen »von allen Kriegsschauplätzen, von vielen U-Boot-Kommandanten und Matrosen, denen ich unter Wasser auf dem Meeresgrunde vorgegröhlt habe«. In der Champagne sei sie sogar von einer Kompanie zur »Schützengrabenbraut ernannt« worden.

Die Briefe an sie, spontan abgefaßt, mitunter mit Fotos versehen, sind eine merkwürdige, nachdenklich machende Lektüre.

»Hier, im Schützengraben, erfreuen uns aufs Beste Ihre herrlichen Lieder auf dem Grammophon« – »Sie wandeln gewissermaßen unter uns« – »Sie allein waren es, die uns durch die köstlichen Berliner Stückchen vor völliger Vertrottelung und geistiger Umnachtung bewahrt haben« – »Unsern tiefgefühlten Schützengrabendank, daß Sie durch Ihre frischfröhliche Stimme in uns die Erinnerung an das schöne, uns jetzt leider so weit entrückte Berlin wachgerufen haben« – »In ungeschmälerter Anerkennung Ihrer Kunst grüßen . . .« – »Heil und Sieg! Ganz ergebenst . . .« Ein Major schickte sogar Gereimtes:

Und es äußert sich Apoll:
Wenn se, sagt er, singt, die Claire –
ob 's Musik der Sphäre wäre!
Der Olymp ist janz begeistert,
wie se so die Töne meistert.
Denn *die* Töne und *den* Krach,
Claire, macht Dir keener nach!

Von diesem lebhaften Echo auf ihre Lieder während des Krieges spricht Claire Waldoff noch sechzehn Jahre später in den von ihr für die »Berliner Morgenpost« geschriebenen Erinnerungen. Namentlich die Flieger seien begeisterte Verehrer ihrer Kunst gewesen. Waren sie auf Urlaub in Berlin, kamen sie zu ihr ins »Linden-Cabaret«, wie die berühmten deutschen Jagdflieger Boelcke, Immelmann und von Richthofen, die ihr sogar Fotos mit eigenhändiger Widmung verehrt haben.

Auf einen dieser Abende mit den Fliegeroffizieren in Berlin geht die Episode zurück, wie eine Kollegin sich auf ihre Kosten lustig machte. Diese hatte den Offizieren, mit denen sie am Tisch saß, die Geschichte ihrer »Entdeckung« Claires erzählt. Sie sei eines Tages auf einem Gastspiel in Hamburg in eine verräucherte, verrufene Hafenkneipe geraten, wo so ein spilligeres, rothaariges Ding von einem Tisch, wo sie mit Matrosen gesoffen hätte, aufgestanden sei und ein ganz ordinäres, gemeines Lied vorgetragen habe. Na, sie habe das Mädchen zu sich ins Hotel bestellt, und daraus sei die Claire Waldoff geworden. So ging das Gespräch fort, bis Claire Waldoff an den Tisch kam, sich dazusetzte und im Verlauf der Unterhaltung einen Vers aus der »Odyssee« griechisch zitierte. Einer der Offiziere fragte sie daraufhin verwundert, woher sie denn das könne. Und als sie sagte, na, vom Gymnasium in Hannover, sahen sich die Flieger an und begannen lauthals zu lachen. »Na, das stimmt doch nicht mit dem Gymnasium. Ihre Kollegin hat uns doch eben erzählt, wie Sie von ihr in Hamburg entdeckt worden sind!«

Als die »Entdeckerin« nach ihrem Auftritt wieder am Tisch erschien, stellte Claire sie zur Rede: »Hast du schon wieder deine Räuberpistole von der Hafenkneipe erzählt? Du bist doch ein richtiges Mistvieh!« Die Beschimpfte lachte nur. »Was willste, Claire, ich finde die Geschichte kolossal interessant. Und wenn sie auch nicht wahr ist, so wirkt sie doch immer sehr gut.«

Außerhalb der Bühne sah der Kriegsalltag nicht allzu rosig aus. Es gab nicht viel zu lachen. Im Winter 1915/16 erhielt jeder Berliner pro Woche noch 1900 Gramm Brot, 80 Gramm Butter, 250 Gramm Fleisch und 180 Gramm Zucker – und monatlich zwei Eier, was sich aber bald änderte. Besonders schlimm war der sogenannte Kohlrübenwinter von 1916/17, als infolge einer Kartoffel-Mißernte nur Kohlrüben ausgegeben wurden: Kohlrüben zu Brot verbacken, Kohlrüben zu Marmelade verarbeitet, Kohlrüben als Kaffee-Ersatz – damit konnte das Leben kaum mehr gefristet werden.

Der für Deutschland und Österreich-Ungarn ungünstige Kriegsverlauf, die Materialschlachten mit Hunderttausenden von Toten und die Nahrungsmittelkatastrophe überschatteten jeglichen Siegestaumel und ernüchterten das Denken, auch bei vielen Künstlern. Otto Reutter zum Beispiel, 1914 auch fürs »Dreinschlagen«, begann, nachdem sein Sohn vor Verdun gefallen war und die Schlangen vor den Geschäften immer länger wurden, in seinen Couplets recht kritische Anmerkungen über das Anstehen nach Butter und die mangelnde Nahrhaftigkeit der Marmelade zu machen. Ebenso rückte Walter Kollo vom schneidigen Ton seiner Operetten ab. Sein neues Opus »Drei alte Schachteln«, das am 6. Oktober 1917 im »Nollendorf-Theater« Premiere hatte, war zwar noch immer königstreu und brav, aber das »Bühnenschlacht-feld« in Frankreich war nun entfallen und die »gute alte Zeit« aus einem Gemisch von Lavendel und Klatsch mußte herhalten, um ein paar Stunden Unterhaltung auf die Bühne zu zaubern.

Das Libretto für die »Drei alten Schachteln« – die so alt noch gar nicht waren, obwohl sie seit zehn Jahren auf die Rückkehr ihrer Liebsten aus dem Kriege warteten – schrieb Herman Haller, ein erfahrener Theatermann, der etwas von der Operette verstand und vom Geschäftlichen. 1914 schon hatte er die Leitung des Theaters am Nollendorfplatz übernommen, um daraus eine geho-bene Spielstätte für das musikalische Unterhaltungsstück zu ma-chen, das führend für Berlin sein sollte. Für die Gesangseinlagen verpflichtete er den als Schriftsteller weiterhin bekannten Bühnen-textdichter Rideamus, mit bürgerlichem Namen Dr. Fritz Oliven, der eine glückliche Hand fürs Heitere hatte und mit Kollo zusam-men so manchem Operettenliedchen zum Schlagerruhm verholfen hat. Ausstattung und Bühnenbild lagen in den Händen von Pro-fessor Ernst Stern, als rechte Hand Max Reinhardts gleichfalls eine Kapazität, so daß der Erfolg des neuen Stücks – zumal mit Walter-Kollo-Melodien – vorprogrammiert war.

Die Handlung war denkbar simpel, etwas fürs Gemüt und nach erprobten Mustern gebaut, ob das Stück aber ohne Claire Waldoff zu dem Dauererfolg auf der Bühne geworden wäre, ist fraglich. Claire, damals vierunddreißig Jahre alt, längst ein vergötterter Liebling der Bühne und der Berliner, spielte die Köchin Auguste im Haushalt der beiden im Operetten-Potsdam wohnenden Schwestern Krüger. Zusammen ergab das drei alte Schachteln. Die Handlung spielte zu Beginn des vorigen Jahrhunderts unter König Friedrich Wilhelm III. Aus Anlaß der Wiederkehr der Truppen

In den Jahren des Krieges, als es für sie keine Engagements am Kabarett gab, spielte Claire im Theater am Nollendorfplatz.

soll ein großer Ball stattfinden, der die drei gealterten Grazien in große Verlegenheit bringt, ob es für sie noch schicklich sei, an dem Ball teilzunehmen. Da ist es Köchin Auguste, Typ resolutes Frauenzimmer, die alle Bedenken zerstreut und die Sache in die Hand nimmt. Zunächst bringt sie ihrem Cornelius, auch aus dem Felde heimgekehrt, für den bevorstehenden Ball die Tanzschritte wieder bei, dazu ihren Schlager trällernd:

Na, et jeht ja schon wieder so 'n bißcken,
und et kann ja so schwer ooch nich sein –
Na, et klappt Jott sei Dank mit'n Kißcken,
und man kommt mit der Zeit wieder rein.

Die Rolle schien ihr auf den Leib geschneidert, wenn sie mit dem Bühnen-Sergeant Cornelius Hasenpfeffer um die Wette berlinerte: »Wir beede haben noch een Hühnchen miteinander zu pflücken«, und der Wackere ihr textbuchgemäß antwortete: »Na, man ran mit det Hühnchen! Ick bin sehr für fleischliche Sachen.« Sie wiederum ist nicht für halbe Sachen und meint, wenn zum Ball, dann nicht bloß zum Zugucken, denn »bin ick erst einmal an der Tür, / denn jeh ick rin, ick kenne mir. / Und bin ick drin, denn scherbl' ick los . . .«

Das in der Operettengeschichte vielstrapazierte Klischee Soldat und Köchin erhält durch Claire Waldoffs drollige und schlagfertige Natürlichkeit beinahe wieder etwas an Glaubwürdigkeit und Lebensnähe. Sie ist wie immer fürs Reelle und hält sich an ihre eigene Philosophie:

Wie soll der Soldat sich schlagen,
der nicht essen tut?
Vor dem Hunger schützt der Braten,
vor dem Feind das Heer.
Ohne Köchin und Soldaten
keine Menschen mehr.

Draußen in den Kulissen ist inzwischen Nebel und Flockenfall, und die »drei alten Schachteln« gehen zum Ball – trallala. Jede kommt an den Mann, denn Treue zahlt sich aus. Ein Liederspiel, gemixt aus Walzermelodien und dem Glockenspiel der alten Potsdamer Garnisonskirche nach dem Motto, das die vitale Auguste vorgibt: »Was nutzt denn dem Mädchen die Liebe – jeheirat', jeheirat' muß sein!«

Aus dieser Kollo-Operette, die wohl gelungenste zeitgemäße Umsetzung des Themas »der Soldat, die Liebe und die Heimat«, hat sich über die Zeiten ein Couplet gerettet, das seit 1918 ein klassischer Titel im Repertoire der Waldoff war und auch als Schallplatte ein großer Erfolg geworden ist.

Ist mal ein Mädchen sauber, treu und fleißig
und kocht und wäscht und plättet und was weiß ich
und plagt sich früh und spät bis in den Schlaf –
wat sagt der Mann dazu?
»Recht brav, recht brav!«
Doch liegt so'n Reff bis zwölfe in de Betten,
tut nischt, trinkt Kaffee und raucht Zigaretten
und wirft das Geld hinaus zum Zeitvertreib,
dann heißt es gleich: »Det is een Rasseweib!«
Ach Jott, wat sind de Männer dumm,
wenn 'n Mädchen brav ist, kickt sich keener um,
doch wenn se frech ist, sind se gleich verliebt,
wat's doch for Stiesels mang de Männer gibt!

In einer Vorstellung dieser Operette saß 1918 auch der Fronturlauber Kurt Tucholsky. Über die Handlung war er sich rasch einig: »Es schneit, es walzert, es klingelt . . . eigentlich glaubt niemand so recht daran.« Aber »die Waldoffn! Ihre Stimme hallt noch wie einst über die Gefilde. Sie brauchte gar nicht so zu brüllen – viel komischer ist sie, wenn sie im piano verzittert.« Dieses eigentümliche Piano war es, daß ihn schon Jahre zuvor im »Linden-Cabaret« an der Stimme dieser Frau fasziniert hatte, als sie in drei Intervallen »Hermann heeßt er« in beinahe überirdischer Verzückung ihre Seele aushauchte. Leise. Weich. Himmlisch. Aber auch diesmal war es sehr schön: »Ich sah mein Geld ordentlich ab, mit meinem Theaterglas«, resümierte Rezensent Tucholsky über den Abend im »Nollendorf-Theater«. »Ich sah bei dem schwarzen Liebhaber das Zäpfchen hinten im Gaumen beim hohen G zittern, welch eine Mundhöhle! Welch ein gutturaler Ton! – Und ich sah die Walldoffn. Und da mußte ich das Glas absetzen.«

Der burleske Schwank von den »Drei alten Schachteln« lebte vor allem von der Waldoff und ihren Liedern. Tausendmal ging die Kollo/Rideamus-Operette über die Bühne des »Nollendorf-

*Als eine der »Drei alten Schachteln« ersang sie sich ihren Operettenruhm
auf der Bühne. Aufnahmen aus Claire Waldoffs Bildermappe.*

Theaters«. Sie lief noch, als die Mehrzahl der Soldaten längst demobilisiert war und die Revolution die Königsthrone beseitigt hatte, für die die Operetten-Soldaten noch ins Feld zu ziehen bereit zu sein vorgaben. Von all dem, was Claire Waldoff in den Weltkriegsjahren sang, ist nur dieses »Kriegslied« geblieben, dessen menschlicher Ton es bis heute liebenswert macht: »Wenn der Tambour die Trommel tut rühren, / Schatz, mein Schatz, o geh nicht fort!« – »Nein, ins Feld muß ich heut' noch marschieren, / denn dem König, dem gab ich mein Wort. / Darum weine nicht lang, / ist das Herz dir auch bang, / und halt die Träne auf . . .« Die Interpretation durch Claire Waldoff läßt es zu einem Volkslied werden, führt es weit fort aus dem Reich von Bühne und Operette. Ihr Vortrag ist frei von Pathos, aber auch von Sentimentalität, es gibt keine Verherrlichung des Krieges.

Am 9. November 1918 ist der Krieg zu Ende. Berlin versinkt in den Wirren der Revolution.

Kabarett, Kintopp und Revue

Ende 1919, Anfang 1920 kamen für Claire Waldoff wieder Kabarettverpflichtungen. Unterhaltungskabaretts begannen wieder zu eröffnen, nachdem die Regelung, daß Lokale abends um zehn Uhr zu schließen hatten, die ein Jahr nach Kriegsende noch immer fortbestand, aufgehoben worden war. Das Zentrum Berliner Kabarettkunst verschob sich mit Beginn der zwanziger Jahre von der Ecke Behre-/Friedrichstraße über die Linden hinweg in nördlicher Richtung nach der Weidendammer Brücke, wo im Keller von Max Reinhardts »Großem Schauspielhaus« die aus dem Krieg heimgekehrte, kritisch gewordene junge Künstlergeneration ein im Programmstil völlig neuartiges, sogenanntes literarisches Kabarett unter dem Namen »Schall und Rauch« eröffnete.

Neues, engagiertes Kabarett war das erklärte Ziel der sich um diese Bühne konzentrierenden linken Künstler, die Kabarettkunst als Zeitkunst verstanden und mit ihren Satiren gegen die von der Republik »übernommenen« Generale und Richter, die Großverdiener am Krieg und die Meinungslenker der großen Zeitungsverlage angingen, in deren Organen sich nun alles anders las als in den Augusttagen 1914. Es waren bis dahin kaum bekannte Autoren wie Walter Mehring, Klabund und Kurt Tucholsky, die für das »Schall und Rauch« moderne Texte schrieben. Auch die Namen der Komponisten Friedrich Hollaender und Werner Richard Heymann, Mischa Spoliansky und Claus Clauberg waren neu in diesem Genre. Joachim Ringelnatz, bislang in München am »Simplicissimus«, kam nach Berlin und erinnerte im »Schall und Rauch« das Publikum daran, daß man einst »mit gutem Wilhelm herrlichen Zeiten entgegen« gewollt habe.

In solch ausgesprochen literarischen Kabaretts, wie es auch die nachfolgende »Wilde Bühne« Trude Hesterbergs oder Rosa Valettis »Größenwahn« waren, trat Claire Waldoff nicht auf. Sie gehörte nach wie vor im wesentlichen zum Unterhaltungskabarett mit Varieté-Einlagen. So finden wir sie in den ersten Jahren ab 1920 in Berlin vorwiegend im »Charlott-Casino«, im »Alt-Bayern«, im »Admirals-Cabaret«, das im Hause des ehemaligen Admiralspalastes am Bahnhof Friedrichstraße eröffnet worden war, gelegentlich auch im »Linden-Cabaret«, das weiter existierte, sowie im »Schwarzen Kater« und ähnlichen Häusern. In den Programmheften und Zeitungsannoncen erscheint ihr Name neben bekannten, aber auch neuen Kollegen, die das Kabarett gerade für sich entdeckten und von denen nicht wenige im Laufe des Jahrzehnts zu den Sternen am Himmel der Unterhaltungskunst werden sollten.

Zu den »Alten« gehörten Gussy Holl, eine fabelhafte Parodistin und attraktive Person, für die Kurt Tucholsky, Hubert von Meyerinck und Emil Jannings schwärmten, und Roda Roda, der wie Gussy Holl, Emmy Hennings, Käthe Hyan, Senta Söneland und Egon Friedell gleichfalls am »Linden-Cabaret« auf der Bühne gestanden hatte. Auch Käthe Erlholz vom »Chat noir« und Fritz Grünbaum, der Conférencier der Meisterklasse, der bei Nelson oft Claire Waldoff angekündigt hatte, zählten zum alten Stamm. Zu den Neuen dagegen, die ab jetzt öfter mit ihr in Programmen angezeigt waren, gehörten der Schauspieler und Komiker Paul Graetz, der rheinische Conférencier Karl Schnog, die Diseusen Kate Kühl, Margo Lion und Annemarie Hase.

Als Claire Waldoff Ende 1919, Anfang 1920 wieder von den Kabaretts engagiert wurde, ging ihr der Ruf voraus, Kassenmagnet zu sein. Die Unternehmen profitierten auch jetzt wieder von ihrem Namen. Wo sie auftrat, garantierte sie volle Häuser. In der Mai-Nummer des »Artist« von 1920 hieß es über ihr Engagement im »Tauentzin-Varieté«: »Das ›Tauentzin-Varieté‹ hat als Kassenmagnet für den Monat Mai Claire Waldoff vom ›Nollendorf-Theater‹. (Dort trat Claire Waldoff noch immer in dem Stück

›Drei alte Schachteln‹ auf.) Fräulein Waldoff gehört seit vielen Jahren zu den bekannten Größen des Brettls und hat sich auch als Schauspielerin einen Namen gemacht. Das große Theater-Café war natürlich ausverkauft. Claire Waldoff hat sich nicht verändert, alles war wie vor dem Kriege: der ihr eigene schnarrende Vortrag, die schmucklose Aufmachung und Haarfrisur – und auch dieselben Vorträge. ›Morgens willste nicht und abends kannste nicht‹, ›Liebeslied einer Berliner Köchin‹, ›Laubenkolonie‹ – wer hätte sie noch nicht gehört! Als Dacapo nach dem halb freundlichen Dank, halb Abweisung dokumentierenden, bekannten Kopfnicken: ›Hermann heeßt er!‹«

Zu Beginn der zwanziger Jahre gab es gelegentlich auch sich avantgardistisch gebärdende Kritiker, denen volkstümliches Kabarett, wie es Claire Waldoff repräsentierte, nicht modern genug erschien. In der »Berliner Börsenzeitung« traf der Journalist Karl Wilcynski, der sich selbst für einen Chansondichter hielt, die lapidare Feststellung, Claire Waldoff habe »ihren eigenen Ruhm überlebt«. Er nannte in diesem Zusammenhang auch Senta Söneland und Paul Schneider-Duncker. Eine Begründung gab er dafür nicht. Er verlangte schlechthin »Neues«. Lieder aber mit realistischem Gehalt und tiefwurzelndem Volkshumor, wie die Waldoff sie vortrug, unterlagen nicht der Mode oder was dafür gehalten wurde. Die menschliche Gefühlswelt der kleinen Leute von vor 1914 war im großen und ganzen dieselbe geblieben. Die Freude am Leben, das Streben nach Glück, die kleinen Sehnsüchte nach Liebe und Zuneigung und die menschlich-charakterlichen Untugenden, die in den Liedern Claire Waldoffs so humorvoll auf die Schippe genommen wurden, unterlagen nicht so sehr konjunkturellen Schwankungen wie die Rocklänge in den Modesalons der Berliner Konfektion. Daß die an Schärfe zunehmenden sozialen Auseinandersetzungen nach Mitte der zwanziger Jahre auch kämpferische Lieder, wie sie Hanns Eisler vertonte und Ernst Busch sang, erforderten, schränkt in keiner Weise die auf den Menschen und seinen Alltag bezogene Aussage, die tiefe menschliche Ausstrahlung der Waldoff-Lieder ein. Für das Neue, wie es bei Ernst Busch im Lied der »Säckeschmeißer« und in anderen Songs in Erscheinung trat, war die »Börsenzeitung« ohnehin nicht das Sprachrohr. Claire Waldoff hatte ihren Ruhm nicht überlebt! Die vollen Häuser bestätigten, daß sie noch immer ein »Stern von Berlin« war, obgleich sie zu Beginn des neuen Jahrzehnts noch überwiegend die Lieder aus den Vorkriegsjahren zu Gehör brachte.

In den zwanziger Jahren begann sie, verstärkt Tourneen in die größeren deutschen Städte zu unternehmen. Sie gastierte in Hamburg, Frankfurt und Düsseldorf, sie sang in Dresden, Erfurt und in Leipzig. Fast sechs Monate ging sie jährlich auf Tournee, und überall, wo sie auftrat, war die Bühne, ob klein oder groß, erfüllt von der Ausstrahlung ihrer Kunst. Selbst wer ihre Lieder in der mitunter wenig freundlichen Atmosphäre eines Nachtkabaretts hörte, fühlte sich, wie die Schriftstellerin Irmgard Keun aus eigener Beobachtung bestätigte, schon nach der ersten Strophe »nicht mehr heimatlos«, sondern »wie auf einem Volksfest in der Schrebergartenkolonie«.

Neben ihren Kabarett-Engagements blieb Claire Waldoff bis 1922 Mitglied des »Nollendorf-Theaters«. 1921 sah man sie dort in einer neuen Operette von Eduard Künneke. Das Stück hieß »Die Ehe im Kreise«, nach einem Libretto des bewährten Duos Haller/Rideamus. Der Schriftsteller Alfred Döblin, der die Aufführung für das »Prager Tagblatt« rezensierte, stellte lakonisch fest: »Das Publikum liebt sie.« Sie sang in dem Stück unter anderem ein aktuelles Europalied, Strophe um Strophe mußte sie zugeben. Döblin fand: »Eine schlechter als die andere. Es ist nicht möglich, ein Operettenpublikum zu unterschätzen.« Auch der Musik bescheinigte er, »nicht sehr originell zu sein«, und nur manchmal sei es recht musikalisch zugegangen, habe es unterhaltsam »geshimmiet und gejazzt«. Von dieser Operette verblieb in ihrem Repertoire faktisch nichts, sieht man von dem humorigen Männer-Verriß im Terzett »Wir wolln den Gram in Sekt ertränken« ab, das sich auf einer alten Schallplatte erhalten hat.

Mit Carl Geppert in der »Ehe im Kreise«. Alfred Döblin fand:
»Das Publikum liebt sie.«

Mit Beginn des Jahres 1921 gestaltete sich infolge der rapide um sich greifenden Inflation die Lage für die Künstler zunehmend schwieriger. Die meisten mußten sich zusätzliche Tageseinnahmen verschaffen, die sofort nach Auszahlung in lebensnotwendige Waren umgesetzt wurden. Eine beliebte Form des »Tagesgeschäfts« waren die Auftritte in sogenannten Bühnenschauen der Kinos vor der Filmvorführung. Viele prominente Künstler waren gezwungen, sich auf diese Weise über Wasser zu halten. Daran erinnerte sich die Berliner Kabarettistin Lotte Werkmeister, die ebenso wie Claire Waldoff, Paul Graetz oder Roda Roda auf diese Weise das Notwendigste »ertingelte«. Zwar waren Claire Waldoffs nicht unbeträchtlichen Ersparnisse mit der Inflation verlorengegangen, nicht aber ihre Energie, nicht ihr Humor.

Unverdrossen verhalf sie, wie einst in Kattowitz, »Serenissimus« wieder zu Publikum, diesmal im Kintopp. Wer von den Berlinern in jenen Tagen zum BEBA-Filmpalast in der Kaiserallee kam, wollte für sein Geld nicht nur den lustigen Strauß-Film »Serenissimus und die letzte Jungfrau« mit Adele Sandrock sehen, sondern auch die Bühnenvorschau »1 Stunde Cabaret mit Claire Waldoff und The Three Kukirolers«. Unter diesem Künstlernamen tingelten drei ihrer früheren Kollegen aus der Vorkriegszeit. Die Gage gab es in der Inflation unmittelbar nach Ende der Vorstellung, meist in riesengroßen Scheinen, was schon auf dem Heimweg Probleme bringen konnte. Als sie einmal nach der Vorstellung nach Hause fuhr, hatte sie nicht genug Kleingeld, um das Taxi richtig zu bezahlen und der Chauffeur nicht das passende Wechselgeld für die großen Scheine. »Na, laß man die zweihundert Emmchen«, sagte er gutherzig, »ick kenne dir doch – du bist ja det kleene freche Aas vons Theater – Kleere, nich?« Claires Kommentar dazu: »Der gute Mann verstand was von der Kunst!«

Es war 1922, im März, als Joachim Ringelnatz seiner Frau Muschelkalk nach München schrieb, daß er sich nach seinem Auftritt nach Mitternacht noch mit Claire Waldoff, der Malerin Augusta von Zitzewitz und einigen Bekannten verabredet habe. An diesem Abend ging es sehr lustig zu. In fröhlicher Sektlaune gaben sie Augusta von Zitzewitz im Lokal als Königin von Dänemark aus. Ringelnatz und eine Freundin Claire Waldoffs dienerten devot vor der »Königin«, die sich Mühe gab, deutsch zu radebrechen. »Der Direktor«, erzählt Claire Waldoff, »der mittlerweile von dem hohen Besuch gehört hatte, erschien mit einem fabelhaften Blumenstrauß. Er schwitzte vor Aufregung und küßte Ihrer Majestät die Hand, was ganz verkehrt und gar nicht nach der Etikette war. Er ließ sogar die dänische Nationalhymne spielen.« Die Zeche steigerte sich an dem Abend ganz schön, so

ATRIUM

BEBA-PALAST

Kaiser-Allee, Ecke Berliner Straße
Inh.: Herbert Polke

Serenissimus
und die
letzte Jungfrau

Ein lustiger Strauß-Film mit

**Margot Landa, Adele Sandrock,
Ernst Verebes, Hans Junkermann,
Teddy Bill, Siegfried Arno,
Adolphe Engers**

Musik: Walter Ulfig

Auf der Bühne:

1 Stunde Cabaret

mit Claire Waldoff

und The three Kukirolers
(Theo Degen, Theo Körner,
Ove Behrens)

Tägl. 7 u. 9¹⁵, Sonnt. 5, 7, 9ⁿ
Vorverkauf
11—3.

daß Claire Waldoff zum Schluß Mühe hatte, die recht beschwipste Gesellschaft im Taxi »standesgemäß« abzutransportieren.

Solche »Feiertage« waren allerdings selten. Neben ihren Erinnerungen blieben Claire Waldoff aus dieser Zeit die innige Verbundenheit zu ihrem »Dichterfreund« Joachim Ringelnatz, dessen Porträt von dem Maler Gustav Tolle bis zu ihrem Tode in ihrer Wohnung in Bayerisch-Gmain hing, sowie dessen Bücher, die, mit Widmungen versehen, in ihrer großen Bibliothek in der Berliner Regensburger Straße, wo sie in den zwanziger Jahren wohnte, zu finden waren.

Im Kunstbetrieb der Inflationsjahre gab es für Claire Waldoff kaum nennenswerte Höhepunkte. Im Mittelpunkt stand die Existenzsicherung, der Broterwerb, zumeist verbunden mit Konzessionen an Auftrittsorte und Repertoire. Erst mit dem Abflauen der Inflation, etwa 1924, sind die Engagements wieder längerfristig und infolge der Stabilisierung der Mark auch lohnend, so daß sie an einem Abend nicht mehr zwischen zwei oder drei Auftrittsorten pendeln muß oder in Kinos zu singen braucht, wo die jeweiligen Inhaber eben nur »die« zwei oder drei Hauptschlager von ihr haben wollten.

Von den ersten größeren Einnahmen in neuer Reichsmark leistete sie sich 1924 eine Reise nach Paris, halb Touristenreise, halb Studienreise. »Nachdem wir so lange von anderen Völkern abgeschlossen waren« – so ihr Kommentar –, wollte sie den neuen Trend der Pariser Music-Hall, der Revue und des Kabaretts sowie die internationalen Einflüsse, die damals in Paris dominierten, kennenlernen. Yvette Guilbert sang noch immer, doch der Star der »Folies-Bergère« hieß Mistinguett. Diese Gesangs- und Showkünstlerin, mit bürgerlichem Namen Jeanne-Marie Bourgeois, ein Pariser Vorstadtkind, war gleichfalls wie Claire Waldoff schon vor 1914 aufgetreten, zunächst auf der Bühne des »Moulin Rouge«. Sie galt wegen ihres Charmes und ihres Mutterwitzes, ihrer Gutmütigkeit und Schlagfertigkeit als die typische Verkörperung der Pariserin und schon damals als eine der Wegbereiterinnen der Fantaisistes, das heißt der Sängerinnen, die wie Maurice Chevalier vorwiegend heitere Chansons interpretierten. Von ihr konnte Claire Waldoff das »Lied der Pariser Pflanze« hören:

Je suis née dans le faubourg Saint Denis,
et j'suis restée un' vrai' goss' de Paris.
Des toilettes, pour moi, voyez-vous,
y a qu'à Paris qu'on
en trouve à son goût.
Un bout d' satin
mis dans les mains
d'un' Parisienne
par un p'tit rien
bientôt devient
l'manteau d'une reine . . .
Je suis née dans le faubourg Saint Denis,
faut pas m' la fair', j'suis un' goss' de Paris.

Im Deutschen heißt das etwa: »Ich bin im Faubourg Saint Denis geboren, / ich bin eine echte Pariser Pflanze. / Kleider, sehen Sie, die findet man meiner Meinung nach / nur in Paris nach rechtem Geschmack. / Ein Stück Atlas / in den Händen einer Pariserin wird / im Handumdrehen zum Mantel einer Königin . . . / Ich bin im Faubourg Saint Denis geboren, / ich brauche es nicht erst zu werden: / Ich bin eine echte Pariser Pflanze.«

Während ihres Paris-Aufenthaltes konnte sich Claire Waldoff mit dem Stil des Nachkriegs-Revuetheaters vertraut machen, das sich einerseits an den musikalischen Einflüssen aus den Vereinigten Staaten orientierte, andererseits aber an der klassischen Tradition des Pariser Chansons festhielt. Paris war und blieb für sie *das Erlebnis* dieser Jahre.

Kurze Zeit nach ihrer Rückkehr gastierte sie erstmals auch selbst in einer jener großen Ausstattungsrevuen, die vom stark kommerzialisierten Kunstbetrieb jener Jahre in immer neuen Varianten auf die Bühnen der größten Theater gebracht wurden – ein Zeichen der sich ausbreitenden Realitätsflucht und der Illusionierung breiter Teile des Publikums durch Showeffekte. »Die Revue verleugnet den grauen Alltag«, verhießen die Artikel in den Programmheften. Glänzende Garderoben, riesige Girltruppen, neueste Jazztänze beherrschten die Szene. Alles in Superlativen. Das Massenaufgebot dominierte, eine durchgehende Handlung wie bei der Operette alten Stils gab es nicht mehr.

Die Bilder wechselten unter Betonung der optischen und musikalischen Effekte von der »Brautnacht in Venedig« zum »Orakel von Delphi«, von »Bord des Ozeandampfers« zum »Gespräch in den Bergen«, vom »5-Uhr-Tee im Fernen Osten« zur »Poesie der Großstadt«.

Erik Charell, der das Monopol für den neuen Bühnenstil in Berlin hatte, verpflichtete Claire Waldoff im Herbst 1924 für seine Revue »An Alle«, die erste größere Ausstattungsrevue in Berlin, wenn man von einigen kleineren Revue-Versuchen Victor Hollaenders, meist noch im Vorkriegsstil, absieht. Im »Großen Schauspielhaus« fand am 18. Oktober 1924 die Premiere statt. Das Programmheft verzeichnete eine Galerie prominenter Namen: für das Bühnenbild Prof. Ernst Stern und Walter Trier, für die Musik Rudolf Nelson, Ralph Benatzky und Irving Berlin, für die Tanzbilder das international als Sensation geltende und künftig in Deutschland Schule machende Tiller-Ballett aus Großbritannien, für das Ensemble der Schauspieler neben Claire Waldoff die Diseuse Margo Lion sowie die Komiker Wilhelm Bendow und Oscar Sabo. Eine Jazzband begleitete die einundzwanzig in Farbe, Licht und Flimmer getauchten Bilder der Revue mit »heißen« Rhythmen.

Ein Couplet im »Badebild« der Revue enthielt sogar Anspielungen auf Ereignisse und Zustände im Berlin der zwanziger Jahre. Themen waren der Zeppelin, die mangelhafte Straßenbeleuchtung und zunehmende Verkehrsdichte. Zu den Attraktionen der Orchestermusik gehörten amerikanische Weltschlager wie «Always«

von Irving Berlin – »Weißt du, was das heißt: Heimweh« – und das goldene Lied »Mein Liebling heißt Mädy« von Vincent Rose.

Claire Waldoff erhielt durch diese Revue eines ihrer wirklichen Lebenslieder, das Show-Rummel, Girlbeine und Flimmer überdauerte:

Warum soll er nicht mit ihr vor der Türe stehn,
warum soll er nicht mit ihr mal konditor'n gehn,
warum soll er nicht mit ihr,
wehn die Frühlingslüfte zart,
machen mal uff de Spree eene Mondscheinfahrt?

Die Revue galt als Sensation. Wenn auch viel billiges Surrogat und noch mehr Talmi – von modernster Bühnentechnik hochstilisiert – geboten wurden, so ergab sich dank des schauspielerischen Formats der Mitwirkenden eine durchaus künstlerische, perfektionierte Unterhaltung. Die Stars waren, wie alle Darsteller, auf die relativ hohen Gagen der Revuetheater nach den desolaten Jahren der Inflation angewiesen. Berlin zählte 1926 noch immer rund 2000 arbeitslose Schauspieler, Sänger und Artisten. Ihrem Auftreten – und dazu gehörte auch der Liedvortrag Claire Waldoffs – haben diese Revuen ihren Erfolg mit zu verdanken.

Bei der Arbeit für die Revue »An Alle« gewann Claire Waldoff unter den Zeichnern und Malern Berlins einen neuen Freund: Walter Trier. Die kleine Zeichnung, die er von ihr anfertigte, dutzendfach seither reproduziert, zeigt sie heiter und selbstbewußt in ihrer damals schon als »klassisch« geltenden Haltung: mit leicht zurückgeworfenem Kopf und dem etwas eingekniffenen rechten Auge.

Zu den Berliner Malern hatte Claire Waldoff seit den Tagen im »Café des Westens« recht gute Beziehungen, wie sie ja auch Literatur und Kunst privat sehr engagiert und interessiert verfolgte. Es existieren Dutzende von Zeichnungen und Karikaturen – kaum ein Pressezeichner, der nicht irgendwann ihr Konterfei für sein Blatt »gemacht« hätte. Aber auch die prominenten Künstler Berlins haben sie gezeichnet, so Heinrich Zille, der wie Tucholsky zum »Stamm« des »Linden-Cabarets« gehörte und mit Claire und deren Kollegen gern einen Korn trank und manch ausgiebigen Berlinbummel unternahm. Was er an ihr schätzte, sagte er einmal in einem Brief an sie: »Rauchend und fluchend wie ein Müllkutscher mit Deinen bronzeroten knisternden Bubihaaren (wir sagten damals, die wie eine ›Omnibuslaterne‹ leuchten) – die aber wie ein Heiligenschein Dein liebes Schalkgesicht mit den lustig zwinkernden Augen umgeben – mit den neuesten Schlagern und den heiteren Vorträgen hast Du uns noch nach Theaterschluß in traulicher Nachtkneipe zum größten Beifall und aufrichtiger Bewunderung hingerissen.«

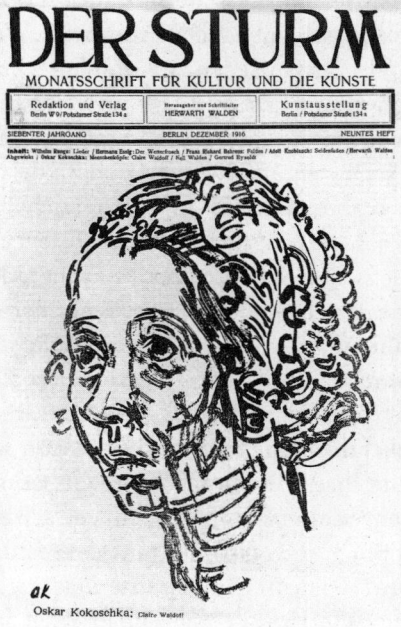

Das von Kokoschka gezeichnete Titelblatt für den »Sturm« von 1916.

Aus ihrer »Linden«-Zeit stammt auch die Begegnung mit dem Maler Oskar Kokoschka, der 1913 für Herwarth Walden und dessen Literatur- und Kunstzeitschrift »Der Sturm« tätig war. Auf die Freikarten der Redaktion besuchte er gern den »Wintergarten« und die Kabaretts, befreundete sich mit Artisten und Schauspielern, von denen einige seine »Modelle« wurden. Er zeichnete Claire Waldoff 1916, als er sich auf Einladung des »Sturms« wieder in Berlin aufhielt, schwer verwundet und als militäruntauglich aus dem Heer entlassen. Die Waldoff-Zeichnung hatte für ihn offenkundig eine besondere Bedeutung. Er nahm das Blatt 1916 in seine Bildfolge »Menschenköpfe« auf, eine graphische Mappe, für den »Sturm« gefertigt, bestehend aus fünfzehn Porträts exponierter Persönlichkeiten der Schauspielkunst und der Literatur, darunter Yvette Guilbert, Paul Scheerbart, Richard Dehmel, Alfred Kerr, Karl Kraus, Gertrud Eysoldt und Adolf Loos.

Wie Kokoschka scheint auch Herwarth Walden von der menschlichen und künstlerischen Ausstrahlungskraft Claire Waldoffs fasziniert gewesen zu sein. Er verwendete den Waldoff-Kopf aus Kokoschkas Mappe 1916 sogar als Titelblatt für die April-Nummer seines »Sturm«. Auffallend an diesem Blatt ist der Ernst, mit dem Kokoschka das »innere Gesicht« und damit das Wesen Claire Waldoffs transparent macht. Es entsteht ein Bild absoluter Ruhe, die sich dem Betrachter aufzwingt, deutlich wird die Orientierung auf das eigene Ich, das Bekenntnis zur eigenen Persönlichkeit. Claire Waldoff war 1916, als Kokoschka sie porträtierte, erst 32 Jahre alt, die Zeichnung suggeriert aber eine wesentlich ältere, durch Wissen und Erleben gereifte Frau, die in ihrer Würde und Schlichtheit jede Frau aus dem Volke sein könnte. Alle äußeren Attribute ihres Berufs fehlen, nichts erinnert an Bühne, Rampenlicht und Schminke, und doch verrät das intellektuelle Profil der Zeichnung, die geistige Transparenz, daß die Bühnenkünstlerin Claire Waldoff gemeint ist. Das eigentlich Überraschende aber ist: Wie Kokoschka, ein Prophet in seiner Kunst, diese Frau 1916 »schaute«, so sah sie 1936 tatsächlich aus!

Prof. Emil Orlik. Ihm saß Claire Waldoff Modell für ein Ölgemälde.

Auch B. F. Dolbin und Emil Orlik, dem sie 1925 Modell für ein Ölgemälde saß, ließen sich von der Persönlichkeit Claire Waldoffs inspirieren, jeder auf seine Weise: der Pressezeichner Dolbin von ihrer Bühnengestalt im Moment höchster Konzentration beim Vortrag; Orlik, der Malprofessor, von der bürgerlichen Existenz der Frau Waldoff. Und über jeden weiß sie Geschichten und Anekdoten zu berichten. Einmal war sie zu Orlik zum Essen eingeladen, hatte aber vergessen, einen jungen Maler namens Engelmann, den sie ihrerseits zu Tisch gebeten hatte, auszuladen: »Na, lieber Engelmann, dann komm'n Se man gleich mit zu Emil Orlik. Wir müssen sehen, wie wir Sie bei ihm einschmuggeln.« Orlik war, wie erwartet, nicht sehr erfreut über den unangemeldeten Gast. Als dieser dann noch in der Wohnung des Malers den großen chinesischen Gong anschlug, was Ärger verursachte, mußte Claire in die Bresche springen: »Wir waren alle erschrocken, aber da hörten wir schon die hastigen Schritte unseres rasenden Malers aus der Küche her mit Donner und Doria nahen: ›Zum Donnerkiel noch mal! Wer hat meinen Gong berührt? Wer war das?‹ Die kleine, dunkle Malerkappe auf, der graumelierte Eduard-von-England-Bart, in der Hand eine Pfanne, Reisfleisch rührend, sah Orlik in seiner Wut wie ein zürnender Jupiter aus. Ich nahm meinen fauchenden Donnergott, meinen Orlik, zärtlich in den Arm und gab ihm die schönsten Worte, um ihn wieder zu beruhigen. In der Küche lachte er schon wieder, während unser junger Freund noch ganz blaß und verdattert und zerknirscht im Atelier neben dem Unglücksgong im Lehnstuhl saß.« Als sich Meister Orlik auf Bitten Claires schließlich doch bereit fand, die Mappe des jungen Künstlers durchzusehen, und ihm ein paar freundliche Worte gönnte, endete auch für ihn dieser Besuch harmonischer als er begonnen hatte.

Neben Kabarett, Kintopp und Revue gab es in den ersten Nachkriegsjahren auch eine umfangreiche Tätigkeit für die Schallplatte. Ihre bisherigen Erfolgstitel waren zu diesem Zeitpunkt alle schon produziert. Die Aufnahmen, die jetzt, zwischen 1920 und 1923, neu herauskamen, lassen erkennen, daß sie sich als Unterhaltungskünstlerin des Liedes nach neuen Titeln umzuschauen begann, wohl wissend, daß sie von dem Ruhm ihrer Vorkriegsschlager nicht jahrzehntelang leben konnte und eine Erweiterung des Repertoirs so oder so erforderlich sein würde. Das freilich ließ sich nur über einen längeren Zeitraum bewältigen und hing davon ab, welche Textdichter und Komponisten ihr zur Verfügung standen. Nicht jeder gute Schlagertextautor oder Bühnenschriftsteller war in der Lage, wirklich gute, treffende, im Witz bündige Couplets in der Berlinischen Volkssprache zu schreiben, obwohl es in Berlin eine Konzentration von erstklassigen Chanson-, Revue- und Schlagerkomponisten gab. Zunächst waren aber die Bedingungen für eine Künstlerin, auf eigene Rechnung Aufträge zu vergeben, unter Inflationsverhältnissen denkbar ungünstig. So wurde gewissermaßen die Schallplatte ein Experimentierfeld für sie, um Neues auszuprobieren, was bisher nicht so sehr im Gesichtskreis ihrer Interessen gelegen hatte, gleichzeitig damit den Fundus ihrer Repertoirelieder auszudehnen und hinsichtlich der rhythmisch- melodischen Struktur näher an den zeitgenössischen Musikstil heranzuführen. Ihre Platten mit den Künneke- und Kollo-Operettentiteln, die zuletzt herausgekommen waren, konnten ihr in dieser Hinsicht künstlerisch nicht genügen. Sie fand, daß ihre Stimme auch für das Fach des Chansons geeignet sei, und trat, couragiert, wie sie war, auf der Schallplatte nunmehr in Konkurrenz zu den prominenten Namen des literarischen Kabaretts jener Jahre.

Das Orlik-Porträt aus der Zeitschrift »Die Dame« 1932.

Von Kurt Tucholsky singt sie für die Firma Grammophon das espritvolle Chanson »Fang nie was mit Verwandtschaft an, denn das geht schief, denn das geht schief«, das als Gesangseinlage für eine der frühen Nelson-Revuen entstanden war. Von Friedrich Hollaender gab es 1921 schon das berühmte »Groschenlied« – »Wo Mutter wäscht im Vorderhaus« –, das Blandine Ebinger gehörte, ihr ganz allein. Sie stand, begleitet von Hollaender am Flügel, mit ihrem Lied jeden Abend auf dem Podium des Brettl, und nun kam die Waldoff und sang es ihr nach, genauso wie ihren »Jonny«, jene erotisch-kindliche, rührselige Geschichte von dem schwarzen Geiger Jonny in der Pony-Bar, der – er ist inzwischen weit fort in Afrika – die Verführte mit geknicktem Herzen und einem Baby sitzenließ.

Um 1922 entdeckte Claire Waldoff auch ihre Liebe zu Frank Wedekind, aus dessen Repertoire sie zwei Titel für die Platte auswählte: das handfeste Matrosenkneipenlied »Als ich in Hamburg war, eh du mon dieu, mon dieu!« und die Geschichte von »Brigitte B.«, eine Perle der Bänkelballadendichtung:

Ein junges Mädchen kam nach Baden,
Brigitte B. war sie genannt.
Fand Stellung dort in einem Laden,
wo sie gut angeschrieben stand.
. . .
Vorgestern hat man sie gefangen,
es läßt sich nicht erzählen wo.
Dem Jüngling, der die Tat begangen,
dem ging es gestern ebenso.

Es gab viele interessante Neuheiten auf dem Musikalienmarkt, wenn man allein das Jahr 1921 betrachtet, die sich Claire Waldoff zu eigen machte. Unter ihren Schallplatten befanden sich zum Beispiel von dem Leipziger Humoristen Paul Preil das Stimmungslied »Komm, mein Schatz, wir trinken ein Likörchen«, das jedes Kind kannte, das »Dirndl-Lied« von Kurt Tucholsky aus einer Nelson-Revue, ferner ein Berliner Milieuchanson unter dem Titel »Dornröschen aus dem Wedding«, Text und Musik Friedrich Hollaender, sowie das rasch zur Popularität gelangte »Puppchen Liese«-Lied von Elit Worsing.

Was jedoch auffällig ist: Von den über 50 neuen Titeln, die sie zwischen 1920 und 1923 auf Grammophonplatte sang – 1924 kam sogar noch der amerikanische Weltschlager »Ausgerechnet Bananen« hinzu –, ist in die Programme ihrer Kabarettvorstellungen so gut wie nichts eingeflossen. Sie stützte sich im wesentlichen auf das bisherige, vor dem Kriege entstandene Vortragsrepertoire, weshalb von seiten der Kritik hin und wieder die Frage laut wurde, wo denn das Neue bliebe. Das Neue waren, formal gesehen, die Bänkelballaden, die Tanzschlager sowie die Revue- und Kabarett-chansons auf der Platte, nur diese hätten ebensogut mit anderen Künstlern aufgenommen werden können, während ein wirkliches Waldoff-Lied von niemandem nachgeahmt werden konnte.

Den ersten, wirklich waldofftypischen Liedgesang nach dem Krieg gab es erst wieder 1924, als ihr Walter Mendelssohn (nicht der Mendelssohn, der »Hermann« geschrieben hatte) für die Charell-Revue »An alle« den volksliedhaften Gesang »Warum soll er nicht mit ihr« auf den Leib und den Mund schrieb. Von da an kann man von einer tatsächlichen Erneuerung des Repertoires, die zugleich eine Weiterführung ihres spezifischen Stils war, sprechen. Walter Mendelssohn, mit dem Berlinertum verwachsen, Textdichter und Komponist in Personalunion, lieferte die neuen Lieder. Sie hießen »Mein Maxe«, »Witwe Meyer«, »Der olle Leiermann«, »Er jeht mit se«, »Wennt duster is im Friedrichshain«, »Mensch, lach doch« und »Immer ran an' Speck!«

Volkssängerin Claire Waldoff blieb damit fest in einer Tradition, die in den zwanziger Jahren neben der Entwicklung der Schlager- und Tanzmusik, des literarischen Chansons, des Varieté-Couplets und des Songs einherlief, diese kaum tangierend. Es spricht für das künstlerische Credo der Waldoff, daß sie nach dem Kriege innerhalb einer veränderten Musiklandschaft auf ihren Fundamenten weiterbaut. Daß sie »Modernes« singen konnte, hatte sie auf der Schallplatte hinlänglich bewiesen. Auf der Bühne jedoch, vor ihrem Publikum, wollte sie »die Waldoff« bleiben, die Frau, die die Lieder des Volkes mit der Stimme des Volkes sang. Nichts anderes.

Zwischen »Großem Schauspielhaus« und »Kabarett der Komiker«

In Claire Waldoffs Wohnung in der Regensburger Straße 33 in Berlin, wo sie seit 1920 wohnte, einem gemütlichen Heim mit vielen Büchern, einem großen Flügel und einer alten Gitarre an der Wand, ging es in den letzten Wochen des Jahres 1924 und in den ersten Tagen des neuen Jahres recht lebhaft zu. Täglich kam der Pianist für mehrere Stunden, und Claire stand im eleganten seidenen Haushosenanzug neben dem Flügel und probte. Wer auf der Treppe stehenblieb, um etwas zu erlauschen, konnte – gedämpft durch die Türen – leise, aber doch vernehmlich hören, wo sich die Künstlerin derzeit musikalisch befand:

Im »Nußbaum« links vom Molkenmarkt,
da hab' ich manche Nacht verschnarcht,
da malt der Vater Zille!
Der Kellner hat's Delirium,
die Wirtin latscht im Hemde rum,
die Gäste – die sind knille!

Im »Nußbaum« links vom Molkenmarkt,
da sind die Fenster dick verzarcht
von wejen die Polente!
Da tanzt die dicke Spreemarie
mit ihrem Holzbein, juchheidi –
wie eene lahme Ente!

Im »Nußbaum« links vom Molkenmarkt,
da wird mit Zaster nicht gekargt,
da trinkt man keene Lorke.

Es fliegt ja leider manchet Mal
een Backzahn ooch durch det Lokal,
sonst aber is et knorke!

Im »Nußbaum« links vom Molkenmarkt,
da hat man mir een Ding verargt:
Der Mann war lange kränklich!
Ick stieß ihn an – da fiel er um –
ick kam uff det Präsidium –
Jetzt sitz' ick lebenslänglich!

Im »Nußbaum« links vom Molkenmarkt –
die ihr so oft euch dort verbargt,
grüßt mir die Prachtdestille!
Durch meine Zelle zieht ein Traum –
grüßt mir das Haus – den grünen Baum –
und ooch den Vater Zille!

Die Hausbewohner wußten bald Bescheid, daß es sich um die Ein-
studierung für das Singspiel »Hofball bei Zille oder Mein Milljöh«
handelte, dessen Premiere auf den 21. März des Jahres 1925 im
»Großen Schauspielhaus« festgesetzt war. Dieses »Singspiel aus
Berlin O« von Hans Brennert (Text) und Hans May (Musik) – die
Bühnenbilder hatte Zille selbst entworfen – verdankte, wie manche der Kollo- und Künneke-Operetten aus den Jahren zuvor, seinen Erfolg beim Publikum weitgehend der Gesangs- und Schauspielkunst Claire Waldoffs. Sie hatte in ihrer Rolle als »Pyjamajule« vier Lieder zu singen, die alle vier auch für ihr Repertoire der
folgenden Jahre von Belang sein sollten.

Schließlich verbürgte auch der Name des Textbuchautors den
bühnenkünstlerischen Erfolg des Unternehmens. Hans Brennert,
von Haus aus Beamter und jahrelang Direktor der Städtischen
Nachrichtenstelle Berlin, zählte seit langem, wie auch Hans Hyan
und Hans Ostwald, zu den profiliertesten Berlin-Schriftstellern,

die schon bei der Geburt der ersten Kabaretts um die Jahrhundertwende Pate gestanden hatten. Seinen Ruf als Bühnen- und Liederdichter begründete Brennert mit seinem satirischen Einakter aus dem Beamtenmilieu, »Die Hasenpfote«, sowie mehreren Volksstücken, in denen der Altberliner Humor in der Tradition Glaßbrenners und seines Eckenstehers Nante lebendig war.

Der »Hofball« spielt, wie der Name schon sagt, auf einem Berliner Hinterhof mit Karnickelstallungen, Müllkästen und Teppichstange. »Matrosenkarl« ist aus der »Plötze« – dem Strafgefängnis Plötzensee – entlassen worden, wo er zwei Jahre abgebrummt hat. Seine alte Freundin »Rosenfrieda« hat sich inzwischen anderweitig engagiert. »Pyjamajule« – im Textbuch als etwa dreißigjährige, rothaarige Person angegeben, mit Sprechstunden im »Lahmen Erpel« und nach eigener Auskunft »bei's Chantant« – ist ihrerseits willig und willens, Knastbruder »Matrosenkarl« zu trösten. Für ihn singt sie die Aufforderung zum Hofball: »Mensch, heerst du den Jrammofong / hinten uff'n Hof? / Da is heite Reunjong, / da is heite Schwoof. / Brauchst dir nicht jroß anzuziehn / Lacktöppe dabei – / Heite jehts uff Holzpantin' / bis de Nacht um drei –!« Die beiden anderen Liedchen, »Mädel, kriegst du keinen Mann, / schaff dir eine Laute an!« und »An der Panke, an der Wuhle, an der Spree«, sind humorvolle Kommentare zum Thema Berlin und seinem erotischen Milljöh. Jules Bühnenliebe zu »Matrosenkarl« ist, wie das Stück, zu Ende, als der schwere Junge, von »Rosenfrieda« erneut wegen eines alten Dings aus Eifersucht verpfiffen, von der Polizei abgeholt und »uffs Präsidium nach'm Alex« gebracht wird.

Von der Hauptrolle in dem Brennert-Singspiel und der Mitwirkung bei den sogenannten Zille-Bällen im Berliner Sportpalast, die mehr der privaten Geschäftemacherei der Veranstalter als der Popularisierung des künstlerischen Werkes des Malers dienten, verblieb Claire Waldoff der Ruf, *die* Verkörperung der Zilletypen zu sein. Es ist fraglich, ob ihr dieses Klischee immer genützt hat oder von ihr überhaupt erwünscht war. Manches spricht dafür, manches auch dagegen. Gewiß, sie vermochte als Type das Milieu der Asozialität glaubwürdig, realistisch auf die Bühne zu bringen und es im Gesangvortrag scharf zu akzentuieren. Sie besaß, wie das Bühnenschwoofbild mit Lamberts-Paulsen deutlich zeigt, das gewisse Etwas für solche Rollen. Doch das Lied vom »Nußbaum« wurde von ihr – das belegen die alten Schallplatten-Aufnahmen – stets mit tiefstem Ernst vorgetragen, ohne ironische Distanz oder auch nur den Anflug einer Parodie. Sie identifizierte sich mit denen, deren Schicksal auf der Bühne vorgeführt wurde. Den Menschen im Elend gehörte ihre Anteilnahme, und das war auch der Punkt, an dem für sie Witz und Spötteleien aufhörten. Sie nahm deshalb beim Singen dieses Liedes den Ton weit zurück. Es hörte sich an, als ob eine der gezeichneten Zille-Typen es selbst vortragen würde: im Stil balladesk, zum Nachdenken zwingend. So war es von Brennert auch gedacht – als Liebeserklärung besonderer Art an die alte Gastwirtschaft »Zum Nußbaum« im Fischerkietz, ein historisches Wahrzeichen Berlins, das schon Jahrhunderte überdauert hatte und als Zille-Kneipe zu einem Refugium der Gestrauchelten und Gestrandeten geworden war.

Es stimmte auch mit ihrer Rolle als Interpretin des Berlinischen überein, wenn sie als eine vom Kiez dem von ihr angehimmelten Liebhaber anbot: »Emil, wenn de müde bist, bei mir, da kannste pennen« oder als abgefeimte »Unschuld vom Lande« dem Provinzler naiv-harmlos und im nächsten Moment ausgekocht raffiniert kam. Aber diese »Zille-Tour« ist nur *eine* Seite ihrer thematisch weitgefächerten Kunst. Sie ist, wenn man ihre Leistung würdigen will, auf keinen Fall zu begrenzen auf das Lied der »witzigen Berliner Göre«, wie man es in Büchern über Kabarettgeschichte mehrfach lesen kann.

Mitte der zwanziger Jahre erweiterte Claire Waldoff – entsprechend ihrem Grundsatz: Das Wichtigste ist das Repertoire – sehr wesentlich ihr Titelangebot, das damals schon zirka 300 Chansons, Couplets und Schlagerlieder umfaßte. Im September 1924 begeisterte sie die Berliner im »Frankonia-Kabarett« unweit des

Plakat für Claire Waldoffs Stamm-Cabaret in den zwanziger Jahren von Julius Steiner (aus den Sammlungen des Märkischen Museums Berlin).

Alexanderplatzes in der Großen Frankfurter Straße »mit vollständig neuem Repertoire«, wie die Inserate betonten. Auch im »Bierkabarett der Komiker«, wie sich das »Kabarett der Komiker« Mitte der zwanziger Jahre noch nannte, trat sie in den Sonntagnachmittagsprogrammen für Familien – Entree fünfzig Pfennige – mit durchweg neuen Liedern auf. Man ging zu ihr hin, wie man nach Treptow fuhr, zum Schwoof nach Halensee oder zu einem anderen typisch Berliner Vergnügen, von dem sie mit Hingabe und Bierseligkeit in der Stimme sang. Eine Reihe neuer Komponisten schrieben ihr außerordentlich publikumswirksame Lieder: Otto Stransky das komische Chanson »Minna muß zum Film«, Claus Clauberg die drastische Parodie auf die Kurpfuscherei »Die Zwiebelkur« (»Bei jedem Übel hilft eine Zwiebel«). Von Friedrich Hollaender erhielt sie in einer seiner Revuen das Loblied auf die »Praktische Berlinerin« und die vielen Talente, »mit denen sie möchte, mit denen sie könnte«.

Zu einem Kabinettstück hinreißender Parodie und Selbstparodie, die weit über das Kabarett hinausging, geriet ihr in jenen Jahren das Porträt der »Hannelore vom Halleschen Tore«, mit der die Volkssängerin Waldoff in kritischer Sicht auf den von der Neuen Sachlichkeit kreierten Frauentyp, das Mannweib mit dem Bubikopf, die scheinmondäne Welt ins Visier nahm und ein Stück von sich selbst. »Hannelore«, eine Emanzipierte, wie sie der Zeichner Karl Arnold in seinen Berlin-Blättern porträtiert hat, nahm für die Augen Atropin und schnupfte 'ne Handvoll Kokain, machte in Weltvergessenheit und ab und zu in Sündigkeit. Als chic galt das Androgyne, wie es viele Stars der Bühne zur Schau trugen und wie es zur ungeschriebenen Regel in den femininen Klubs gehörte, in denen Claire Waldoff mit ihrer Freundin und Lebensgefährtin Olly von Roeder verkehrte, ebenso Marlene Dietrich und die vielen Hannelores, die in ihrer eigenen Welt lebten.

Hannelore trägt ein Smokingkleid
und einen Bindeschlips.
Trägt ein Monokel jederzeit
am Band von Seidenrips.
Sie boxt, sie foxt, sie golft, sie steppt,
und unter uns gesagt, sie neppt! –
Besonders so im Mai.
Es hat mir einer anvertraut:
Sie hat 'n Bräutijam und 'ne Braut,
doch dies bloß nebenbei –
     Hannelore! Hannelore!
     Schönstes Kind vom Hall'schen Tore!
     Süßes, reizendes Geschöpfchen
     mit dem schönsten Bubiköpfchen!
     Keiner unterscheiden kann,

Olly von Roeder, Vater hoher Offizier, Mutter Schauspielerin, begleitete Claire Waldoffs Lebensweg.

ob du Weib bist oder Mann!
Hannelore! Hannelore!
Schönstes Kind vom Hall'schen Tore!

Die parodistisch angelegten, karikierenden Chansons, wie sie jetzt verstärkt im Programm Claire Waldoffs auftauchen, sind mit den Texten vergleichbar, wie sie Kurt Tucholsky, Friedrich Hollaender, Marcellus Schiffer und Erich Kästner als Gebrauchslyrik für die Kleine Bühne verfaßten. Man denke dabei an Tucholskys »Dame mit'n Avec« (»Ich hab' nun mal den Schwung ins Ordinäre! / Ich bin die richtige Berliner Beer!«), an Hollaenders »Hysterische Ziege« (»Ich hab' schon sieben Männer / ins kühle Grab bracht«), an Schiffers überdrehte »Linie der Mode« (»Es steht in dem Fenster der Menschheit zur Schau / eine magere Frau unbeweglich«) oder an Kästners »Sogenannte Klassefrauen«, die keine Hemmungen hätten, wenn es Mode würde, sich »die Nasenlöcher zuzunähn / und die Schädeldecke zu entfernen / und das Bein zu heben an Laternen«.

Die von großstädtischem Lebensstil inspirierten Typen-Chansons, von Schriftstellern fürs literarische Kabarett und die kabarettistische Revue geschrieben, verblieben zumeist in diesem Rahmen, wurden selten »Schlager« im landläufigen Sinne, während Claire Waldoff in der Urwüchsigkeit ihrer Sprache, der Drastik ihres Humors und der mit Komik geimpften Berliner Diktion »kein Feigenblatt vor den Mund nahm« (Alfred Polgar) und als Pflanze oder Type, wie man sagte, ein Massenpublikum erreichte, an das die Diseusen des literarischen Kabaretts mit ihren anspruchsvoll pointierten Texten nicht herankamen. Ein Vergleich mit deren Liedern macht das deutlich.

Das Tucholsky-Chanson, nicht minder berlinisch, stets aber kultiviert im Ausdruck und von pariserischem Flair, war an sich kein Massenchanson. Auch Walter Mehrings Großstadt-Songs verblieben im kleinen Rahmen der zumeist kurzlebigen literarischen Kabaretts beziehungsweise im personengebundenen Repertoire seiner wenigen Interpreten, obwohl gerade dieser Song- und Zeitdichter mit seinem satirisch-aggressiven Temperament die Berlin-Thematik wie kein zweiter anging. Hätte Claire Waldoff sein Chanson von der »Kartenhexe aus der Mulackstraße sechse« ins Repertoire genommen – »sie half manch unerfahr'nem Ding, / wenn's einer mal daneben ging« –, wäre das sicher ein populärer Titel geworden. Aber leider, das Lied war für die Diseuse Trude Hesterberg geschrieben worden, die es auch nach dem Ende ihrer »Wilden Bühne« weiter im Repertoire behielt. Die Chance, es von ihr zu bekommen, war gering. Claire Waldoff wußte sich in solchem Falle zu helfen, indem sie bei Clauberg ein Lied mit gleicher Thematik zum Vertonen in Auftrag gab, und so entstand das bereits erwähnte soziale Milieu-Chanson von der »Großstadt-pflanze«, deren Schicksal sich nicht zufällig auch in der berüchtig-ten Mulackstraße im Nordosten von Berlin abspielte.

Überhaupt begannen die sozialen Akzente ihres Repertoires mit der Aufführung des »Hofballs bei Zille« stärker in Erscheinung zu treten. Gleichzeitig bekam das Berlinische bei ihr mehr literarische Kontur. Sie sieht sich mit ihren Balladen aus dem Leben, meist Berli-ner Hinterhof, durch Publikum und Kritik bestätigt. Seit längerem schon liebäugelt sie damit, von Tucholsky, dem literarisch interes-santesten Chansondichter, maßgeschneiderte Texte für den Vortrag zu bekommen. Tucholsky wohnte seit 1924 als fester Mitarbeiter und Korrespondent der »Weltbühne« in Paris und schrieb eigentlich nur für die ihm aus Berliner Tagen von der Bühne her verbundenen Schauspieler wie Paul Graetz, Kate Kühl, Trude Hesterberg oder Rosa Valetti. Und dies nur im Auftrag, wenn ihm Thema und vorge-gebene Idee zusagten. Die Waldoff gehörte nicht zu seinem Kreis, konnte sich aber auf ihre guten Kritiken aus der »Linden«-Zeit und die generelle Wertschätzung ihrer Person berufen, so daß die Aus-sichten für Verhandlungen mit Dr. Tucholsky nicht ungünstig wa-ren. Tatsächlich hat er um 1928/29 herum mehrere Lieder für sie ge-schrieben; die exakte Zahl läßt sich nicht mehr ermitteln. Fünf sind jedoch in Claire Waldoffs hinterlassenen Notenbüchern erhalten ge-blieben. Die Titel: »Der Jagdschein«, »Gassenhauer« und der »Berli-ner Margueritenkranz«, bestehend aus drei Einzelchansons. Das Be-sondere daran war, daß Tucholsky zu allen fünf Vortragsstücken auch die Musik in Form der Gesangsstimme mitgeliefert hat.

Vom »Jagdschein« und vom »Gassenhauer« konnten bisher zwar in Claires Notenbüchern die Melodien, nicht aber die Texte dazu aufgefunden werden. Sie sind weder im Nachlaß von Claire Waldoff noch im Nachlaß von Tucholsky vorhanden. So haben wir bei den beiden Titeln »Lieder ohne Worte« vor uns, es sei denn, daß eines Tages die alten Parlophon-Schallplatten mit die-sen Texten wieder auftauchen.

Beim »Berliner Margueritenkranz« handelt es sich um einen Soloauftritt mit drei Liedern zum Thema Liebe in den verschiedenen Stadien – Sehnsucht, Erfüllung, Erfahrung und Enttäuschung –, abgehandelt nach dem Abzählreim: »Er liebt mich – er liebt mich nicht – von Herzen – mit Schmerzen«. Inhaltlich ist es eine amüsante Variante auf den bekannten Waldoff-Schlager »Wegen dir hab' ich meine jute Stellung bei Tietz uffjejeben«. Bei Tucholsky kommt ein Mädel, ebenfalls Verkäuferin, auf die Bühne, um dem Publikum von ihrem Angebeteten vorzuschwärmen:

Wenn ick in Jeschäfte an 'n denke,
det is Liebe – det is Liebe!
Wenn ick ihn 'n neuen Zwetter schenke –
(gemeint ist sweater, Überzieher)
det is Liebe! Det is Liebe!

Nach dem zweiten Akt sieht die Sache schon etwas anders aus. Sie hat inzwischen ihre Erfahrungen, ist nüchterner, ja skeptisch geworden: »Erst soll sie bei ihm uffn Schoß sein, / un denn will er sie wieder los sein.« Fazit:

Nun singt man keene Arien,
det Scheenste sind die Prälimenarien.
Wat danach kommt, det hat keenen Zweck,
det schmeißt man ja doch bald wieder weg.

Im dritten Teil der Szene redet die nunmehr Sitzengelassene sich ihre Wut von der Seele:

Sicher is er mit die Meta,
dieser verschrumpelten Kuh!
Nu schmust er mit ihr – det vasteht a –
(heulend: Hu-hu-huhu-)
Au, wenn ick die morjen krieje!
Mit der werd' ick aba intim!

Hoffentlich kricht diese Zieje
Zwillinge, nee Drillinge von ihm!

Die Zusammenarbeit mit Tucholsky ging zu Ende, als er 1930 endgültig seinen Wohnsitz nach Schweden verlegte. Was Claire Waldoff danach noch an Tucholsky-Titeln ins Repertoire nahm, kam nicht persönlich aus Schweden für sie, sondern war den Büchern entnommen, mit Zustimmung des Autors natürlich. In diesem Punkt war sie außerordentlich korrekt, auch was die Zahlung des Honorars betraf, weshalb Tucholsky ihren Namen stets lobend hervorhob, wenn er in der »Weltbühne« über den beklagenswerten Zustand räsonierte, daß man ihn so gewissenlos bestahl, seine Texte ohne Genehmigung zur Aufführung brachte, obendrein noch entstellt und unbedarft, was den intellektuellen und künstlerischen Anspruch betraf.

Claire Waldoff hatte von ihrem verehrten Theobald Tiger, wie sich Tucholsky als Chansonautor und generell als Verspoet nannte, etwa ein Dutzend Lieder im Programm, die Schallplatten inbegriffen, und gehörte damit zu den maßgeblichen Tucholsky-Interpreten vor 1933.

Manch interessante Parallele ergibt sich auch zum Werk der Karikaturisten und Zeichner ihrer Zeit. Das derb-komische Lied von der »Witwe Meyer«, die beim Scherbeln auf dem Tanzboden zusehen muß, daß sie zum Ziele kommt, könnte die ergänzende Variante zu Paul Simmels Szene aus der »Berliner Illustrirten« sein, die den »Ball der reiferen Jugend« prächtig ins Bild bringt. Die Meyersche Witwe singt dazu »kurz und bündig und meistens ulkig und realistisch, wie halt das beschissene Leben ist« – so Claire Waldoff in einem Brief an die Battons, ein mit ihr befreundetes Artistenehepaar:

Witwe Meyer ging mit Schleier uff'n Witwenball.
Da kann keener ooch nischt sag'n wat zu diesem Fall.
Mit den Witwen in der Runde dreht die Meyern sich im Takt,

und in vorgerückter Stunde ihr det Mieder mächtig kracht.
Was kommt, wird genomm'n! –
Was kommt, wird genomm'n!
Lieber Gott, gib mir'n Zipfelchen,
in mein'm Herzen blieb 'n Plätzelchen.
Ach, die Liebe brennt so lichterloh,
du bist schuld daran, du hast gemacht mir so.
Lieber Gott, ach, tu dir doch erbärm'gen . . .
denn das Leben fliegt so schnell dahin,
un uff eenmal liegt man in der Urne drin.

Doch 's kam keener, ooch nich eener, der die Meyern hat gewollt,
bei der Schmidten und der Dritten hat es ooch nich sein gesollt.
Na, wat sind denn det for Männer,
die uns nich wolln angehörn,
det sind sicher lauter Penner
mit 'ner Frau und sieben Görn!
Was kommt, wird genomm'n –
Was kommt, wird genomm'n!
Lieber Gott, gib uns 'n Zipfelchen,
in unserm Herzen blieb 'n Plätzelchen.
Ach, die Liebe brennt so lichterloh,
du bist schuld daran, du hast gemacht uns so.
Lieber Gott, ach, tu dir doch erbärm'gen . . .
denn das Leben fließt so schnell dahin,
und uff eenmal fliecht man in die Urne rin.

Zille hat diese Drastik im Denken und Reden seiner Figuren präzis
in den Unterschriften seiner Zeichnungen erfaßt. Für sich genommen, sind diese Bildtexte ein eigenständiger Beitrag zum Berliner
Witz. Auf einer seiner Zeichnungen will eine Göre von Vatern wissen, ob Brombeeren Beene haben. Vater sagt »Nee« – worauf die
gewitzte Kleene von der noch kleineren Schwester meint: »Na,
dann hat Friedaken soeben een'n Mistkäfer jefressen!« Kurz ange-

bunden und erschöpfend ist die »richtige Berlinerin« mit ihrer Auskunft auch in folgender Szene: Die Nachbarin guckt zur Tür herein und wundert sich, daß bei Schmidts die Älteste am hellichten Tage noch im Bette liegt, Handtasche, Paraplue und Ausgehhut an einen Stuhl gebammelt. – »Ihre Tochter ist wohl gar nicht mehr bei der Schreibmaschine«, meint sie ganz beiläufig. Die Mutter darauf: »Nee, unsere Else macht jetzt uffn Kientopp, aber nur erstklassig!«

Dieser Humor hat seinen eigenen Wortschatz und seine eigene Logik. »Ist denn det een ernstes Verhältnis«, will eine Berlinerin von einer anderen beim Laubenfest über deren Tochter, die abseits im lauschigen Winkel einem jungen Herrn auf dem Schoße sitzt, wissen. Die Mutter: »Nich in die Tüte! Aber det is unser möblierter Herr, een anständ'ger Mensch, da muß man een Ooge zudrükken!«

Von solcher Realistik in der Komik sind auch die Passagen in dem Waldoff-Chanson von der »Kartenlegerin«, das der Lyriker und Kabarettkritiker Max Herrmann-Neiße als ein »großartiges Couplet« apostrophierte. Es beginnt mit der Feststellung: »Bei der Mutter Schmidten stehn de Mädchens an, / weil die doch so glänzend Karten legen kann. / Dabei sagt sie wahr ooch noch nebenbei / aus'm Kaffeegrund und aus een'm Ei.« Kommentar der Kundin dazu: »Zwar ist die Chose ja een bißchen teuer, / een Viertel Kaffee und 'ne Mandel Eier. / Denn bring se det nich mit, / läßt sich die Schmidten / jar nich erbitten – jar nich erbitten!«

Nun erfährt man die Geschichte der Kundin, die im weiteren Verlauf nur noch in der Ich-Form redet:

Nu bin ich jestern bei ihr drum jewesen,
Jott, wat hat die allet rausjelesen!
Die is wahrhaftig 'ne gescheite Frau,
wat mir passieren kann, weeß die janz genau.
Übern kleinen Weg in der Abendstunde
und ein Bubenstück und ein fescher Kunde,

eener wär' verheirat't, eener noch zu haben,
ick werd' vier Mädchens haben und sechs Knaben.
Dabei macht se mit de Finger durch de Luft so'n Zeck:
Ose, pose, packe dich! Eia weia weg!

Der Witz besteht drin, daß die Kundin wegen der verschwomme-
nen Redensarten und Prophezeiungen der Kartenlegerin schließlich in Mißstimmung kommt und das auf den eigenen Vorteil bedachte Geschäftsgebaren der Alten mißbilligt, ja resolut ablehnt.
Es heißt:

Dabei macht se Rührei sich aus mein'm Mißgeschick,
und sie kocht sich Kaffee aus mein'm Liebesglück.
Einmal und nie wieder jeh' ick bei die Frau –
for die teuren Eier alles unjenau!

Max Herrmann-Neiße, der als passionierter Kabarett-Rezensent
alle Auftritte der Waldoff besuchte, hob in seinen Kritiken immer
wieder zwei entscheidende Seiten ihrer Kunst hervor: die humanis-
tische Orientierung, belegt in »lebensaufrichtigen Menschenlie-
dern« (Berliner Tageblatt, 25. Januar 1928), geprägt von einer
»gewissen internationalen Humanität« (ebenda, 18. März 1926)
sowie die volkstümliche Verankerung ihrer Kunstausübung, die
ihn zu der Einschätzung veranlaßt: »Sie ist ein volkstümlicher Begriff, eine Spezialität, die Einheimischen sind stolz auf sie, den
Fremden repräsentiert sie Berlin« (ebenda, 14. September 1927).
   Mit ihren »alten« und »neuen« Liedern grenzte sich die Künstlerin strikt von der Mehrzahl der albernen Vorträge ab, die auch in
den zwanziger Jahren die Kleinkunstbühnen und Bier-Kabaretts
beherrschten. Es gab viele kritische Stimmen, die diesen Zustand
der banalen Tingeltangel-Unterhaltung verändert wünschten. Unter anderem mokierte sich Tucholsky sehr deutlich in einem Aufsatz in der »Weltbühne« über die Herren Humoristen, die das ge-
ringe Niveau ihrer Couplets vor dem Ersten Weltkrieg stets mit

dem Argument der Zensur gerechtfertigt hätten, jetzt aber auch nichts täten, um das Couplet als »volkstümliche poetische Form«, die es für ihn war, künstlerisch weiterzuentwickeln.

Demokratisch-politische, volkstümliche Inhalte suchte man nach wie vor darin vergebens. Fazit dieses banalen Gesinges war für Tucholsky weiter nichts als »die Konstatierung der Tatsache der Existenz des außerehelichen Geschlechtsverkehrs«.

Die Fachzeitschrift für die Unterhaltungskünste, »Das Organ«, charakterisierte die Situation im gleichen Sinne. »Es herrscht durchaus der Ton in diesen Texten vor, den ein Portokassen-Referendar einer Barnutte gegenüber als Konservation bezeichnet. Es dreht sich nur um Liebe gegen Geld, um plumpe, witzlose Anspielung auf kitschige Erotik oder Verdauung.« So blieb es für das anspruchsvolle Publikum bis in die Jahre nach 1930 erfreuliche »Lebenskunst«, wenn Claire Waldoff das spießige Gehabe einer Kleinbürgersippe am Beispiel der »Familie Gänseklein« fabelhaft kopierte oder Tucholskys »Mutterns Hände« in ihr Programm aufnahm – als Dankeschön an Arbeiterfrauen, die die Ihren mit viel Mühe und Entbehrungen großgezogen hatten.

In das Jahr 1926 fiel die erste persönliche Begegnung zwischen Claire Waldoff und Yvette Guilbert, Frankreichs Weltstar des Chansons. Die Guilbert trat in diesem Jahre mehrere Wochen hintereinander im »Theater am Kurfürstendamm« auf, von Alfred Kerr in einem geradezu hymnischen Gedicht als das »dramatische Genie der Gesangskunst« begrüßt. Die große Französin stand zu jener Zeit im Zenit ihres Ruhms. Sie hatte es zu Beginn des Jahrhunderts in jahrelangem zähen Ringen geschafft – das war ihr historisches Verdienst –, das Chanson von jeglicher »Theatermache« zu befreien, es zu einer anerkannten und ernstgenommenen Kunstform zu machen, dem Kunstlied des Konzertsaals ebenbürtig. Durch sie erhielt das Wort »Chanson« für die Welt erst seine Bedeutung. Max Herrmann-Neiße nahm seinerzeit ihr Gastspiel zum Anlaß, die beiden Künstlerinnen des Liedes miteinander zu vergleichen. »Die Waldoff hat mit der Guilbert das gemeinsam:

Wenn sie loslegt, ist man von ihr gefangen. Sie drückt das typisch Berlinische so waschecht, bodenständig, saftvoll aus wie die Guilbert das Pariserische . . . und ist wie jene ein ganzer Kerl« (Berliner Tageblatt, 18. März 1926). Für die Berlinerin war es die bisher größte Anerkennung, die Bestätigung ihres Weges, als die Pariserin ihr auf ihrem Künstlerfoto die Worte widmete: »Avec sympathie – A Claire Waldoff, la grande interprète de la chanson allemande«.

Neben dem Kabarett waren es verstärkt Revue und Operette, die Claire Waldoffs Namen zu Beginn der zweiten Hälfte der zwanziger Jahre über die Unterhaltungsbühne hinaus für das Theaterleben interessant machten. An der »Komischen Oper« an der Weidendammer Brücke wurde sie für die Operette von Jean Gilbert »Die Dose Ihrer Majestät« als »Stalljunge August« verpflichtet. Sie selbst nannte diese kleine Rolle »entzückend«. Als »Stalljunge August« hatte sie abends nach der Arbeit mit den kleinen Mädels, wie sie sagte, »auf Tour zu gehen«. Das Orchester begleitete ihren operettenseligen Singsang im Duett:

Da gehn wir hin, denn es ist Mai,
da ist kein Mensch, als bloß wir zwei,
als ick und meine Kleene,
da sind wir ganz alleene.
Der Olle nicht, nicht die Mama,
nur sie und ich und allens da –
block ick und meine Kleene.
Kein Mensch dabei
und bloß wir zwei,
und dann ist Mai.

Danach kam einer ihrer »berühmten albernen Tänze«. Sie »huppte auf der ganzen Bühne einmal rum vor lauter Freude und strahlte«. Es war eine Rolle, die ihrem Bühnennaturell augenscheinlich entsprach. Die beiden Librettisten Rudolf Presber und Leo Walter Stein hatten die Handlung nach dem Vorbild der »Drei alten

Schachteln« in »Altpreußen« angesiedelt und die richtige Dose der »Majestät« mit einem Sprung ausgestattet, damit sie von den falschen, untergeschobenen Dosen zu unterscheiden und am Ende der Geschichte herauszufinden sei. Jean Gilberts wohlgefällige Musik sowie die burlesken Schwanksituationen – der Fuhrmann Baum ist gegen die Hochzeit seiner Tochter Lotte mit einem Korporal, denn nach seiner Meinung sind Soldaten »windige Burschen« – veranlaßten den Rundfunk, das Stück schon kurze Zeit nach der Bühnenpremiere in seiner beliebten Reihe der »Sendespiele« zu übertragen. Über die Ätherwellen kam Claires jungenhafter Gesang: »Mädel, schau die Sommernacht / steckt die Sterne raus. / Wenn wer wo noch Musike macht, / gehn wir nicht nachhaus!«

Als Stalljunge August im friderizianischen Look. Die Kritik schrieb: »Schießt mit seiner Berliner Drastik den Vogel ab!«

Von der Grundtendenz her ist diese Operette in die Reihe jener Stücke einzuordnen, die der Verklärung der »guten alten friederizianischen Zeit« dienten. Dazu gehörten der UFA-Film »Der Alte Fritz« mit Otto Gebühr (1928), der damals über die Presse verlauten ließ, bei den Aufnahmen sei »etwas von dem großen Geist« in ihn gefahren, »ich fühlte mich vollständig als König Friedrich«(!), ebenso wie das Theaterstück »Kronprinzessin Louise« mit Käthe Dorsch als Kronprinzessin (1926) oder die Ballettdamen im Varieté, die modegemäß im Dreispitz auftraten. Über letztere brachte ein Rezensent die launige Bemerkung zu Papier: »Und der Tanz ›Fridericus Rex‹ ist die große Mode, Parademarsch auf Spitzen, ohne Spitzen, in Uniform, nur mit Dreimaster oder als Ensemble: Jede Tänzerin hat dann nur einen Strumpf an. Was das mit Fridericus Rex zu tun hat, weiß ich nicht, ich werde auf jeden Fall mal in Geschichtsbüchern nachlesen, ob der alte Fritz vielleicht nur einen Strumpf trug« (Das Organ, 30. Mai 1925).

Am 1. September 1926 stand Claire Waldoff wieder auf der Bühne des »Großen Schauspielhauses« in Charells neuer Revue »Von Mund zu Mund«, gemeinsam mit Marlene Dietrich, die für die ausgefallene Darstellerin Erika Gläßner engagiert worden war, sowie Hans Wassmann, Wilhelm Bendow und Curt Bois. Kostspielig ausgestattet von Prof. Ernst Stern und Walter Trier, rhythmisiert von Bernard Ettés Jazz-Sinfonieorchester und dem modernen amerikanischen Tänzer Louis Douglas, optisch garniert von makellos gewachsenen Girls und großem Ballett, läßt die Revue in achtzehn opulenten Bildern alle Träume Wirklichkeit werden, nach dem simplen Motto von Revuetextautor Hans Reimann: »Die Zeiten sind so mies – schaff dir ein Paradies!« Die Bilder der Revue spielten mal im Modesalon, mal im Revuetheater, mal im Seminar für angewandte Körperkultur, mal in Marienbad und mal in einer Feinkosthandlung. Claire, die »als Kind geträumt hatte, ein Held wie Cäsar« zu werden, rollte in einem Streitwagen in den römischen Bühnen-Senat ein und sang eine höchst ulkige Parodie auf den übersteigerten Feminismus: »Raus mit den Männern aus dem Reichstag!« Das »R« in »Raus« und »Reichstag« rollte sie so, daß man ihr Glauben schenkte, als sie sich entschlossen erklärte, alle Männer aus dem »Hiersein und Dasein« rigoros zu streichen und ins »Fortsein« zu befördern. Der Komponist des Chansons, Friedrich Hollaender, schrieb auf sein Notenblatt die Widmung: »Seiner lieben Claire Waldoff in alter Verehrung!« und zeigte sich in der Vorstellung höchst angetan von dem kräftigen, durchgebildeten Organ, das unter Einbeziehung des Brustregisters einen volltönenden, stämmigen Klang zuwege brachte.

Auch diese Revue wurde sechs Wochen nach der Premiere von dem jungen Medium Funk übernommen und am 22. Oktober 1926 in einer Direktsendung ausgestrahlt. Aus dieser Revue verblieb Claire Waldoff zwar kein bemerkenswertes Lied für ihr künftiges Repertoire, aber dafür die Freundschaft zu Marlene Dietrich, von der sie nach der ersten Begegnung, folgt man Curt Riess, dem Filmkritiker und Zeitgenossen, bewundernd gesagt haben soll: »Wie scheen det Kind is! Die Beene!« Auf den Proben soll sie ihr manche Hilfestellung für den Liedvortrag gegeben haben. Man sagt auch, und das behaupten selbst namhafte Musikkritiker, ihr Gesangstil habe sich in bestimmten Ausdrucksbereichen, was die abgedunkelten, tieferen Töne und das erfrischend Freche betrifft, an Claire Waldoff orientiert, die bekannt dafür war, daß sie einen betont männlichen Vortragsstil bevorzugte und dadurch die schmetternde, draufgängerische Diktion erreichte. Von einer »Nachahmung« des Waldoff-Stils kann aber bei Marlene Dietrich keine Rede sein, selbst dort nicht, wo sie Titel aus deren Repertoire übernimmt, die sie viel weicher und poesievoller, im Humor und in der augenzwinkernden Ironie mit anderen Akzenten singt. Außerdem lag die Imitation des Maskulinen damals in der Luft. Es war eine Begleiterscheinung der zwanziger Jahre, nicht nur ausgeprägt im Kabarett oder in der Mode, weniger eine Erfindung von Claire Waldoff. In einer anderen Hinsicht allerdings wird das Vorbild der untersetzten, rothaarigen Claire, die für Frauen den Männerschlips zur Bluse kreierte und sich um Konventionen auch sonst nicht viel kümmerte, auf die wesentlich jüngere Marlene Dietrich eingewirkt haben. Das betrifft die bewußte Betonung der eigenen Persönlichkeit, das freie Bekenntnis zum eigenen Stil sowie die Courage, im privaten Leben wie in der Kunst, wenn erforderlich, über herrschende Vorurteile hinwegzuschreiten.

An den Künstlerstammtischen sorgten die beiden jedenfalls für Gesprächsstoff, und das Thema wurde meist, das berichtet der Filmregisseur Géza von Cziffra in seinen Erinnerungen, mit dem variierten Waldoff-Zitat beendet: »Warum soll sie nicht mit ihr?« Unbeirrt von Tratsch und Klatsch gingen Claire und Marlene zu den Kostümbällen des Vereins der Berliner Künstlerinnen, Claire als Bauernjunge oder kostümiert à la Oscar Wilde, Marlene als Imitation des »Blue Boy«, des weltberühmten Gemäldes von Gainsborough.

Als Marlene Dietrich 1928 in der Revue »Es liegt in der Luft« engagiert war, konnten Kollegen beobachten, daß Claire Waldoff regelmäßig auf den Proben erschien. Der Produzent der Revue, sagt man, sei regelrecht irritiert und verblüfft gewesen, als er den Einfluß Claire Waldoffs auf den dunklen Stimmklang Marlene Dietrichs wahrgenommen habe.

Die Funkbearbeitungen ihrer Revuen und Operetten – inzwischen waren sogar die »Drei alten Schachteln« für den Rundfunk neu inszeniert und in der Reihe der »Sendespiele«, natürlich mit Claire Waldoff als »Köchin Auguste«, übertragen worden – eröffneten für die Künstlerin ein neues Wirkungsfeld. Der Funk vor allem machte sie in einem kaum bekannten Maße populär. Er brachte schon 1929 ihre Stimme in jeden fünften Haushalt; in diesem Jahr gab es in Deutschland drei Millionen Rundfunkhörer. Parallel dazu nahm die Schallplattenproduktion Massenumfang an, da die Industrie in der Lage war, sowohl billige Platten wie Grammophone herzustellen. Zwanzig bis dreißig Platten von Claire Waldoff verließen jährlich von 1927 bis 1933 die Aufnahmestudios und Pressenwerke. Eine erstaunliche Zahl! Außer Richard Tauber, dem populärsten Tenor Deutschlands, hatte kein

Künstler auch nur annähernd eine so stattliche Jahresproduktion an Platten aufzuweisen. Die Zeitschrift »Der Ton« verzeichnete für 1931 sogar einundzwanzig Titel von ihr, darunter waren »Die Großstadtpflanze«, »In Tegel, in Tegel gibt's lockre Vögel«, »Mensch, dir hängt ja 'n Zippel raus«, »Hätt' Franz doch bloß keen Freund man nich«, »Kremserlied«, »Ballade vom linken Been«, »Ballade von der Jungfrau Cordula«, »Sabinchen«, »Mariechen«, »Mir ist schon wieder so«, »Warum liebt der Wladimir grade mir«, »Der grüne Aal«, »Emil«, »Nutt, nutt, nutt, ist die Walze auch kaputt«, »Warum kiekste mir denn immer uff de Beene«, »Erinnerungen an meinen Hermann«, »Minna muß zum Film«, »Mutterns Hände« und »Einmal geht jeder Sturm vorbei«.

Von den neuesten Schallplatten Claires machten natürlich die Rundfunkredakteure gern Gebrauch, wenn sie ihre Sendungen »Lustiges Wochenende«, »Rundfunk-Kabarett« oder »Neues von der Schallplatte« zusammenstellten, und so liest man ihren Namen in den Programmspalten der alten Nummern der »Funkstunde« recht häufig neben Paul Graetz, Karl Valentin, Otto Reutter, Paul O'Montis, den Comedian Harmonists – ja selbst neben Bert Brecht mit seinem selbstgesungenen »Mackie Messer« und der Tonfilm-Micky-Maus, die auch für die Platte unter Vertrag stand.

Neben dem »Wintergarten« und dem »Großen Schauspielhaus« galt in Berlin die »Scala« als eine Bühne von Rang für gediegene Varieté- und Unterhaltungskunst. Als Claire Waldoff 1932 zum ersten Male hier auftrat, feierte sie einen ihrer größten Triumphe. Wochen vorher waren alle 1200 Plätze der »Scala« ausverkauft. Die heißen Sommerwochen des Juli und August, die Temperaturen bis 30 Grad bescherten, taten keinen Abbruch. Die Besucher trampelten und klatschten minutenlang bei jedem Lied, das ihnen »ihre Claire« sang. Anschließend sah man sie im »Kabarett für Alle« bei ihrem alten Kollegen vom »Chat noir«, Willi Schaeffers. Die Presse feierte das »funkelnagelneue Repertoire« und die reife Vortragskunst dieser Frau auch jetzt wieder euphorisch: »Wie sie

Bei der Enthüllung des Zille-Denkmals im Garten des Theaters am Kottbuser Tor 1930.

das bringt, sparsam in Mitteln, umwerfend im Gefühl, das ist das Größte, was das deutsche Kabarett zu bieten hat«, meinte Peter Sachse. Als die Ehrenringe, die das »Acht-Uhr-Abendblatt« für die besten künstlerischen Leistungen des Jahres vergab, 1930 zur Verleihung kamen, wurde ihr von der Jury einhellig der Ring für die beste Kabarettistik zuerkannt.

Ende der zwanziger Jahre heißen ihre wichtigsten Kabaretts in Berlin »Charlott-Kasino«, »Femina«, »Kabarett der Komiker«,

»Korso«, »Kabarett für Alle« und »Alt-Bayern« am Bahnhof Friedrichstraße, eine nach Max Herrmann-Neißes Meinung »seltsame Mischung aus Bierstall und Kabarett«, wo sie vor aufgekratzter Kundschaft, teils Stamm-, teils Reise- und Durchgangspublikum, das sich mit animierenden Zwischenrufen an der Vorstellung beteiligt, ihr Pensum absolviert. In allen größeren Städten Deutschlands gastiert sie in den führenden Häusern der leichten Muse. In Hamburg ist es das »Café Vaterland«, in Magdeburg das Varieté »Hohenzollern«, in Düsseldorf der »Kristallpalast«, in Leipzig das »Eden«, in Breslau »Liebich«. Die Zeitungen überbieten sich gegenseitig in ihren Elogen auf die fünfundvierzigjährige Künstlerin:

Berliner Morgenpost: »Der Gipfel des Abends – Claire Waldoff. Besser, schlagfertiger als seit Jahren, mit ganz frischen und frischgebügelten Sachen, die ihr wie angegossen sitzen. Sie bringt sie mit der ganzen Reife und mit dem ganzen Nuancen-Reichtum ihrer Kunst.«

Kleines Journal: »Kein anderer ›Star‹ ist so volkstümlich wie sie. Keine andere Persönlichkeit fesselt so das Publikum. Claire Waldoff beherrscht alle und alles.«

Das Organ: »›Hermann‹ – ›Hannelore‹ – ›Familie Gänseklein‹! Jahre alt sind diese Sachen und haben alle hunderttausendundeinmal gespielten ›Küsse Ihre Hand, Madames‹ und ›Schöne Gigolos‹ überlebt. Volkslieder, merkt man, sind sie geworden.«

Vossische Zeitung: »Sie muß nach neuen Chansons eines ihrer alten kessen Lieder nach dem anderen zugeben. Denn die gehören nun einmal zu ihr, und die Berliner wollen sie immer wieder von ihr hören.«

Berliner Tageblatt: »Subtile, blühende Gestaltungskraft. Ein Mensch auf den Brettern, von dem ein unwiderstehlicher Zauber ausgeht.«

8 Uhr-Abendblatt: »Hier ist noch immer jener goldechte Ton, aus dem Herz spricht und Schnauze. ›Wejen dir . . .‹ – Wejen dir ging' ich noch einmal hin, Claire Waldoff!«

Im Sommer 1929 gab es zu den Berliner Festspielen ein großes Feuerwerk im Treptower Park, diesmal mit einer besonderen Attraktion. Am Nachthimmel flammten die Porträts der fünf Bühnenlieblinge Berlins auf, von Tausenden bestaunt: Grock, der Welt größter Clown, Rastelli, der vergötterte Jongleur, Volkskomiker Erich Carow vom »Lachkeller am Weinbergsweg«, Humorist und Schlagergenie Willy Rosen – und Claire Waldoff.

Es war die Zeit, da sie allerorten imitiert und kopiert wurde, Gedichte und Hymnen auf sie entstanden, Kabarettdirektoren im gleichen Programm mit ihr Parodisten mit Waldoff-Bauchrednerpuppe auftreten ließen. Und als sie im Dezember 1932 nach einer Gastspielreise durch verschiedene Städte abermals im »Kabarett für Alle« bei Willi Schaeffers auftrat, diesmal als Weihnachtsengel verkleidet, gab es orkanartige Heiterkeitsausbrüche, so daß sie zwischen den einzelnen Liedern längere Pausen einlegen mußte.

Die Jahre von 1926 bis zu der großen negativen Zäsur in der deutschen Geschichte, der Machtübernahme durch Hitler, waren für Claire Waldoff die glücklichsten ihres Lebens. Gleichermaßen akzeptiert von Bühne, Kabarett und Operette, der Schallplatte und dem Rundfunk, konnte sich ihre Darstellungskunst zur Reife entwickeln. Sie hatte alles, was sich eine Künstlerin nur wünschen konnte. Ihre jährlichen Tourneen waren langfristig ausgebucht, ihre Zusagen von den Direktoren begehrt und von den Kollegen begrüßt, denn Starallüren waren und blieben ihr fremd. Sie galt als ausgesprochen kollegial, großzügig und spendabel auch im privaten Leben. Wenn sie in Berlin ihre Kollegen vom Theater einlud, so kam man gern. Als Gastgeberin geizte sie nicht mit Kognak, Wein und Sekt und ließ ihre Köchin das Beste auf den Tisch tragen. Waren die Speisen aufgezehrt, gab sie wie früher in ihrer alten Bude ihr »Privatissimum«, dann hieß es: »Kinder, laßt uns singen!«

Alles, was kommt, muß vergehen.
Nichts kann auf Erden bestehen.
Hat dich der Teufel beim Schopf,
wirf ihm das Glas an den Kopf!

Kinder, trinkt und singt und laßt uns lumpen!
Einmal lebt man nur – einmal lebt man nur –
Wer kein Geld hat, soll sich welches pumpen –
Einmal lebt man nur in dieser schönen Welt!

Kommt der Tod dereinst mit seiner Sense –
Einmal lebt man nur – einmal lebt man nur –
dann verjubeln wir mit ihm die Kränze –
Einmal lebt man nur in dieser Welt . . .

Nach solchen »Einlagen« – solo und im Chorus – stieg die Stimmung, die bestellte Mozartbombe mit Hohlrippen, gefüllt mit Va-
nille- und Erdbeereis, und der dazu servierte Mokka schmeckten
nirgends so gut wie in der Wohnung von Olly und Claire in der
Regensburger Straße 33.

Von hier aus war es nicht weit zur Motzstraße am Nollendorfplatz, wo sich das »Eldorado«, Berlins exklusiv angehauchtes Her-
maphroditen-Lokal, im August 1930 in seinen neuen Räumlichkeiten etablierte. Die »Daisy-Bar« war beim Umzug mitgekom-
men, ebenso »die Sascha« und die zahlreichen anderen Damen
maskulinen Geschlechts. Die kleinen, aparten Räume waren von
einem künstlerischen Atelier stilvoll und nicht ohne Humor ausgestattet. Am Eingang schon wurden die Besucher von ihrem eignen
Konterfei begrüßt, von konkaven und konvexen Spiegeln als Zerr-
bild reflektiert. Innen an den Wänden ausgesuchte Dekorationen.
Und aus allen Ecken blickten die Fotos prominenter Stammgäste,
auch das von Claire Waldoff mit der Baskenmütze, auf die Musiker, Tanzpaare und Barbesucher.

Wenn sich Claire Waldoff in den tourneefreien Monaten schon

einmal in Berlin aufhielt, gab es für sie einen mehr oder weniger privat dick gefüllten Terminkalender. Jeden Tag etwas anderes. Party bei Willi Schaeffers, der wegen seiner häufigen Tafeleien von ihr den Spitznamen »Feierfritze« erhielt. Bühnenjubiläen befreundeter Schauspieler. Benefizvorstellungen für bedürftige Bühnenkollegen und Artisten. Geburtstage. Reimann-Bälle. Zille-Bälle. Bühnen-Bälle. Kunstausstellungen ihrer Malerfreundin Augusta von Zitzewitz. Tanzabende mit Anita Berber. Internationale Automobilausstellung. Pferderennen. Und Einladungen – zu Dampferfahrten und Kremserfahrten. Und Ausflüge – »nach Potsdam, nach Werder, nach Ferch«, wie sie in Liedern von ihr besungen wurden.

»Weeste noch«, hieß es, wenn sie mit Freunden und Freundinnen zusammensaß und Erinnerungen auskramte. Jeder wußte seine eigenen Geschichten mit Claire. Elsa Herzog erzählte, wie sie als ganz junge Journalistin vor zwanzig Jahren Claire als schickes »Schmackeduzchen« auf der Bühne bei Schneider-Duncker gesehen hatte, ohne Erlaubnis der Eltern, denn junge Mädchen durften damals nicht ins Kabarett gehen, schon gar nicht allein. Das Mädchen gefiel ihr, sie lud es nach Hause ein. Claire trug damals ihre Haare noch als Knoten, mit einem schildpattimitierten Haarpfeil zusammengesteckt, und dieser Pfeil hatte ein Loch in das neue schwarze Wachstuchsofa gebohrt, worüber Elsas Mutter mehr als ungehalten war. Sie hat es ihr und Claire nie verziehen und konnte nicht darüber hinwegkommen, daß ihre Tochter so »schreckliche Leute« ins Haus brachte.

Einmal waren beide mit einer größeren Gesellschaft bei dem berühmten Strafverteidiger Dr. Alsberg, einem Junggesellen, in der Zimmerstraße eingeladen. Seine Wirtschafterin verstand nicht allzuviel von guter Küche. Sie waren alle ein bißchen enttäuscht über das Menü, das sie vorgesetzt bekamen. Als zum Nachtisch weiter nichts als ein Grießpudding serviert wurde, konnte Claire Waldoff nicht länger an sich halten und krähte laut über die Tafel hinweg: »Kinderpudding! Kinderpudding! Kinderpudding!« Alsberg schaute etwas konsterniert durch sein Monokel. Alles lachte.

Die Fahrprüfung mit eins a bestanden. Anschließend mit hundert über die Avus nach Wannsee und zurück bei angezogener Handbremse. Foto aus dem im Märkischen Museum Berlin verwahrten Nachlaß.

Den idealen Gesprächsstoff für sie selbst, aber auch für andere, bot die Geschichte, wie sie den Führerschein erwarb und was danach passierte. Ihre Fahrprüfung hatte sie eins a bestanden, obwohl das Fahrenlernen für sie sehr schwierig gewesen war. Der Ingenieur, der die Prüfung abnahm, traute ihr nicht viel zu und meinte, Künstler seien zum Autofahren nicht geeignet. Er ließ sie sehr schwere Aufgaben lösen, zuletzt sollte sie aus einer schmalen Sackgasse das Auto rückwärts wieder herausbugsieren, bekam aber vor Aufregung, wie sie sagte, den Rückwärtsgang nicht hinein. Der Prüfer mußte helfen. Sie wähnte sich schon durchgefallen. Zu ihrer großen Freude konnte sie am nächsten Tag ihren Führerschein auf dem Bezirksamt abholen. Ihr nächster Weg war der Autosalon, wo sie ein elegantes teures Ford-Cabriolet mit Speichenrädern und viel Chrom erwarb. Nun stand der ersten großen Fahrt mit eingeladenen Freunden nichts mehr im Wege. Sie brausten los in Richtung Wannsee. Sie gab Gas, was das Zeug hielt, fragte sich nicht, ob es etwas zuviel sein könnte. Sie kamen wohlbehalten am Ziel an und auch wieder nach Berlin zurück – »aber wie sahst du aus, mein lieber, neuer Wagen? Die Räder waren glühend heiß, die Bremsbeläge total durchgeschmort.« Sie war die gesamte Strecke mit 100 Stundenkilometern und festgezogener Handbremse die Avus entlanggebraust.

Auf Tourneen konnte man sie hin und wieder als »Urviech« erleben. Sie zog nach einem Hamburger Auftritt im »Kabarett Vaterland« einmal mit dem Textautor Max Kolpe und einigen anderen Freunden los zur Reeperbahn. Lange nach Mitternacht wurde sie in einer Matrosenkneipe von einem alten Seebären mitleidsvoll, aber eindeutig nach dem Gang der »Geschäfte« befragt: »Mariechen, hast heut' wohl wenig zu tun gehabt?« – Ruhig, mit leicht resigniertem Unterton, als sei sie eine vom »Gewerbe«, antwortete Claire: »Ach, darüber rede ich nicht gern.« Trank ihren Grog, klönte mit den Freunden, bis die Truppe Lust verspürte, noch ein Lokal weiter zu ziehen – bis hinein in den frühen Morgen.

Um sie hat sich, wie auch um den Dichter Ringelnatz, die Legende gerankt, sie sei eine Trinkerin gewesen und dem »Alkohol ergeben«. Claus Clauberg, der sie gut kannte, da er ihre Auftritte eine Zeitlang als Pianist begleitete, sagt dazu, das sei eine Fama, die er widerlegen müsse! In seinen hinterlassenen Manuskripten, die Katharina Clauberg freundlicherweise für dieses Buch zur Verfügung stellte, heißt es zu diesem Punkt: »Den ganzen Tag über lebte sie streng solide, rauchte keine Zigarette, trank keinen Tropfen Alkohol. Erst nach getaner Arbeit trank sie ganz gerne Wein oder Sekt, und da sie nicht viel vertrug, war sie bald gehobener Stimmung.« In solcher Verfassung, das ist auch von anderen bezeugt, hielt sie gern Reden, die mit philosophischen Aperçus und Bonmots gespickt waren. Wollte jemand dann mit seiner Bildung vom Gymnasium vor ihr dicke tun und vielleicht »seinen Horaz« zitieren: »Mögen einige das strahlende Rhodos preisen – laudabunt aliqui claram Rhodon – Oden 1. Buch, acht«, wurde

Claire Waldoff sofort nüchtern und funkte dazwischen: »Erstens isses erstes Buch, sieben – und dann heißt es nicht ›aliqui‹ sondern ›alii‹, mein Lieber!« Und dabei sah sie aus, meinte A. R. Meyer, »als sei sie eben von Toulouse-Lautrec skizziert worden oder als geheimnisvolle Chimäre von Notre Dame de Paris herabgekommen«. Auch die noch weitverbreitete Vorstellung, daß man Kabarett mit der linken Hand machen könne, ist durch Claire Waldoffs Arbeitsstil widerlegt. Zunächst weist Clauberg darauf hin, daß Frau Waldoff am Tage so unauffällig wie nur irgend möglich gekleidet ging. Auf der Bühne hingegen war sie aufs Sorgfältigste hergerichtet. Clauberg hatte sie manchmal morgens in der Wohnung angetroffen, von irgendeinem phantastischen Morgengewand umwallt, unfrisiert, ohne die sonst sehr deutlichen Striche um die Augen, also frei von jeder Eitelkeit, was ihre private Erscheinung betraf. Clauberg fand sie komisch, wenn auch nicht ohne Würde.

Wenn sie dann am Abend vor dem Auftritt unvermittelt vor ihm stand, »starrte ich sie an wie ein Wunder, wie etwas Unwirkliches. Aber es war Tatsache, daß sie viel Zeit in ihrer Garderobe aufbrachte, um das unverwechselbare Bild zu erreichen. Eine Nachlässigkeit kannte sie nicht. Wenn sie auf die Bühne trat: ganz ›Königin‹ der Situation. Sie begrüßte ihr Publikum nicht etwa mit dem üblichen Verneigen – nur mit mehrmaligem stolzen Zurückwerfen des Kopfes, wobei die rote Haarmähne sehr beteiligt war. So nahm sie die stets spontan ausbrechende Begrüßungsovation entgegen, unkonventionell, selbstverständlich, als die Siegerin des Abends. – Ja, ein Wunder war sie! Wie ihr auch manchmal zumute gewesen sein mag, es gab keinerlei Schwankung, und Absagen schon gar nicht!«

Interessant sind auch die Eindrücke, die er von den gemeinsamen Gastspielreisen schildert. Auf der Tournee, die beide Kabarettkünstler 1932 nach Leipzig unternahmen, war das Programm auch außerhalb der Bühne auf die Minute ausgefüllt. Gerade, daß Clauberg einen Abstecher nach Gotha machen konnte, wo seine spätere Frau als »Erste Dramatische« an der Oper wirkte. Bei der Rückkehr sah er von weitem schon Frau Waldoff ungeduldig vor dem Hotel hin und her trippeln. Sie gingen sofort zum »Thüringer Hof«, wo ein Journalist ein Interview mit ihnen machte. Halb drei kehrten sie ins Hotel zurück, und dort entwickelte sie ihm das weitere Programm: »Sie setzen sich in die Halle, da ist jetzt kein Mensch, da können Sie einen ganz gemütlichen Mittagsschlaf machen. Um drei Uhr lasse ich Ihnen einen Mokka bringen, dann gehen Sie in den Nebenraum und komponieren dort am Klavier dieses Chanson (wobei sie mir den Text überreichte). Um vier Uhr spielen Sie es mir vor, und dann erreichen Sie noch ganz bequem den Zug um dreiviertel Fünf!«

Kein Wunder, daß sie mit ihrer Eigenwilligkeit Stoff für Anekdoten bot und, mehr noch, den Parodisten des Varietés »Anregungen« für originale Programme gab. In Frankfurt kam es deswegen einmal zu einer komischen Situation, als sie 1932 in der dortigen »Künstlerklause« engagiert war. Ihre Direktion fühlte sich gefoppt und geschädigt, weil der Stimmen-Imitator Karl Heinz Ewers in einem benachbarten Kabarett Claire mit einer Waldoff-Bauchrednerpuppe exzellent parodierte. Das war Anlaß für die Direktion, zum Kadi zu laufen. Das Gericht erließ auch tatsächlich eine einstweilige Verfügung gegen den Künstler. Claire Waldoff muß diese Aktion ihrer humorlosen Kabarettdirektion sehr peinlich gewesen sein, denn sie war mit Ewers bereits 1927 im Berliner »Charlott-Casino« gemeinsam in einem Programm aufgetreten, und sehr erfolgreich. Unmittelbar im Anschluß an ihre Nummer »gröhlte« und »quäkte« die Ewers-Puppe »Heeermann heeßt a!« und brachte dazu noch ein paar andere Kabinettstückchen der Waldoff zum Vergnügen des Publikums. Die Rezensenten der Berliner Presse empfanden es als eine »kabarettgemäße Einlage und liebevolle Imitation«.

Aber nicht nur dort, wo hohe Gagen im Vertrag standen, war Claire Waldoff auf der Bühne anzutreffen. In jenen Jahren, die von tiefen wirtschaftlichen und sozialen Krisenerscheinungen geprägt waren, konnte man in den Zeitungen und an den Litfaßsäulen mehr als einmal lesen: »Prominente Künstler unterstützen die Freitischaktion der ›Welt am Abend‹ für hungernde Kinder!«

Gemeinsam beteiligte sie sich mit Erich Weinert, Werner Finck, Alexander Granach, Resi Langer, Paul Graetz, Rosa Valetti, Max Ehrlich, Otto Wallburg und Paul O'Montis an einer Sonntagsvorstellung im vollbesetzten »Wintergarten«, deren Erlös den Ärmsten zugute kam. Es gab in Berlin rund 500 000 Arbeitslose, von denen 150 000 keinerlei Unterstützung erhielten und deren Familien, besonders mit Kindern, in elenden Verhältnissen lebten.

Mehrfach arrangierte sie in den Krisenjahren mit Kabarettkollegen auch »Mittagskabarett« für Arbeitslose. Ohne Eintritt konnten sie hier Claire Waldoffs Lieder hören. Über eine solche Veranstaltung Anfang 1932 in der Berliner »Femina« vor 600 »Erwerbslosen« berichtete die Zeitschrift für Varieté und Kabarett, »Das Organ«, unter der Überschrift »Claire lädt ein«: »Das gesamte Programm hatte sich für die Mitwirkung in großzügigster Weise zur Verfügung gestellt. The Franks und Karl Heinz Ewers fanden besonderen Beifall, und Claire Waldoff mußte ihren neuen Liedern ›immer noch eins‹ beifügen.«

Claire Waldoff kam auch, wenn Dresdner Funkamateure sie baten, auf ihren »Funkbällen« im Bunten Programm mitzuwirken. Im stets überfüllten »Volkswohl-Trianonsaal« schlugen ihr die Ovationen eines begeisterten Publikums entgegen, das durch unermüdliches Trampeln und Rufen sich die bei ihr sonst sparsamen »Zugaben« nahezu erzwang. Bei den Dresdner Radiobastlern und Funkamateuren – organisierten Kommunisten, Sozialdemokraten und Gewerkschaftern – wurde ihre Anwesenheit als »Krone des Abends« empfunden. Die »Dresdener Nachrichten« schrieben: »Sie ist die alte geblieben ... Jung wirkt sie und jung wirkt ihre Kunst, wie alle echte Volkskunst. Und nur wer sie als solche begreift, versteht sie recht, versteht ihren blühenden Humor, ihre gesunde Derbheit und auch die warme, feine Herzlichkeit, die verborgen in so manchem Liede mitklingt.«

Repertoire, Interpretation und Komponisten

Zu der Zeit, als die junge Claire Waldoff gen Berlin fuhr, fest entschlossen, in dieser lockenden, dem Fremden freundlich zugetanen Stadt ihr Glück zu machen, kannte sie wohl schon eine Menge Lieder, darunter aber nichts, was sie zu einem Auftritt auf einer der vielen Kleinkunstbühnen, an denen Berlin reicher war als jede andere Stadt, prädestiniert hätte. Sie war weiter nichts als eine kleine, unbedeutende Provinzschauspielerin, die neben ihrem bißchen Bühnenroutine allenfalls einige günstige Voraussetzungen für ihr künftiges Metier mitbrachte. Das waren ihr heiteres Naturell, die unverbrauchte Lebensenergie der Jugend und das zur Entfaltung drängende väterliche Erbteil in ihr.

»Mein Vater war Rheinländer, von ihm habe ich die Sangesfreude geerbt, von der Mutter, die aus Westfalen stammt, den Dickkopf.« So charakterisierte sie einmal die beiden hervorstechenden Eigenschaften ihres Charakters. Die Sangeslust und die lebenszugewandte Fröhlichkeit des rheinischen Temperaments waren zweifellos stabile Komponenten im Profil der Volkssängerin Claire Waldoff. Für die Energie, die auf dem Wege dorthin aufzubringen war, scheint der Dickkopf der Mutter, ihr ländlichbäuerliches Beharrungsvermögen und ihre charakterliche Geradheit ebenso notwendig gewesen zu sein.

Es stand nicht an Claires Wiege geschrieben, daß sie schon wenige Jahre nach ihrer Ankunft auf dem Schlesischen Bahnhof für das Kunstleben Berlins eine Attraktion sein würde, und zwar dadurch, daß sie Komik auf der Bühne auf eine originellere Weise darbot als andere und deshalb ernster genommen wurde als andere. Die in ihr aufgrund ihrer Bildung und Erziehung angelegten, ernsten Auffassungen vom Bühnenberuf, das tiefwurzelnde Wissen um Können und Leistung bewahrten sie davor, in einem der Tingeltangels an der Elsasser Straße des Berliner Nordens oder unweit davon im berüchtigten Chansonetten-Eck am Oranienburger Tor ihr Talent und ihre Jugend zu verplempern. War sie doch gerade von der Peripherie des Reichs aufgebrochen, um künstlerisch weiterzukommen und nicht, um in Bierkneipen sich und einem anspruchslosen Amüsierpublikum blauen Dunst vorzumachen.

Für das Berlin jener Jahre war charakteristisch, daß die Traditionen der Altberliner Posse und des Singspiels noch sehr lebendig waren, was zugleich hieß, daß das Couplet und andere Arten humoristischer Gesangeinlagen sich großer Beliebtheit erfreuten. In den Anfängerjahren der Waldoff waren Guido Thielscher und der »urkomische Bendix«, der Hauskomiker vom Gebrüder-Herrnfeld-Theater am Alexanderplatz, jedermann ein Begriff. Wenn der kuglig-runde Thielscher zum Beispiel durch die Straßen ging, irgendwo in Berlin, passierte es, daß ihm einer von den Maurern vom Baugerüst herunter anerkennend zurief: »Jido, 'ck hab Ihn'n jestern als kiehnen Schwimmer bewundert. Eene dolle Leistung!« Thielscher, gerührt von soviel Bewunderung, spendierte dem Betreffenden daraufhin ein Fünfmarkstück. Es hieß dementsprechend bei den Berlinern alsbald auch nicht mehr »Froll'n Waldoff«, sondern nur noch, herzlich und familiär, »Claire«.

War einer wie Thielscher, Bendix oder vor ihnen schon Franz Helmerding durch die Auftritte in den Possen populär geworden, sozusagen ein Berliner Original, kannte man selbstverständlich dessen Lieder, die ja den eigentlichen Erfolg der Stücke beim Publikum ausmachten. Man identifizierte sich mit der Handlung und der Person eines Stückes, indem man die witzigen Coupletstrophen nachsang und nachpfiff. »An dem Baume, da hängt 'ne Pflaume«, »Hab'n Se nich den kleinen Cohn gesehn?«, »Fischerin, du Kleine, zeig mir deine Beine« oder das stillvergnügte, mit Pomadigkeit und Selbstironie gespickte Lied »Immer an der Wand lang« waren einige der weitverbreiteten Gassenhauer, in denen sich der Hang des Berliners zur Parodie, zu derbem Ulk und nekkender Komik ausdrückte. Auf diesem Boden der sich auch musikalisch frei äußernden Daseinsfreude des Berliners entsproß das Repertoire der Berliner Pflanze Claire Waldoff.

Ihr aus voller Kehle herausgeschmetterter Refrain: »Wenn der Bräut'gam mit der Braut so mang de Wälder geht«, dessen Text von dem im Ersten Weltkrieg gefallenen F.W. Hardt, dem Kompagnon Hermann Freys, stammte, das Bernauer-Couplet »Man ist nur einmal jung, / drum wage ich den Sprung«, speziell auch das Schusterjungen-Lied von den »scheensten Beenekens«, alle drei von dem jungen Walter Kollo vertont und um 1910 bereits Schlager ihres Repertoires am »Linden-Cabaret« und den umliegenden Vergnügungsstätten der City, unterschieden sich in nichts von der Faktur dutzender ähnlicher humoristischer Vortragsstücke, die zum Vergnügen der Leute bei Kaffee, Wein oder Bier, je nach Art des Etablissements, gedacht waren. Sie unterschieden sich dennoch, weil Claire Waldoff, das originelle Menschenkind, sich abhob von dem Gros der Soubretten, Chansonniers, Vortragskünstlerinnen, oder wie sie sich auch immer nannten.

Der Text solcher heiteren Trällerliedchen gruppierte sich, meist in drei bis vier Strophen, um eine kleine, anspruchslose Handlung, mitunter nur eine Stimmung, die in ihrer Alltäglichkeit jedermann vertraut war und durch eine mehr oder weniger künstlerische Formung, das heißt Musik und Vortragsstil, eine spezifische, ans Kabarett gebundene Unterhaltungsfunktion erhielt. Die kleene, kesse Waldoff mit dem stämmig aufsitzenden Kopf, die nicht genierlich wirkte, sich nicht zierte und sich dem Publikum sogleich als eine der ihren zu erkennen gab, konnte pfiffigen Schusterjungen-Witz glaubhaft über die Rampe bringen. Sie galt in ihren Anfängerjahren als aparte Erscheinung, als Gamin-Typ, den das Publikum gern hatte. Ausgeprägt war bei ihr bereits im »Roland von Berlin« die zwingende Komik ihres Auftretens. Sie »gestaltete« eine Nummer ihres Programms nicht komisch, weil die Vortragsbezeichnung es so vorschrieb, sondern führte sich als von Natur aus »komische Nummer« ein, ohne die gröberen Mittel der Komik zu gebrauchen, wie sie im Zirkus, im Varieté, im Bierkabarett oder in der Vorstadtposse üblich waren. Claires Komik war eine Kunst der Nuancen, weitgehend erzeugt durch ihre berlinische Stimmführung, aber nicht ausschließlich, weil sie auch das zugekniffene Auge und ihre charakteristische Kopfbewegung, den Ruck nach hinten, mit ins Spiel brachte. Dies alles in einer schauspielerisch kultivierten, im Sinne der Guilbert und der Massary durchgestalteten Art, die das Chanson auf schauspielerische Grundlagen stellte, ohne den Liedcharakter eines Titels darüber gering zu achten. Ganz im Gegenteil, die Waldoff lebte mit der Melodie eines Refrains und war glücklich, wenn es etwas zum Singen gab.

In ihren Liedern erzählte sie von den Personen, um die es ging, in der dritten Person, zum Beispiel: »Wenn der Bräut'gam mit der Braut so mang de Wälder geht« – vermochte dabei die Illusion zu suggerieren, sie selbst sei die Braut, sie sei auch der Bräutigam und schließlich in dritter Rolle auch noch die Person, die dem Publikum nun davon berichtet, was die beiden in den Wäldern so empfinden. In der Identifikation der Waldoff mit den Personen ihrer Lieder, denen sie Stimme und Gestalt lieh, lag das Geheimnis ihrer Wirkung auf ihre Hörer. In der weitgehenden Übereinstimmung ihres Typs mit dem Repertoire, das sie vortrug, gelangen ihr Herstellung engster Publikumskontakte und ein höchst lebendiger Dialog mit ihren künstlerischen Figuren, die wie sie ein Typ waren und doch beliebige Individuen aus der anonymen Masse. Sie wurde ein Publikumsliebling, der jedes Lied auf seine Weise zum Waldoff-Lied machte, nicht nachahmbar, andererseits die Substanz eines Chansons so tief auslotete, daß sie einen Schlager ihres Repertoires, nehmen wir »Hermann heeßt er«, über Jahrzehnte in einer frischbleibenden Fassung bieten konnte, an der auch der verwöhnteste Kabarettbesucher jedesmal eine neue Nuance der Belichtung entdeckte.

Die Saftigkeit und die sich spontan mitteilende Menschlichkeit

Der Harmonie Verlag Berlin und die Schallplattenfirma Grammophon sorgten für die Verbreitung der neuen Erfolgsschlager.

ihres Humors, für die der Berliner ein zuständiger Beurteiler ist, brachte ihr 1908 die erste Karikatur ein. Der Harmonie-Verlag, einer der führenden Verlage für musikalisches Varieté- und Kabarett-Repertoire, dekorierte in zeichnerischer Anlehnung an Toulouse-Lautrec und dessen weltberühmte Guilbert-Plakate das Noten-Titelblatt von Claires Schusterjungen-Lied mit einer drolligen Parodie auf die Waldoff, die bekannt dafür war, daß sie keinen langen Hals hatte, keine Wespentaille und erst recht keine ausdrucksvollen, langen Arme. Gedacht als Verspöttelung einer sich pariserisch gebärdenden Brettl-Diva, geriet die Zeichnung auf ihre Weise zu einer Huldigung an die Natürlichkeit und Herzlichkeit der Waldoff, wie sie sich für Publikum und Verleger in Kleidung, Aufmachung und Verhalten auf der Bühne manifestierte.

Verzeichnis.

Nr. 1. Reserve hat Ruhe.

Nr. 2. Er ist nach mir verrückt.

Nr. 3. Die Laubenkolonie.

Nr. 4. Hermann heißt er.

Nr. 5. Morgens willste nich.

Nr. 6. Strempels Mieze.

Nr. 7. Die Berliner Pflanze.

Nr. 8. Mein Kleener.

Nr. 9. Allein, ganz allein.

Nr. 10. Das Lied von der wahren Liebe.

Nr. 11. Tegel.

Nr. 12. Arme Kadett.

Nr. 13. Line mit's Temperament.

Nr. 14. Im Dilemma (erste...)

Nr. 15. Ne dufte Stadt

Nr. 16. Ach Jott, was sind die Männer dumm.

Nr. 17. Die Liebe hat mit Klugheit

Nr. 18. Nach meine Beene

Nr. 19. Eigne Note

Nr. 20. Aber ärgern über Männer

Nr. 21. Schorsche.

Nr. 22. Hier wird nicht gedrängelt.

Verzeichnis früher Lieder, die Franz Schmidt-Hagen, Emil Hartmann, Siegfried Niklaß-Kempner, Ludwig Mendelssohn und Walter Kollo für sie schrieben. Aus Claire Waldoffs Notenbuch.

Claire hatte in den dreißig Jahren ihrer Bühnenwirksamkeit, rund gerechnet, 350 bis 400 Lieder im Repertoire, von denen sich einige wenige erhalten haben, die übergroße Mehrheit aber vergessen wurde. Man kennt ihre populären Refrains, »Wer schmeißt denn da mit Lehm?« und »Warum soll er nicht mit ihr«, selbstverständlich auch den »Hermann« und die Leierkasten-Melodie »Aus'm Hinterhaus kieken Kinder raus«, vielleicht noch den ulkigen Schmachtschrei »Wejen dir hab' ick meine jute Stellung bei Tietz uffjejeben«, und damit dürfte sich die Kenntnis von Liedern, die man auf Anhieb mit ihrem Namen in Verbindung bringt, schon erschöpft haben. Wer weiß zum Beispiel, daß die Waldoff, die ein inniges Verhältnis zum Berliner Volkslied hatte, alte Küchen- und Bänkellieder fürs Kabarett wiederentdeckte und daß Marlene Dietrichs Titel »Nach meine Beene ist ja janz Berlin verrückt« ursprünglich *ihr* Schlager gewesen ist?

Die genannte Zahl von 350 bis 400 Waldoff-Liedern errechnet sich auf der Grundlage von wenigstens *einem* neuen Titel pro Monat, multipliziert mit 25 bis 30 Jahren, in denen die Substanz ihres Repertoires entstand. Man staunt angesichts der Zahlen über den Umfang ihres Repertoires! Immerhin konnten im Verlauf der Recherchen zu diesem Buch weit über 300 Titel nachgewiesen werden, die zu ihrem Repertoire gehörten und nachweislich auf einer Bühne oder auf Schallplatte von ihr gesungen worden sind. Auf diesen Ermittlungen fußt das Werkverzeichnis, das dem Buch als Anhang beigefügt ist. Obwohl lückenhaft, gibt es doch einen recht guten Überblick über die von ihr bevorzugte Thematik und ermöglicht sogar, sofern man das einschlägige Musikalienangebot der Zeit, das am Kabarett praktizierte Chanson-Repertoire und die entsprechenden Jahrgänge der Artisten- und Varieté-Zeitschriften zum Vergleich heranzieht, Rückschlüsse auf die Entstehungsgeschichte einzelner Lieder.

Im folgenden soll versucht werden, einen Überblick über ihr Repertoire zu geben, das sich im wesentlichen in sechs größere Gruppen aufgliedern läßt. Es gehören dazu:

1. sentimentale Volkslieder, einschließlich Bänkel- und Küchenlieder, Kommersbuchlieder sowie alte Soldatenlieder
2. Berliner Gassenhauer alter und neuer Art
3. Schlagerlieder
4. Couplets
5. Operetten-Titel bzw. musikalische Einlagen aus Singspiel und Revue
6. Chansons

Das sentimentale Genre nimmt in ihrem Repertoire einen beachtlichen Platz ein. Offensichtlich hat sie die alten Küchen- und Bänkellieder sehr geliebt, denn sie hat mehrere davon, darunter »Sabinchen« und »Mariechen«, die sie zu Hause schon von ihrer Mutter hörte, auf Platte gesungen. Mit feinem Gespür für die naive, unverbildete Gefühlswelt dieser alten Weisen, aber auch mit viel Sinn für die darin verborgenen Möglichkeiten humoristischer Ausdeutung. Claire Waldoff war auch beschlagen, was alte, vom Volksmund zersungene Soldatenlieder betraf, die sie mit Hingabe interpretierte (»Und wieder stand ich Wache vor meines Königs Haus«), und einmal mußten sich zwei Studierte von ihr sogar belehren lassen, weil sie nicht wußten, daß Clairchens Lieblingslied, »Hier sitz ich am Tische, / von Freunden umkränzt«, das ein Wein- und Lebenslied für sie war, dem Kommersbuch entstammte. Was die Herren denn auf der Universität getrieben hätten, war ihr stachliger Kommentar dazu.

Unter den Kabarettkünstlern ihrer Zeit war sie eine der wenigen, die das klassische Bänkelerbe im Sinne Wedekinds für die Bühne wiederentdeckten. Sie pflegte dieses Genre mit der gleichen Sorgfalt wie ein gutes Chanson. Ihr »Lied der Harfenjule« mit dem bündigen Refrain: »Ja, ja, det Leben det is wenig heiter, / man flucht und schimpft und lebt beruhigt weiter«, ihr »Nutt, nutt, nutt, / ist die Walze ooch kaputt«, ihr mit Nante verwandter »Gottlieb Neumann« oder Willi Kollos Altberliner Abgesang »Lieber Leierkastenmann« sind zudem Belege dafür, daß sie dieses tief im Volke verwurzelte Liedgut fürs zeitgenössische Kabarett weiterentwickelte. Lieder im Berliner Volkston waren ihre eigentliche Spezialität.

Eine besondere Domäne ihres stark auf Humor und Lebensfreude ausgerichteten Repertoires war auch der Gassenhauer, der ihr angeboren schien. Ihr Temperament gab schon in frühen Jahren, als sie noch die »Rosine am ›Linden-Cabaret‹« war, Titeln dieser Machart einen ausgeprägt Waldoffschen Schmiß, der nicht wenige Kapellmeister reizte, spezielles Repertoire in diesem Stil

Am Flügel in ihrer Berliner Wohnung. Aufnahme um 1930.

für sie zu schreiben. So hielt sie in ihrer Rolle als resolute Berlinerin von der Bühne herab ihrem Emil, Paule, Maxe oder Schorsche eine unverblümte Standpauke: »Morjens willste nich und abends kannste nich!« Und die Leute waren hingerissen von ihrem proletarischen Charme, denn aus der Welt der arbeitenden Schichten kam sie nun mal. Dort war ihre geistige Heimat und der Nährboden ihrer Kunst. Ein Gassenhauer reinsten Wassers ist ihr selbst-verfaßtes »Lehmlied«, für dessen Refrain »Wer schmeißt denn da mit Lehm« sie sich von den Tanzschritten eines Ende der zwanzi-ger Jahre vielgespielten spanischen Tangos inspirieren ließ.

Wenn der Berliner auch »Musieke« liebte, speziell »Musieke« im Marschrhythmus, so tragen Claire Waldoffs Standardlieder im Bereich des Gassenhauers nicht ausschließlich die Bezeichnung à la marcia. »Wenn der Bräut'gam mit der Braut so mang de Wäl-der« ging, begleitete sie ihn zu Walter Kollos Musik allegretto mo-derato, geformt zum humoristischen Gesangs-Rheinländer. Auch das unternehmungslustig dahingeschmetterte »Nach meine Beene ist ja janz Berlin verrückt«, das später Marlene Dietrich von ihr übernahm, da sie die dazugehörenden Beine auch aufzuweisen hatte, ist trotz der vom Verlag beigegebenen Bezeichnung »Chan-son« ein auf der musikalisch-rhythmischen Basis des Slowfox ge-fertigter Gassenhauer.

Wie es für eine Künstlerin ihrer Größe im Grunde ohne Belang war, ob ein Vortragsstück im Untertitel »Chanson«, »Berliner Gassenhauer«, »Schusterjungenlied«, »Liebeslied einer Berliner Köchin« oder schlechthin »Lied« hieß – sie wußte auch ohne diese Angaben, wie sie zu singen hatte –, so ist es auch für den künstleri-schen Wert der einzelnen Lieder unerheblich, ob sie der Gruppe Revue-Couplet, Kabarett-Chanson, Gassenhauer oder Schlager-lied zugerechnet wurden, weil sich diese formalen Unterscheidun-gen im Falle der Waldoff weitgehend verwischten. Sie kreierte, von der Strophenform her, beispielsweise ein Couplet innerhalb einer Operette oder Revue, übernahm es dann als selbständiges humori-stisches Vortragsstück ins Kabarett, machte daraus einen Gassen-hauer und fügte auf diese Weise ihrem Repertoire einen neuen »Schlager« hinzu. Wo wollte man ein solches Produkt ihrer vitalen Muse ein für allemal einordnen? Das Schubfachprinzip erwiese sich angesichts der Originalität ihrer Künstlerpersönlichkeit in je-der Weise als verfehlt und pedantisch.

Fest steht dagegen, daß sie bei der Übernahme von Schlagern in ihr Repertoire auf eine gewisse Substanz der Aussage achtete, daß sie also die rein kommerziellen Schlagerprodukte, mit denen Ende der zwanziger Jahre der Tonfilm das Kaberett überschwemmte, als nicht für sich in Frage kommend betrachtete. Nahm sie gelegentlich ein hübsch pointiertes Kabarett-Liedchen mit Schlagercharakter von ihrem Freund Willy Prager ins Repertoire auf, wie

Fräulein, woll'n Sie nicht –
mit mir nach Hause geh'n?
Fräulein, woll'n Sie nicht –
mal meine Klause seh'n?

dann geschah das überlegt zur Auflockerung des Programms. Und außerdem: Der Schlager nahm in ihrem Munde alsbald die Form eines kleinen Chansons an, gewann im »Veredelungsprozeß« eine höhere Qualität.

In einem Programmheft der Berliner »Scala« hieß es einmal, daß Claire Waldoff zum Kabarett gegangen sei, weil sie hier ihre wirkliche Meisterschaft, die Kunst des Verdichtens, der Drei-Minuten-Tragikomödie, die sie aus einem Lied mache, voll entfalten konnte. »Sie gibt da mehr, als selbst ein Meister des Couplets wie Girardi zu geben hatte.« Ihre Textdichter und Komponisten seien nur Helfershelfer. Wenn sich ihre Kunst der Mimik, Gestik und der berlinischen Stimmführung an einem glücklich gefundenen Lied bewähren könne, heißt es weiter, dann wolle man dieses Lied jahrelang allabendlich von Claire hören.

Für das klassischste ihrer Couplets, »Ach Gott, was sind die Männer dumm«, trifft diese Feststellung ohne jede Einschränkung zu. Gegenüber diesem Erfolgstitel aus der Walter-Kollo-Operette »Drei alte Schachteln« sind ihre sonstigen Couplets immer etwas Zweitrangiges geblieben. Wahrscheinlich, weil sie ihr nicht die Möglichkeiten zur Typisierung boten wie die anderen ihrer Lieder. Mit Couplets üblicher Machart rückte sie stark in die Nähe Otto Reutters, so, als sie einmal ein von Harry Hauptmann vertontes Couplet von Erich Franz Glaser auf Platte sang, das in jeder Strophe auf den beziehungsreichen Refrain endete: »Mitten in der Nacht«. Ansonsten sind die Komponisten, denen sie Gesangsnummern aus Operetten verdankte, aus dem Werkverzeichnis im Anhang des Buches leicht herauszufinden. Es sind im wesentlichen Eduard Künneke, Karl Kapeller, Walter Kollo, Robert Stolz, Hugo Hirsch, Nico Dostal und der Franzose Maurice Yvain.

Die Zusammenarbeit zwischen Musikern und Interpreten bestand oft über lange Jahre, meist über das betreffende Kabarett hinaus. Auch bei Claire Waldoff ergab sich der Kontakt zu Komponisten und Textdichtern ganz zwanglos aus dem Künstlerstamm der Kabaretts, an denen sie engagiert war und wo sie neue Kollegen kennenlernte. Dazu gehörten ihre »Kapellmeister«, die die Stars des Hauses bevorzugt mit Chansons belieferten, wie Walter Kollo, der wiederum eng mit Hermann Frey, dem Verfasser ihres »Schmackeduzchens«, befreundet war und dieser wiederum mit dem Coupletautor F. W. Hardt (»'ne dufte Stadt ist mein Berlin«) und dem Zeichner Heinrich Zille, der für Freys Altberliner Revuen die Bühnendekorationen und Plakate entwarf. Zur Zeit des »Chat noir« erhielt sie von den Textern, die für das Rudolf Nelson-Ensemble arbeiteten, wie der Schriftstellerin Eddy Beuth oder dem als Conférencier gerühmten Fritz Grünbaum, der nicht minder begabt war fürs witzige Couplet, manch brauchbaren Titel. Nelsons aktivster Textautor O. A. Alberts bedachte die begabte, bereits avancierte Berliner Pflanze mit dem quietschvergnügten Lied »Was liegt bei Lehmann unterm Apfelbaum, / ein Kind, ein Kind, ein Kind«, das für die junge Claire Waldoff stark profilgebend wurde.

Es gab in jenen Jahren der florierenden Berliner Brettl-Muse auf dem Musikalienmarkt ein reichhaltiges Angebot an humoristischen Vortragsstücken, aus denen sich eine Soubrette ohne weiteres Geeignetes auswählen konnte. Auch Claire Waldoff hat, als sie noch nicht berühmt war, vom Angebot aus dem »Soubretten-Album« Gebrauch gemacht. Es lassen sich zwei solcher »Damen-

Couplets« von Wilhelm Lindemann, einem äußerst produktiven Musiker des Genres, mit dem Titel »Schnuppquadrat« und »Knoll, der stramme Grenadier« nachweisen, die sie eine Zeitlang in den Kabaretts an der Friedrichstraße gesungen hat, die aber nicht zu den markanten, den Stil ihres Repertoires prägenden Titeln zu zählen sind.

Neben der Auftragsarbeit, dem gedruckten Musikalien-Angebot und der Konsultation in einem sogenannten Repertoire-Bureau gab es noch einen vierten Weg, zu einem guten Titel zu kommen. In der Branche war es üblich, daß man gelegentlich ein brauchbares Chanson, das ein Star des Hauses abgelegt hatte, übernahm. Auf diese Weise gingen auf die junge Kabarettistin, die ihre eigene Note gerade zu finden begann, vor dem Ersten Weltkrieg zwei zugkräftige Chansons über. Das eine davon war der »Einbruch bei Tante Klara«, eine Zugnummer Käthe Hyans, der Frau des bekannten Schriftstellers und Kabarettleiters Hans Hyan, der 1903 in Berlin seine »Silberne Punschterrine« als Familienunternehmen eröffnet hatte, wo seine Frau Käthe nach eigenen Melodien zur Laute Schauerballaden à la Montmartre und komische Hofgesänge aus dem Berliner Milieu vortrug. »Tante Klara« war ein besonders komisches Sittenbild, das erst aus dem Munde Claire Waldoffs seinen kabarettistischen Pfiff bekam, wenn sie vielsagend schmunzelnd die Geschichte von der schon betagten Jungfer Klara zum besten gab, die »jeden Abend, wenn sie ihre sanften Formen abgelegt«, ängstlich einen Blick noch unters Lager tut, ob sich dort wer hingelegt, bis eines Nachts tatsächlich ein Einbrecher zu ihr einsteigt, der nicht allein ihre Moneten, sondern auch noch ihre Tugend raubt, und den sie groteskerweise stürmisch willkommen heißt: »Na, da sind Sie endlich!«

Ein weiteres Chanson dieser Art verdankte Claire der Generosität ihres ehemaligen Direktors Paul Schneider-Duncker. Er gestattete ihr, aus seinem leicht frivolen Liederschatz mit den pikanten Pointen, wie sie charakteristisch waren für die wilhelmische Blütezeit des Unterhaltungskabaretts, das Chanson von der außergewöhnlich dicken Frau Meyer nachzusingen, die, im Damenbad belauscht, der Reihe nach ihre Bestandteile ablegt, das Korsett, die Perücke, die Zähne usw. – immer zu dem Refrain: »Die Flundern, die Flundern / die werden sich wundern!«

War eine Soubrette wegen neuer, effektvoller Sachen vor Antritt des Engagements in allzu großer Verlegenheit, half ein Besuch bei der Schriftstellerin Elly Bamberger in Wilmersdorf, die in der Fachpresse per Inserat ihr Textbüro empfahl und mit renommierten Namen der Kabarettwelt Reklame machte. War bei der Bamberger nichts zu finden, fuhr man per Trambahn weiter zum »Ältesten Repertoire-Bureau Berlins«, das Hugo Leonard, Bruder von Rudolf Nelson und Kapellmeister des »Linden-Cabarets«, betrieb. Dieser joviale, seiner Muse ganz und gar ergebene Mann hatte schon mancher Künstlerin mit einem witzig zündenden Liedchen aus seiner Feder zum Avancement verholfen.

Was Claire Waldoff betraf, so besaß sie neben ihrem großen Bekanntenkreis, zu dem fast alle Komponisten, Textdichter, Direktoren und artistischen Leiter der Berliner Kabaretts gehörten, auch einen gewissen literarischen Ehrgeiz. Soviel hatte sie vom Wesen und der Wirkung eines guten Chansons gelernt, daß sie sich ein paar Strophen mit Reim und Witz selbst zutrauen konnte. Das erste Produkt ihrer Schriftstellerei belegte der Harmonie-Verlag 1908 sogleich mit dem Copyright. Es handelte sich um das bereits erwähnte, mit der Assistenz von Willy Prager gebastelte Schusterjungen-Lied von den »Beenekens«, die allemal »das Scheenste« sind.

Aus ihrer Feder stammen die Texte zu insgesamt etwa fünf bis acht Liedern ihres Repertoires. Das sehr populäre »Lehmlied« ist darunter wie auch die auf Heinrich Zille verfaßte Huldigung, »Heinrich heeßt er«, die sie 1928 zu Zilles 70. Geburtstag im Rundfunk kreierte.

Für die musikalische Ausprägung ihres Liedstils vor dem Ersten Weltkrieg, der ersten Blütezeit ihres Repertoires, waren besonders zwei Komponisten von Bedeutung. Der eine der beiden, der von

Wolzogens »Überbrettl« herkam, hieß Ludwig Mendelssohn. Dieser Musiker war zu der Zeit, als er »Hermann heeßt er« für die Waldoff schrieb, der Fachwelt bekannt als Compositeur kleiner, gediegener Vortragsstücke für Violine und Klavier, dem Kabarettbesucher speziell durch seine Lieder. Sein Couplet »Der Köpenikker«, nach einer Textvorlage der »Bösen Buben« Meinhard und Bernauer, hatte einen Refrain, der fast so populär war wie der Rixdorfer: »Dir kenne ick, dir kenne ick, du bist aus Köpenick!« Man kannte auch Mendelssohns humoristisches Tanz-Duett »Strohwitwer und Strohwitwe«, seinen »Verlassenen Lehmann«, ein »Überbrettl-Chanson« nach Otto Julius Bierbaum, auch das Bänkellied von »Theo und Cleo« (Text: Erich Mühsam) und noch diverse andere Titel aus dem Repertoire Danny Gürtlers. Mendelssohn gehörte von der Auffassung der Chanson-Musik her der Generation Oscar Straus, Victor Hollaender und Bogumil Zepler an, die das heitere Genre am »Metropol-Theater« und am »Überbrettl« bestimmten, und wäre als Name wahrscheinlich völlig vergessen, wenn nicht Claire Waldoff mit seiner »Laubenkolonie« und seinem »Hermann«, der ganz und gar *ihr* »Hermann« geworden ist, die Erinnerung an ihren Komponisten bis in ihre letzten Auftritte, die sie nach dem Zweiten Weltkrieg noch vereinzelt gab, wachgehalten hätte.

Mit diesem »Hermann« hat es eine eigene Bewandtnis. In acht Tonschritten ist in simpelster Melodieführung mit den sanft fallenden drei letzten Takten des Refrains

ja, der is Meester;
Hermann heeßt er!

eine Gefühlswelt ausgelotet, die nicht ein bestimmtes Dienstmädchen mit ihrem Hermann betraf, sondern alle zu Waschfaß, Herd und Küche verurteilten weiblichen Wesen, die sich in ihrem kleinen Glück durch dieses Lied bestätigt fanden, sich ernst und erlaubtermaßen auch ein bißchen auf die Schippe genommen fühl-

Walter Mendelssohn, der Textautor und Komponist des Liedes
»Warum soll er nicht mit ihr?«

ten, wenn die Noten mit »Hermann« auf dem Tanzboden lebendig wurden, »wackeln, knicken, schieben – ruff und rum, mal hier, mal drieben«. Dieses Lied aus dem Munde einer mit dem Leben vertrauten Frau, von der Waldoff gesungen mit dem Blick von unten und »con espressione«, wie es Mendelssohn vorschrieb, wurde bekanntlich ihr Standardlied, die Inkarnation aller ihrer Lieder, weshalb das gefühlsselige Chanson ständig von ihr verlangt wurde. 1929 schrieb sie in ihrer Artikelserie »Das Kabarett – mein

Leben«, sie habe den Leuten schon soundsoviele Male von der Bühne herab erklärt, »Hermann ist tot!«, aber keiner habe es akzeptieren wollen, weshalb sie diesen »Hermann« immer und ewig auf ihre Tourneen mitnehmen müsse.

Der hier genannte Ludwig Mendelssohn ist nicht zu verwechseln mit dem Operetten- und Unterhaltungsmusik-Komponisten Walter Mendelssohn, der gleichfalls ein bekannter Chanson-Produzent für die Waldoff war (»Warum soll er nicht mit ihr«, »Witwe Meyer«, »Immer ran an' Speck« u. a.). Ob es sich bei den beiden um Brüder oder Vater und Sohn handelt, war bislang nicht zu ermitteln. In Altmanns »Lexikon der Tonkünstler« ist unter Ludwig Mendelssohn lediglich der biographische Fakt registriert, daß er 1858 in Striegau geboren und 1921 in Berlin gestorben ist – zu einer Zeit also, da »Hermann« acht Jahre alt war und seinen »Vater« schon nicht mehr brauchte. Irgendwelche Hinweise auf weitere Mendelssohns der Unterhaltungsmusik fehlen. Es dürfte deshalb auch schwierig sein, heute noch etwas zu Werk und Person anderer, weniger prominenter Künstler zu erfahren, die textend und komponierend mit dem Repertoire der Waldoff verbunden waren und deren Namen man selbst im »Altmann« vergebens suchen würde: Kurt Baumeister (artistischer Leiter des »Linden-Cabarets« und des »Bier-Cabarets« vor 1914), Paul Strasser (Mitarbeiter am »Roland von Berlin«), Helmut Markiewicz, Erich Ziegler, Harry Senger, Schulz-Buch, Werau, Max Kluck, Harry Waldau, Sigismund Witt, Carl Hötzel (Direktor der Carl-Hötzel-Künstlerspiele in Berlin-Schöneberg), Dr. Ernst Leibholz und verschiedene andere.

Derjenige Musiker, der neben den beiden Mendelssohns für das Waldoff-Chanson die Signatur abgab und mehr als alle anderen die Richtung ihrer Begabung lenkte, hieß Walter Kollo. Er war um die Dreißig, als er zum erstenmal die junge, selbstbewußt wirkende Person am Flügel zu begleiten hatte und im Gegensatz zu Schneider-Duncker sofort das Talent der ulkigen kleinen Kröte erkannte, die für Komik und Kabarett so unerhört begabt war und seine Sachen mit einer Perfektion »hinlegte«, die die anderen Damen mit den pompösen Federhüten und schnippischen Allüren nie gekonnt hätten. Kollo gefiel das sehr, er wurde Claires Protektor.

Kollo war aufgrund seiner profunden Ausbildung – sein Ziel war ursprünglich die Kirchenmusik – sehr versiert im klassischen Liedsatz, hatte aber sein Herz an die leichte, fröhlich beschwingte Berliner Muse gehängt, auch schon die ersten Kompositionen veröffentlicht: Lieder und Couplets in Form von humoristischen Rheinländern und den bei den Berlinern so beliebten Märschen, die den Lebensrhythmus der dynamisch nach vorn drängenden Millionenstadt aufnahmen und darin einen Wesenszug der Epoche artikulierten. Für Claire Waldoff wurde das Kollo-Lied zur ersten Lektion im Fach Chanson, wie sie ihr kein Konservatorium und keine Soubrettenschule hätte vermitteln können. Von ihrem ersten Kabarett-Kapellmeister, der als liebenswürdiger und charmanter Erfinder volksliedhaft-großstädtischer Melodien galt, bekam sie das Ohr mit für das Solide, das heißt die Gelöstheit und Natürlichkeit, Sangbarkeit und Faßlichkeit des Genres, wie es sich in den besten Titeln ihres Vorkriegs-Repertoires ausdrückt.

Kollo erwies sich als ein Meister in der Übertragung volksliedhafter Intonationen auf die besondere Gattung des Unterhaltungslieds, das enge Bindung an den Schlager aufwies. Edmund Nick, der erfahrene Kollege im Fach, charakterisiert Walter Kollo als »fixen Berliner«, der in seinen Operetten, Possen, Schlagern und Revue-Musiken den wechselnden Moden der Tanz- und Schlagermusik gern Rechnung trug. Diese Einschätzung deckt sich mit Kollos eigenem Bekenntnis, daß er am liebsten Musik schreibe, die ihm der Rhythmus der Zeit diktiere. Für Nick ist Kollo ebensosehr Ausdruck der »schlichten Geradheit« und »derb gemütlichen« Wesensart des Ostpreußen wie der »vitalen Betriebsamkeit« des Berliners. Das Musiklexikon spricht von einer »ganz naiven, auf sicherem Formgefühl beruhenden Schaffensweise, der jede intellektuelle Berechnung fern lag« (Edmund Nick in »Musik in Geschichte und Gegenwart«).

Für die Couplets und Chansons, die Kollo für die Waldoff zu Papier brachte, kann man diese Einschätzung ohne weiteres übernehmen. Beide Künstler verband die ernstgemeinte Liebe zum Kabarett und zum volkstümlichen Lied, mit dem sie großstädtisches Publikum unterhalten und auch ein bißchen zum Lachen bringen wollten, ohne daß sich Komponist und Autor, wie Tucholsky einmal sagte, hinterher dafür zu schämen hatten.

Man muß bei der weiteren Betrachtung des Waldoff-Repertoires einen Unterschied machen zwischen dem Frühwerk, das vor dem Ersten Weltkrieg lag, und dem Spätwerk, das sich etwa ab Mitte der zwanziger Jahre aufbaute. Die Zäsur ergab sich mit dem Vordringen moderner, aus Amerika importierter Tanz- und Schlagermusik und der damit verbundenen Neuorientierung des Unterhaltungsgewerbes. Erwähnt sei hier ferner das Aufkommen neuartiger Programmformen wie der Hollaender-Revue, der Charell-Revue, der Nelson-Revue, die Verzweigung großstädtischer Unterhaltung in Massen-Großveranstaltungen, aber auch in Kinovorschau, Tanztees, Matinees, Familien- und Autoren-Nachmittage, also bunte Programme jeder Art, wie sie Verlage, Zeitungen, Rundfunk, Kabaretts, Theater, Kunsthandlungen usw. zu den verschiedensten Anlässen praktizierten und für die ständig neues, dem Tag angepaßtes Repertoire benötigt wurde. Man engagierte dafür selbstverständlich Berlins populäre Komiker und Humoristen.

Die Größen des Brettls wie Otto Reutter und Claire Waldoff mußten, wenn sie die »Größten« bleiben wollten, ihr Repertoire entsprechend den neuen Anforderungen der Zeit, dem veränderten Geschmack des Publikums, erneuern. Claire Waldoff legte jetzt verschiedene Couplets ihrer »Linden«-Blütezeit endgültig ad acta und begann, sich nach neuen »Lieferanten« umzuschauen, von denen sie sich über längere Zeit produktive Zusammenarbeit und moderne Chansons erhoffte. Neue Kontakte ergaben sich ab 1924 zu den Komponisten der Revuen, in denen sie sang und spielte, wie Friedrich Hollaender und Hans May, ferner zu den Pianisten und Komponisten, die in den künstlerisch ernstgenommenen Kabaretts der Nachkriegszeit einen modernen Ton anschlugen und dem Chanson eine neue Richtung wiesen. Claire Waldoff fand dank ihrer Intelligenz und Zielstrebigkeit für ihr Genre den künstlerischen Anschluß an diese Entwicklung, ohne die Thematik ihres Repertoires zu verändern oder einzuschränken. Sie sang auch in den späten Zwanzigern wieder die besten Chansons der besten Unterhaltungsmusiker der Zeit.

Wer waren diese Musiker? Am Flügel bei Peter Sachse im »Schwarzen Kater« saß zum Beispiel Erich Einegg, von dem Claire im Verlauf der Zeit mehrere erstklassige Titel erhielt, darunter die humoristisch-kritische »Familie Gänseklein«, die »Großstadtpflanze«, die Geschichte von Liebe und Elend eines Berliner Mädels, sowie die zu ihren Evergreens zählende Balladen-Parodie

»Wejen dir hab' ick meine jute Stellung bei Tietz uffjejebn«. In der Reihe ihrer Lieder-Komponisten, die vielfach auch die Texte selber schrieben, sind mehrere Namen, die in den zwanziger Jahren zu den Spitzenkomponisten im Schlager-, Revue- und Tonfilmbereich zählten. Nur einige von ihnen können genannt werden: der aus Wien stammende Hans May, der für sie das stimmungsreiche Lied vom »Nußbaum links am Molkenmarkt« schrieb; der bekannte, vielbeschäftigte Film- und Schlagerkomponist Otto Stransky, künstlerischer Leiter des »Charlott-Kasinos«, an dem die Waldoff oft engagiert war; der Theater- und Rundfunkmusiker Horst Platen, von dem Claires Lied »Hannelore« stammt. Paul Strasser, ein anderer Chansonproduzent der Waldoff, zählte bereits 1925 mit Claus Clauberg zu den Prominenten der künstlerischen Kleinkunst, desgleichen Erich Ziegler, der als Hauskomponist des Berliner »Weidenhof-Casinos«, an dem die

Waldoff oft gastierte, einen erstklassigen Ruf hatte. Der Bekanntschaft mit ihm entstammt das ulkige Lied »Herrgott, schütz mir vor de Liebe«, das vom Publikum stets sehr belacht wurde.

Bei den Erfolgstiteln ihres Repertoires in den zwanziger Jahren handelt es sich vorwiegend um Auftragsarbeiten, die sie an Komponisten vergab. Keineswegs war sie dabei nur die passive, nehmende Seite. In welchem Maße sie selbst an den Liedern schöpferisch mitbeteiligt war, erfahren wir von dem Musiker Claus Clauberg, der um 1930 ihr bevorzugter Komponist war und sie auch eine Zeitlang als Pianist auf ihren Tourneen begleitete. Sie trat eines Tages mit der Bitte an ihn heran, er möge ihr doch das Chanson »Mutterns Hände« nach dem Gedicht von Kurt Tucholsky überlassen, das kurz zuvor in der AIZ (Arbeiter-Illustrierte-Zeitung) veröffentlicht worden war. Es ergab sich aus dieser Begegnung eine längere Zusammenarbeit, die für Claus Clauberg »in jeder Beziehung wertvoll war«. Er hat nach eigenen Angaben über 60 Chansons für sie vertont, wobei es jedesmal zuerst einen Kampf gegeben habe, bis beide Künstler in den Auffassungen völlig übereinstimmten.

So oft Claire Waldoff von ihren Tourneen nach Berlin zurückgekehrt war, rief sie bei Clauberg an und wollte einen neuen Text von ihm vertont haben. Es mußte meistens schnell gehen, ihre Termine waren in der Regel »morjen Mittag 12 Uhr!«. Obwohl ihr seine Art sehr gefiel, fand sie an den Arbeiten ihres »geliebten Clauberg« meistens etwas zu »bemeckern«. Legte er ihr eine vorher in der gewünschten Richtung abgesprochene Vertonung auf den Flügel, hieß es spontan: »Dat soll ick bringen? – Janz unmöjlich!!!« Ein andermal meinte sie in ihrem heimatlichen Tonfall belehrend zu ihm: »Ja, dat Letzte, dat war in Ordnung!« Clauberg, nicht verlegen, hielt ihr entgegen: »Na, das hab'n Sie ja auch für ›unmöjlich‹ erklärt, und jetzt, da steht es bei Ihnen im Repertoire ganz oben an!« Die Waldoff sagte darauf gar nichts, sondern lachte nur.

Der Umgang mit Frau Waldoff war keineswegs immer leicht.

»Ich muß aber auch gestehen«, schreibt Clauberg, »daß ihre Winke für mich selbst von großem Wert waren. Ich habe kaum jemanden vom Bau gefunden, ob Mann, ob Weib, der seinen eigenen Stil derartig beherrschte wie Claire. Ihre Leistung auf ihrem Gebiet war unbestritten eine vollkommene. Und sie fand im Augenblick für jeden Satz, ja für jedes Wort den richtigen Tonfall, für jede Geste, und sei sie improvisiert, die richtige Form.« Sie wiederum wußte, daß sie es bei Clauberg mit einem hochgebildeten, ernstzunehmenden und ernstgenommenen Musiker zu tun hatte, der in der Nachfolge Friedrich Hollaenders schon bei Rosa Valetti am Flügel im »Größenwahn« gesessen und für Berlins beste Interpreten wie Kate Kühl und Valeska Gert Kompositionen geliefert hatte. Unter seinen »Schülern« befanden sich damals Ilse Trautschold, Karl Schnog und Resi Langer, denen er half, den erfolgreichen Schritt von der Rezitation aufs Gebiet des Sprechgesangs zu tun. Für seine Chanson-Vertonungen bevorzugte er ausgesprochen literarische Texte, darunter Gedichte von Arno Holz, Klabund, Glaßbrenner, Alfred Lichtenstein sowie Zeitsatiren von Mühsam, Weinert, Kästner und Tucholsky.

Clauberg erlebte auf Tourneen wiederholt die Wirkung Claire Waldoffs auf das Publikum. Um 1930 fuhr er mit ihr zu einem einmaligen Auftritt nach Magdeburg. Sie begaben sich direkt in das betreffende Etablissement eines Vororts, in dem der Abend stattfinden sollte. Aufgeregt berichtete ihnen der Besitzer, daß alle Plätze ausverkauft seien, aber die Leute noch in Scharen an der Kasse stünden. Er wisse nicht, was er machen solle, Frau Waldoff müsse unbedingt acht Tage bleiben. Das sei, erklärte ihm Frau Waldoff, »völlig unmöjlich«, weil sie schon anderthalb Jahre im voraus ausgebucht sei. So wurde denn vereinbart, daß ihr Programm in einem zweiten Saal noch einmal laufen sollte. Sie brachte an dem Abend, wie sich Clauberg erinnerte, auch das Chanson »Die Großstadtpflanze« von Erich Einegg, das die Geschichte eines Berliner Mädels von der frühen Kindheit bis zur ersten Liebe behandelte. Und diese Liebe hatte auch gleich Folgen.

Es kam die Stelle: »Und denn jing ich zu Frau Schabcke, Mulack-straße zehn – – – und denn war et weg!«

»Bei den Gedankenstrichen machte die Waldoff eine ›ganz ge-niale Pause‹ und eine ebenso geniale Geste, nur angedeutet mit dem Kopf. Und gerade an dieser Stelle, als die erlösenden fünf Worte fielen und der ›sprechende‹ Ruck des Kopfes erfolgte, brach im Saal ›ein ostentativer Beifallssturm‹ los, obgleich das Chanson noch nicht zu Ende war.«

Was sie brachte und wie sie es brachte, urteilt Clauberg, »war unglaublich lebensecht, sonst hätte sie auch nicht über vier Jahr-zehnte an der Spitze ihrer Berufssparte stehen können«. Die Kön-nerschaft Claire Waldoffs war nicht zuletzt das Ergebnis präziser Arbeit mit dem Text, sie erwuchs aber auch aus dem vorbehaltlo-sen Engagement für die Inhalte ihrer Lieder, deren ernste soziale Botschaft sie mit Humor und einer menschlichen Wärme umklei-dete, die sie abgab an andere. In dieser Richtung ist der Satz von Zille zu verstehen, der von ihr sagte: »Hast viel vom Ernst des Le-bens in deine Kunst hineingenommen und die Hörer zum Denken veranlaßt.«

Wer schmiß denn da mit Lehm?

Mit Claire Waldoff, der fröhlichen Stimme des arbeitenden Berlins, begann ein neues Kapitel in der Geschichte der Chansonkunst. Es war ja nicht nur ihr rauhes, unwahrscheinlich modulationsfähiges Organ, das beeindruckte, nicht der kupferrote Haarschopf, der nach Zilles Worten »wie eine Omnibuslaterne leuchtete«, nicht ihre Krawatte, die zum Erkennungszeichen ihres Typs wurde. Das Neue ihrer künstlerischen Erscheinung lag in der Thematik ihrer Lieder. Wo sie auftrat, übertrug sich ihre Lebensenergie auf ihre Zuhörer, die den Humor als Daseinsäußerung und damit auch zu ihrem Leben gehörig betrachteten. Der Witz und das Lachen Claires verkleinerten ihnen die Sorgen des Alltags, gaben neuen Mut für schwere Tage.

Mit der Übernahme der Staatsgewalt durch Hitler 1933 brach für die fast fünfzigjährige Künstlerin der Weg eines »Sterns von Berlin« ziemlich abrupt ab. Es gab zwar keine universellen Verbotslisten unerwünschter Künstler – wie für den Bereich der Literatur –, doch zwischen den verschiedenen Stellen, die das »nationalsozialistische Kulturwollen« im Dritten Reich repräsentierten, bestanden Absprachen und Übereinkünfte. Die neuen Herren sperrten Claire Waldoff zunächst für den gleichgeschalteten Rundfunk. Im Zusammenhang damit lösten mehrere größere Varieté-Kabaretts bereits geschlossene Verträge mit ihr. Man wußte, Claire Waldoff galt als nicht erwünscht, da sie auf Arbeiterveranstaltungen und Solidaritäts-Kundgebungen der Roten Hilfe aufgetreten war. Das genügte.

Der Mai 1933 brachte für sie zunächst einen Auftakt. Sie wurde zum zweiten Mal nach London verpflichtet, wo sie schon 1911 von den britischen Zeitungen als »the Night-Queen« von Berlin gefeiert worden war. Das Gastspiel arrangierte wiederum der bekannte Theaterunternehmer Charles B. Cochran. Im Reisegepäck nahm sie die englischen Fassungen einiger ihrer populärsten Couplets und Lieder mit, darunter »Warum soll er nicht mit ihr«, das in der Nachdichtung nun hieß: »Why then should'nt he and she?«.

Zurückgekehrt nach Deutschland, wurde von ihr, wie von allen anderen Künstlern auch, verlangt, den sogenannten »Ariernachweis« zu erbringen und diesen der Fachschaft Bühne bei der Reichskulturkammer vorzulegen. Sie erhielt darauf die Genehmigung, weiterhin aufzutreten. In den Gesprächen mit dem Referenten der für sie zuständigen Fachschaft wurde sie befragt, warum sie sich an Solidaritäts-Aktionen beteiligt habe. »Ich habe immer getan, als verstünde ich gar nicht«, sagte sie später darüber. »Dann haben sie mich verhört, weil ich für hungernde Kinder, auch für kommunistische, gesungen habe. ›Ich habe die Kinder nicht nach dem Parteibuch der Eltern gefragt‹, antwortete ich.«

Sie konnte bei ihrer ablehnenden Haltung den Nazis gegenüber mit ihrer Auftrittserlaubnis weit weniger anfangen als andere, konformere und anpassungsfähigere Künstler. Auch Kollegen, die nicht mehr oder nur sehr verschämt grüßten, gab es. Direktoren und Kollegen wußten, daß Claire Waldoff mit ihren Liedern nicht mehr so recht in die neue »völkische Gemeinschaft« paßte, zumal sich ein Vorfall herumsprach: Während eines Auftritts von Claire Waldoff in einem Varieté war eine Abteilung HJ (Hitlerjugend) einmarschiert, die im Sprechchor grölte: »Deutsche Männer und Frauen, wollt ihr das hören!« Sie hatten nicht mit Claires Geistesgegenwart gerechnet, die ihnen von der Bühne herab in gleicher Lautstärke entgegenbrüllte: »Natürlich wollen die das hören, deswegen sind sie ja hergekommen!«

Dennoch, verboten oder verfolgt, wie die Legende behauptet, war sie in den Jahren des Dritten Reichs nicht, auch Störaktionen blieben die Ausnahme. Sie war, nachdem sie ihre Personalunterlagen – Ariernachweis, polizeiliches Führungszeugnis und dergleichen – eingereicht hatte, in die »Reichsfachschaft Artistik in der

Reichstheaterkammer« aufgenommen worden und galt damit für die Berufsausübung als »zugelassen«. In der Branche wußte man allerdings, daß die schlagfertige, mundwerkflinke Waldoff bei Goebbels, Reichsminister für Volksaufklärung und Propaganda sowie Präsident der Reichskulturkammer, nicht besonders angesehen war. So richtete man sein Verhalten danach ein, grüßte sie oder nicht, engagierte sie noch oder ließ es sein.

In den Jahren 1933 und 1934 ist die Zahl ihrer Auftritte merklich rückläufig. Waren es zwischen 1926 und 1932 etwa 15 bis 20 Verpflichtungen pro Jahr, so sind es jetzt nur noch sechs bis acht. Sie selbst schätzte, daß sie dadurch an Gagen etwa 75 Prozent Einbußen gehabt hatte. Erst 1938 beginnt die Zahl ihrer Engagements wieder anzusteigen, auf etwa zehn pro Jahr, darunter auch wieder große Bühnen wie der »Wintergarten« Berlins und der »Kristallpalast« Leipzigs.

Es waren nicht nur die Anfeindungen von oben, die sich nachteilig auf sie auswirkten. Auch auf der lokalen Ebene kam es trotz »Zulassung« durch die Reichsfachschaft immer wieder zu Querelen. NSDAP-Ortsgruppen und Kulturverbände wollten sich mit der »kommunistischen Exponentin und Vertreterin einer dekadenten Kunstrichtung« nicht arrangieren. »Wir werden das Auftreten dieser ›Künstlerin‹ mit allen uns zur Verfügung stehenden Mitteln verhindern und empfehlen Ihnen deshalb, etwa eingegangene Bindungen noch rechtzeitig zu lösen, da Sie bei einem Auftreten der ›Künstlerin‹ alle Weiterungen selbst zu tragen haben«, hieß es in einem Schreiben der Ortsgruppe Hamburg des »Kampfbundes für Deutsche Kultur« vom 22. April 1935, mit dem das Hamburger »Flora-Theater« unter Druck gesetzt werden sollte. Das »Flora-Theater« und der Internationale Varieté-, Theater- und Circus-Direktorenverband stellten sich hinter Claire Waldoff und protestierten gegen die Einmischung des offiziösen Kampfbundes und der lokalen Behörden. Höhere Instanzen mußten sich einschalten. Am 29. April entschied Staatskommissar Hinkel in Berlin, daß nach Rücksprache mit der Münchner Zentrale des

Kampfbundes nunmehr von dieser Seite »keine Bedenken mehr gegen das Auftreten von Claire Waldoff« bestünden.

Kaum waren die Zwischenfälle von Hamburg beigelegt, kam es zu einem neuen Eklat in Dresden, wo die lokalen NSDAP-Behörden das Auftreten Claire Waldoffs im »Regina-Palast« untersagen wollten. Kurioserweise war es nun die Berliner Gruppe des »Kampfbundes für Deutsche Kultur«, die – »zur Vorlage bei der Polizei« – der Direktion des »Regina-Palasts« mitteilte, daß nach neuerlicher Überprüfung der Person von Frau Waldoff festgestellt worden sei, »daß dieselbe Christin ist, aus christlicher Familie stammt und politisch etwas Nachteiliges nicht bekannt ist«. Die Bedenken bestünden lediglich, »weil dieselbe früher bei Wohltätigkeitsveranstaltungen der Roten Hilfe mitgewirkt hat«. Der unterzeichnende Fachgruppenleiter Rath-Rex verweist in seinem Schreiben entlastend darauf, daß Claire Waldoff zwar auf Veranstaltungen der Roten Hilfe mit anderen Künstlern aufgetreten sei, von dem kommunistischen Charakter der Zeitung »Welt am Abend«, die diese Verantstaltungen organisierte, aber nichts gewußt habe, da sie sich selbst nie um Politik gekümmert habe. Fazit: Es bestünden keine Bedenken gegen ein Auftreten von Claire Waldoff.

Aber »reichseinheitlich« war eine solche Rehabilitierung wohl nicht. Sowohl in Nürnberg wie in Würzburg wurde im Herbst 1933 »von Parteiseite Stellung genommen«, wie die Mannheimer Konzertdirektion als Veranstalterin ihrer Süddeutschland-Tournee Staatskommissar Hinkel beschwerdeführend wissen ließ. Hinkel hatte persönlich zwar nichts gegen die Auftritte der Waldoff einzuwenden, verbat sich aber gegenüber der Konzertdirektion die Verwendung einer Notiz aus dem »Berliner Herold«, wonach er sich bei einem Auftritt Claire Waldoffs in der Berliner Scala amüsiert gezeigt und sogar herzlich gelacht haben soll. Die Behauptung sei erlogen, er habe sich – im Gegenteil – am gleichen Abend Scala-Direktor Duisberg gegenüber gegen eines der von Claire Waldoff vorgetragenen Couplets verwahrt. Welches Couplet ihm mißfallen hatte, sagte er nicht. Auf einem der Blätter in den Akten findet sich am Rande handschriftlich der Vermerk »Chanson Bett«.

Als Claire Waldoff von ihrem Londoner Gastspiel im Juni 1933 zurückkehrte, hatte sie ihr Programm vorsichtshalber schon auf bewährte »alte Hüte« umgestellt. Im ersten Teil wie im zweiten Teil nach der Pause reine Humoristica – »Fritze Bollmann«, »Warum soll er nicht mir ihr«, »Kartenlegerin«, »Hermann«, »Laubenkolonie«, »Familie Gänseklein«, »Da wackelt die Wand« und ähnliches.

Das Presse-Echo ihrer Süddeutschland-Tournee vom Oktober 1933 läßt erkennen, daß viele Zeitungen die bescheidenen, noch verbliebenen Möglichkeiten nutzten, um sich für Künstler und Kunstformen zu engagieren, die unerwünscht und auch nicht gefördert, so doch nicht verboten waren. »Da kann also einer sagen, was er will – die Claire hat's in sich. Schon die Art, wie sie vorträgt, diese große Kunst, ohne viel Künstelei Wirkung zu erzielen, in der sie unbestritten Meisterin ist, würden die Stunden eines solchen Vortragsabends zu einem Genuß machen«, hieß es in der »Fränkischen Tageszeitung«. Ein Karlsruher Blättchen, »Führer«, schloß sich dieser Meinung an: »Und das sei ihr gedankt. Es war ein Abend herzerfrischender Fröhlichkeit.«

Obwohl Goebbels sie für Film und Rundfunk gesperrt hatte, konnte ihr, eben wegen ihrer überragenden Popularität, niemand den führenden Platz im Unterhaltungsbereich streitig machen, selbst Hinkel nicht, der gegenüber der Mannheimer Konzertdirektion einräumen mußte: »Dabei gebe ich natürlich zu, daß Claire Waldoff durch ihre ganze Art sozusagen zu einem Berliner Original wurde und sich gewisser Beliebtheit erfreut.«

Die Akzeptanz beim Publikum und die Tolerierung in eingegrenztem Rahmen durch die offizielle Kulturpolitik blieben kennzeichnend für ihre Existenz während der ersten Jahre unter der Hitler-Diktatur. Ganz ruhig wurde es jedoch nie um sie. Es gab denunziatorische Schreiben, so aus Mühlheim/Ruhr von einem Herrn C. B. an Parteigenosse Hinkel, mit der Aufforderung, der berüchtigten Waldoff wegen ihrer jüdisch zotigen Ein- und Zweideutigkeiten das Handwerk zu legen, weil ihre »Schweinereien« sogar auf Schallplatten übernommen worden seien – »zum Schaden unserer Jugend«. Folgen hatten solche Schreibereien alter Parteigenossen für die Betroffene unmittelbar nicht. Die Gloria-Produktion konnte unbehelligt ihre Waldoff-Platten herausbringen, die Musikalienhändler verzeichneten gute Umsätze bis in die Jahre des Zweiten Weltkriegs. Die jüdischen Namen ihrer Textautoren und Komponisten durften freilich nicht mehr genannt werden. Aus Ludwig Mendelssohn wurde in den Programmheften »Adolf Walter«, von den Plattenfirmen wurden die nichtarischen Namen einfach weggelassen. Unbehelligt sang sie jetzt auch ihren alten Schlager unter ihren Soldatenliedern weiter, das schon 1906 entstandene Lied »Annemarie«, seit 1909 ständig in ihrem Repertoire.

Im Feldquartier auf hartem Stein
streck' ich die müden Glieder
und singe in die Welt hinein
der Liebsten meine Lieder.
Nicht ich allein hab's so gemacht –
Annemarie!
Von der Liebsten träumte bei der Nacht
die ganze Kompanie –
die ganze Kompanie.

»Annemarie«, auch unter dem Titel »Was mein Burder sang« und »Im Feldquartier« verbreitet, war ein populärer Titel bei der Reichswehr, ebenso in der Wehrmacht; wer wußte aber schon, daß dieses Soldatenvolkslied zwei Künstler deutsch-jüdischer Herkunft zum Urheber hatte? Den Text schrieb Julius Freund vom alten »Metropol-Theater«, die Musik Victor Hollaender, der

Komponist von den »Kirschen in Nachbars Garten«. Beide Schöpfer des Liedes waren nun im Dritten Reich nicht mehr existent, ihre Namen wurden weggelassen.

1935 war das Jahr, da sie erstmals wieder in größeren Varietés auftrat, so in Leipzig, München und Berlin. In die Schlagzeilen kam sie aber nicht wegen ihrer Auftritte, sondern wegen einer in der Auslandspresse verbreiteten Meldung, wonach sie verhaftet worden sei und Selbstmord begangen habe. Woher die Meldung stammte – Gerücht oder lancierte Zweckmeldung –, konnte niemand sagen. Fest stand nur, daß die Meldung im Juli 1935 in Ungarn im »Pester Lloyd« und im Pariser »Le Soir« gestanden hatte und von Wiener und niederländischen Zeitungen übernommen worden war. Das Dementi Claire Waldoffs benutzten viele deutsche Zeitungen, um sie als Opfer der antideutschen Propaganda des Auslands hinzustellen. In der »Berliner Börsen Zeitung« heiß es: »Claire Waldoff als ›Opfer‹ der Greuelhetze!« In der »Berliner Illustrierten Nachtausgabe« war als vierspaltige Aufmachung auf Seite eins zu lesen: »Claire Waldoff widerlegt Greuelhetze des Auslands über ihren Selbstmord.« Das »12 Uhr Blatt« brachte als aktuelles Interview des Tages »Telephonat mit einer Toten!« Dabei gab ihr Statement politisch gar nicht so viel her. »Nach dem, was ich höre, scheine ich sämtliche Todesarten gestorben zu sein. Wer bringt so etwas auf? Sind es Wunschträume der Kollegen oder Kolleginnen? Sind es die Hundstage? Oder die Sauregurkenzeit? Sind es gar beabsichtigte ›Greuelmärchen‹? Ich weiß es nicht. Ich genieße dankbaren Herzens meine wenigen Ferientage.«

Ihre Protagonisten nutzten die Gunst der Stunde auf ihre Weise, um »Claire« positiv ins Gespräch zu bringen. Eduard Duisberg von der »Scala« nahm die Gelegenheit wahr, um das »Auslandspresse-Opfer«, das ohnehin bei ihm für das August-Programm verpflichtet war, in der Werbung groß herauszustellen. Sein Text: »Geliebte Claire! Das nenn' ich eine Leichenfeier! Fast ganz Berlin kam diesen Monat, um unsere wiederauferstandene

Mit »Waldi« um 1933.

Claire zu sehen. Du warst mal wieder ein toller Erfolg.« Als höchste Ehrung empfing sie aus seiner Hand die »Goldene Medaille der Scala«, die höchste Auszeichnung, die das Großvarieté in der Lutherstraße zu vergeben hatte.

Die Nachricht vom angeblichen Tode der Waldoff erreichte in London auch den seit 1933 in der Emigration lebenden Schriftsteller Max Herrmann-Neisse, der als Kabarettkritiker des »Berliner Tageblatts« und Weggefährte aus Berliner Tagen ihr besonders eng verbunden war. Er erinnerte sich daran, daß sie am 28. Februar 1933 zufällig zusammen in demselben Eisenbahncoupé saßen, er und seine Frau auf dem Weg in die Emigration, sie nach Frankfurt am Main ins Engagement.

In dem liebevollen Gedenkaufsatz, den Herrmann-Neiße unter dem Eindruck der Nachricht damals schrieb – für die Schublade –, findet sich folgende Charakterisierung ihrer Persönlichkeit: »Sie war eine resolute Person, die kein Blatt vor den Mund nahm, Ge-

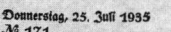

Donnerstag, 25. Juli 1935
№ 171

Berliner illustrierte

2. Ausgabe

Nachtausgabe

10 Pf.
auswärts
15 Pf.

Claire Waldoff widerlegt Greuelhetze des Auslands über ihren „Selbstmord"

Austritt Italiens aus dem Völkerbund beschlossen?

Meldungen über einen sensationellen Entschluß	Reinfall mit dem traurigen Tode der lustigen Künstlerin
„Genfer Tagung ist zwecklos"	Claires aufschlußreiche Briefe
...und Litwinow heute in Paris zur Vorbereitung der Situng	Was sie den Lügnern in die Ohren singen wird

zier, Getu, Erfolgsanbeterei nicht ausstehen konnte, sich nichts vormachen ließ, Leisetreter und Kompromißler verachtete, aber ihren eigenen Wert kannte und auf angemessenem Gegenwert bestand. Sie war urwüchsig und kultiviert, akademisch gebildet und mit aller Erfahrung der Gasse vertraut, zitierte in gehobener Stimmung die ernstesten Dichterstrophen und die ungenierteste Rinnsteinpoesie. Sie war ein Stück echter Boheme, kein sich durchschwindelnder Faulpelz, sondern ein gewissenhafter Kunstarbeiter, der das Beste hergibt und dann seiner eigenen Wege geht. Sie war ein Stück des einstigen, soliden, volkstümlich liberalen, gemütlichen Berlins, die würdige Schwester der Zillewelt.« Nie werde er Tonfall und Geste eines Berliner Droschkenchauffeurs vergessen, der im Korridor bei ihm in der Wohnung das Foto der Waldoff entdeckt und mit gerührtem Stolz gesagt habe: »Unsre Claire!«

In das Jahr 1935 fällt wahrscheinlich auch ein Briefwechsel mit Hermann Göring, der sich schon mit dem Aufbau der deutschen

Luftwaffe beschäftigte, in seiner Eigenschaft als preußischer Ministerpräsident aber einen der einflußreichsten Posten in Deutschland innehatte und sich, zum Ärgernis von Goebbels, hin und wieder in Angelegenheiten des Theaters einmischte. Anlaß für den Briefwechsel war der Uraltschlager »Hermann heeßt er«, auf den der Volksmund einen Spottvers hinzugedichtet hatte:

Rechts Lametta, links Lametta,
und der Bauch wird immer fetta,
und in Preußen isser Meester –
Hermann heeßt er!

Die weit über Berlin hinaus kursierende Parodie veranlaßte wahrscheinlich die Direktion der »Scala«, Claire Waldoff nahezulegen, das Lied aus dem Programm zu nehmen. Das wollte sie aber nicht. Sie hatte vielmehr eine andere Idee. Von dem mit ihr befreundeten Artistenehepaar, den Battons, ist überliefert, wie sich die Geschichte seinerzeit zugetragen hat. Sie habe sich direkt an Göring gewandt mit der Frage, ob er gegen den Vortrag dieses Liedes etwas einzuwenden habe. Göring, von dem bekannt war, daß er etwas für Kunst wie auch für Humor übrig hatte und sich jovial gab, habe ihr umgehend handschriftlich persönlich geantwortet: »Sehr verehrte Künstlerin! Ich habe nichts dagegen, daß Sie dieses Lied singen, im Gegenteil, ich bitte Sie darum. Hermann Göring.«

In ihren Programmen ist in den Jahren des Dritten Reichs dieses Lied stets zu finden, oder es wird von ihr als Zugabe vorgetragen. Die »Lametta«-Strophe allerdings nicht, diese konnten sich die Leute allein hinzureimen. In keinem Fall war, wie die Legende behauptet, ihr »Hermann« wegen Göring verboten oder der Grund für Restriktionen gewesen.

Ihre so überaus erfolgreichen Auftritte in der Scala, im Berliner »Konzerthaus Bellevue« oder als »Auguste« in der Neuinszenierung der »Drei alten Schachteln« am Wallner-Theater 1936 konnten nicht darüber hinwegtäuschen, daß Berlin nicht mehr »ihr« Berlin war.

Die Ablehnung ihrer Person durch Goebbels und andere hohe NS-Kulturfunktionäre bestand unverändert fort. Die Gründe dafür waren längst kein Geheimnis mehr. Es sickerte durch, daß man sie nicht wollte, nicht nur, weil sie viele jüdische Textdichter und Komponisten hatte und recht freche Lieder sang, sondern weil sie auch seit Jahren schon in fester Gemeinschaft mit einer Frau zusammenlebte. Das wurde ihr verübelt, sie blieb deshalb für den Rundfunk wie für den Film weiterhin gesperrt, auch in den Kriegsjahren.

1936 hatte die Berliner »Scala« es nochmals gewagt, Claire Waldoff unter Vertrag zu nehmen, was zu einem neuen Eklat führte. Der in der Premiere anwesende Goebbels sprach noch in der Vorstellungspause neben den Bühnenräumen ungehalten mit Direktor Duisberg und erklärte ihm – so versicherte die Ohrenzeugin dieses Gesprächs, Lotte Werkmeister – kategorisch: »Wenn ich diese Person noch einmal auf der Bühne sehe, verlasse ich die ›Scala‹!« Die goldene Erinnerungsmedaille, die Direktor Duisberg ein Jahr zuvor Claire Waldoff überreicht hatte, darf daher als eine Art Trostpreis dafür angesehen werden, daß sie an dieser großen, bei den Berlinern sehr beliebten Unterhaltungsbühne künftig nicht mehr auftreten konnte. Die meisten Verpflichtungen lagen in diesen Jahren sowieso außerhalb Berlins. Die ihr verleidete Reichshauptstadt versuchte sie auch etwas zu meiden, indem sie sich, so oft es ging, nach Bayrisch-Gmain in ihr Weißbach-Häusl, dicht an der Grenze zu Österreich gelegen, zurückzog. Das Haus in der Leopoldstraße 2 hatte sie für sich und Olly als Urlaubsdomizil gekauft. Es war keine pompöse Künstlervilla zum Repräsentieren, kein Landsitz im Stil von Emil Jannings, eher eine etwas kleinbürgerlich unauffällige Häuslichkeit. Gerade mal vier Zimmer, Bad und Wohnküche und vor dem Haus ein Gärtchen mit Laube. Das Hauswesen wurde von Olly zusammengehalten, auch der Garten war ihre Domäne. »Wir hatten beide das große Los aneinander gezogen, je kritischer die Zeit auch wurde. Olly ist überhaupt ein seltener und lauterer Charakter, ein wunderbarer Mensch.«

Olly war eine Württembergerin. Sie hatte sich wie Claire Waldoff sehr früh schon von ihrem Elternhaus getrennt und ist eigentlich in den Künstlerlokalen Berlins großgeworden. Ihr Vater war der General von Roeder, in jungen Jahren ein bekannter Rennreiter, ihre Mutter Amerikanerin, Tochter des bekannten Schauspielers Lawrence Barrett. Die Heirat eines deutschen Barons, damals Flügeladjudant des Königs von Württemberg, mit einer Bürgerlichen, noch dazu aus dem Schauspielerstand, war Mitte des vorigen Jahrhunderts noch eine Sensation, ganz gegen die Regel. An Ollys Wiege hat sozusagen schon der Bruch mit der Konvention, das freie Bekenntnis zur eigenen Individualität gestanden. So wurde auch sie eine von jenen sogenannten höheren Töchtern, die ihre eigenen Wege gingen. Ihre Mutter gehörte zu den schönsten und elegantesten Damen der Hofgesellschaft und verblieb auch in diesem Kreis. Die Tochter zog es dagegen wieder zurück ins Boheme-Milieu – wohl ein Erbteil ihres Vaters. Den Bühnenberuf hat Olly Freiin von Roeder, von belanglosen Statistenrollen abgesehen, nie ausgeübt. Ihre Lebensrolle war die an der Seite der um einige Jahre älteren Claire Waldoff.

Berlin war für die beiden nicht nur wegen der Rempeleien mit den Parteibehörden und der schwindenden Engagementsmöglichkeiten unwirtlich geworden. Es gab noch andere Gründe. Die meisten ihrer Freunde und Kollegen befanden sich in der Emigration, darunter Paul Graetz und Friedrich Hollaender, oder blieben im Ausland wie Marlene Dietrich. Rudolf Nelson war von einer Auslandstournee 1933 nicht mehr nach Deutschland zurückgekommen. Werner Finck hatte schon im KZ gesessen; in den nächsten Jahren sollte das auch das Schicksal ihrer Conférenciers Karl Schnog und Fritz Grünbaum sein. Ihr Freund Ringelnatz, unerwünscht wie sie, war 1934 gestorben. Maler, die sie gezeichnet hatten, galten ebenfalls als uner-

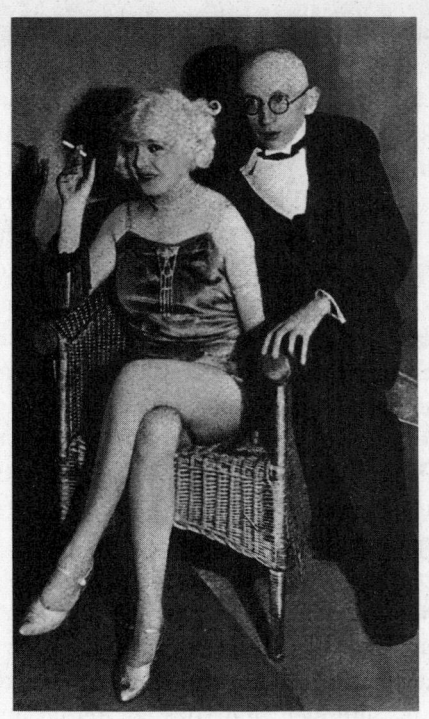

Der Lyriker Max Herrmann-Neiße und seine Frau Leni waren mit Claire gut bekannt. Er verglich sie mit der Pariserin Yvette Guilbert und sprach von einem »echten, genialen, kuriosen, herrlich räudelhaften und herrlich zuverlässigen Künstlermenschen«.

wünscht, zum Teil als entartet, so Kokoschka und Dolbin. Der Zeichner Walter Trier ging gleichfalls nach London, um dem braunen Kunstbetrieb zu entkommen.

Der Kreis ihrer Freunde war mithin sehr klein geworden, sie vergaß aber die nicht, die vor Hitler geflohen waren. Das Sprichwort, das über sie von früher her kursierte: »Ist die Not am größten, ist die Waldoff am nächsten!« bewahrheitete sich für die Betroffenen besonders unter der Hitler-Diktatur. Nicht wenige

Freunde aus alten Berliner Tagen, darunter der deutsch-jüdische Journalist Pem (Pseudonym für Paul Markus), der nach England emigriert war, bestätigten nach dem Kriege, daß sie in der Emigration manche kleine Geldsendung oder ein Päckchen von ihr erreichte mit einem eingelegten Zettel, auf dem geschrieben stand, der Absender sei »Deine Tante Amalie mit dem Spitzenröckchen«.

Umgekehrt war auch sie für die im Exil Lebenden nicht vergessen. Max Herrmann-Neiße zum Beispiel ließ ihr von Zürich und London aus durch einen vertrauenswürdigen Freund öfter Grüße übermitteln, und wenn er Auskunft über einen früheren Bekannten und dessen Haltung zum Nazi-Regime haben wollte, ließ er gelegentlich seinen Freund »bei der Waldoffn fragen«. Sie war, was ihre Abneigung gegen die Braun-Uniformierten und deren Macht- und Kunstpolitik betraf, »immer ein Vorbild unerschütterlicher Charakterfestigkeit«. Das bestätigte auch die mit ihr gut bekannte Schauspielerin Trude Hesterberg.

Etwas mehr Engagementsverpflichtungen gab es für Claire Waldoff erst wieder mit Kriegsbeginn 1939, in dem Maße, wie die jüngeren Künstlerjahrgänge zur Truppenbetreuung eingesetzt waren und die Nachfrage nach Bunten Abenden, humoristischen Unterhaltungsveranstaltungen und sogenannten Hausfrauen-Nachmittagen zunahm. Es waren aber auch nicht mehr als die üblichen zehn bis fünfzehn Verpflichtungen pro Jahr, Außergewöhnliches war nicht darunter. Sie unterzeichnete Verträge für den »Volksgarten« Reichenbach, den »Bunten Würfel« in München, für den Berliner »Wintergarten« zur Mitwirkung im Neujahrsprogramm 1941 sowie für das »Thalia-Theater« in Wiesbaden.

1940 stand sie zum soundsovielten Male wieder als »Köchin Auguste« auf der Bühne, diesmal im Osten der Stadt im »Rose-Theater« in der Großen Frankfurter Straße, wo man sie besonders herzlich aufnahm und mit einem »Poem« im Programmheft begrüßte:

Durch den Osten geht's wie 'ne Psychose:
»Unsre Claire, die ist wieder da!«
Und wir danken es den Brüdern Rose,
daß man Dich doch endlich wiedersah!

Ob sie bei den Roses als noch immer resolute »alte Schachtel« trällerte, grollte und schmollte, bereit, mit der Faust ins Kompott zu schlagen; als »Wilde Auguste« im Rosengartentheater im rotbefransten Flitterkleid eine spanische Tante mimte; ob sie vor Hausfrauen im Großkabarett »Berolina« am Alexanderplatz ihre Geschichten von Maxe, Schorsche, Emil oder Hermann erzählte und die Zeiten beschwor, »als der Kremser noch rausfuhr ins Grüne/ und der Vater die Mutter gefreit« – aus ihrem Munde waren es ungebrochen vitale Lebensmelodien, jedes einzelne Lied eine Huldigung an die schöne Stadt Berlin, bevor die Bomben des Zweiten Weltkriegs sie in Trümmer legte.

Claire Waldoff war, seitdem sie das letzte Mal im Osten der Stadt aufgetreten war – zur Einweihung des Zille-Denkmals –, um zehn Jahre älter geworden, ihre Aufmachung für die Bühne hatte sich aber deswegen nicht geändert. Noch immer Bluse, Rock und Schlips. »Denn sehen Sie«, sagte sie einem Reporter von der Zeitung, »wenn ich mich heute in großer Aufmachung auf die Bühne stellte und fein gedrechselte Chansons sänge, dann würde, zumal jetzt während des Krieges, vielleicht viele Leute sagen: ›Die hat gut singen! Bloß das Leben sieht anders aus!‹ Ich will aber gerade vom Leben singen, vom Volke für das Volk, von der Zeit und ihren Nöten.«

Mit der deutschen Niederlage an den Fronten tritt für ihren Berufsalltag abermals eine Wende ein. Mit dem Jahr 1943 geht die Zahl ihrer Engagements stark zurück; die Bombardements der westlichen Alliierten auf die deutschen Großstädte, die Zerstörung vieler Bühnen und die Unterbindung der zivilen Reisemöglichkeiten erzwingen nahezu die Einstellung des Berufs. In den Jahren des totalen Kriegs blieb sie, manchmal für längere Zeiten, in ihrem

Domizil in Bayerisch-Gmain. Aus ihrem Berghäusl mußte sie mit ansehen, »wie nach und nach Deutschland zerstört und soviel Gram und Elend über die Menschen gebracht wurde«. Der Krieg zerstörte auch ihre Berliner Wohnung in der Nördlinger Straße 3, mit ihren Büchern, Möbeln und liebevoll gesammelten Kunstwerken. Einer Bekannten teilte sie aus dem Weißbach- Häusl unter dem 23. Januar 1944 mit: »Wir haben beim Bombenangriff in Berlin am 22. Nov. (1943) unser herrliches Berliner Heim (7 1/2 Zi., Antiken u. 1800 Bde. Bücher) total verloren. Die Straße ist atomisiert und verschwunden vom Erdboden. Je nun – wir werden alle alles opfern müssen . . .«

In Bayerisch-Gmain erlebte sie das Ende des Krieges und das Einrücken der amerikanischen Besatzungstruppen.

Abschied von der Bühne

Nach dem Ende des Krieges konnte es für die mittlerweile sechzig Gewordene eine Rückkehr zur Bühne auf Dauer nicht mehr geben. Sie wußte das wohl auch. Diese Erkenntnis hinderte sie aber nicht daran, sich unmittelbar nach dem militärischen und politischen Zusammenbruch des nationalsozialistischen Systems in ihrem lokalen Umkreis als Künstlerin nützlich zu machen und mit ihren Liedern inmitten eines geistigen und materiellen Chaos in bescheidenem Maße Optimismus zu verbreiten.

Ein ehemaliger Mitarbeiter der Konzertdirektion von Bad Reichenhall erinnerte sich, daß man damals für sie einige Veranstaltungen, und zwar Kabarettabende in Bad Reichenhall, Ruhpolding, Traunstein und »noch irgendwo« gemanagt hatte: »Mit außergewöhnlichem Erfolg, und zwar speziell in diesem Raum, weil hier ja sehr viele Evakuierte aus Berlin zurückgeblieben waren, die die Claire noch kannten, wie sie damals noch leibte und lebte. Wie sie seinerzeit in Berlin aufgetreten war und gewirkt hatte. Da waren es speziell die beiden Chansons, die stürmisch verlangt wurden: ›Wer schmeißt denn da mit Lehm?‹ und ›Hermann heeßt er‹. – Die Häuser waren ausverkauft. Es war auch für sie ein finanzieller Erfolg. Auch eine außerordentliche Genugtuung, so gefeiert zu werden. Sie war nach außen hin sehr rauh, aber es hat sie immer sehr gerührt, daß sie noch so ein Echo fand beim Publikum. Sie ist allein aufgetreten – natürlich mit einem Begleiter am Klavier – und hat ein abendfüllendes Programm gegeben. Sie hat auch rezitiert. Für uns war es, muß ich sagen, eigentlich neu. Dieses Metier war uns bisher nicht so nahe gerückt!«

Außer im Raum von München kamen zwischen 1947 und

Mit ihrer Porträtplastik von Jules Steiner.

1950 noch Engagements in Stuttgart, Karlsruhe und Regensburg, desgleichen im »Haus Vaterland« in Hamburg und im »Residenz-Theater« in Paderborn zustande. Jedesmal ausverkaufte Häuser, wie sie es gewohnt war. Die Zeitungen bestätigten ihr, daß sie das geblieben sei, was sie immer war. »Man könnte einen ganzen Abend nur ihr zuhören.«

In der Nachkriegszeit gab es des öfteren noch Stromabschaltungen. Die Besucher mußten dann die Kerzen vor sich auf den Tischen anzünden, während Claire auf der Bühne im Dustern zu singen hatte. Ihr Kollege Conférencier Hellmuth Krüger reimte darauf den Vierzeiler: »Und wenn es tausend Flammen gibt,

Beleuchtung macht es nicht. / Wer dich nicht auch im Dustern liebt, / der ist bestimmt kein Licht!«

Claire Waldoff sang im wesentlichen noch immer die alten Couplets, neu befand sich in ihrem Repertoire lediglich das Lied von einem deutschen Kriegsgefangenen in Kanada und seiner recht handfesten, kessen Braut, die in Deutschland auf ihn wartete und zu ihren amüsanten Geschichten einen mehrdeutigen Kehrreim sang: »Und kehrst du heim, geliebter Mann, dann fängt ein neues Leben an, denn wir gehören ja alle zusamm'n!«

Wohl war die Waldoff nach 1945 die alte geblieben, doch das Leben um sie herum hatte sich grundlegend verändert. Nach und nach begann sich in dem kriegszerstörten, vierzonalen Deutschland unter vier verschiedenen Besatzungsmächten ein tiefgreifender kultureller Wandel bemerkbar zu machen, der eine Liedkünstlerin wie sie vor neue Probleme stellte. Auf der einen Seite war sie mit ihren grundsolide gebauten Kabarett-Volksliedern noch immer »Urgestein«, auf der anderen Seite empfand sie es schmerzlich, daß sie ebenso Gutes an Neuem nicht im Repertoire hatte. Ihre alten Textdichter und Komponisten fehlten ihr. Der nach ihrer Meinung beste im Metier, Erich Kästner, schreibe leider für die Konkurrenz, sagte sie bedauernd. Nur – die Münchner »Schaubude« und »Die Kleine Freiheit«, für die Kästner in München arbeitete, waren vom literarischen Anspruch her Oasen im allgemeinen Massenunterhaltungskommerz. Von der Schallplatte und aus dem Radio kamen längst andere Töne. In der Ostzone dominierten russische Folkloremelodien mit »Kalinka« und »Herrlicher Baikal«, in den Westzonen die Produkte der amerikanischen Schlagerindustrie und deren Idole. Für betuliche Gemütlichkeit zwischen Laubenkolonie und Dampferfahrt, wenn es dabei auch noch soviel zu lachen gab, hatten Rundfunksender und Varietéhäuser wenig Bedarf. Allein in den Besatzungszonen der drei Westalliierten sorgten 38 Soldatensender für die Verbreitung des unterhaltungsmusikalischen Angebots ihrer Länder. Dafür brauchten sie keinen Hermann aus Germany.

*In ihrer Wohnung im Weißbach-Häusl vor dem Gemälde ihres Dichter-
freundes Ringelnatz (Maler Prof. Gustav Tolle).*

Angesichts des mit dem Zweiten Weltkrieg endgültig zu Ende
gegangenen Volkssängertums, wie es Karl Valentin, Otto Reutter und eben Claire Waldoff verkörperten, kam der mit ihr befreundete Alfons Hayduk, ihr alter Gleiwitzer Lehrer, der auch
als Textdichter für sie tätig war, in einem 1950 veröffentlichten
Aufsatz in der Münchner »Neuen Zeitung« zu der richtigen
Feststellung, daß für *ihre* Art Lieder, in denen er »legitime Nach-
kommen echter Volksballaden und köstlichen Bänkelsangs« sah,
»unserem gehetzten Geschlecht langsam die Luft ausgegangen
ist.«

Ihr Ausstieg aus der Unterhaltungsbranche vollzog sich allmählich. Noch war sie Claire, die »Einzje«, und gerade in jenen

Tagen für die vielen von Land und Hof vertriebenen Schlesier und Ostpreußen eine »Ersatzheimat«.

Nachdem es lange Jahre außerhalb Deutschlands still um sie geworden war, nicht zuletzt im Gefolge der Selbstmordmeldung von 1935, begannen nun in der ausländischen Presse im Zusammenhang mit ihren Auftritten wieder Berichte und Informationen zu erscheinen, darunter in Argentinien, in den USA, Großbritannien und Österreich. Ihre über die ganze Welt verstreuten Freunde und Bekannte erfuhren: Claire lebt, sie ist wieder da, und sie singt wieder!

In London lebte damals der unter dem Kürzel Pem schreibende Paul Markus, Korrespondent des New Yorker »Aufbau«, als Journalist eine Institution und wie die ihm verbundene Waldoff ein Stück Mobiliar der zwanziger Jahre. Er war es, der von einem besonderen Ereignis berichtete, das eine Vorstellung davon gibt, wie sehr Claire Waldoff auf Menschen zu wirken vermochte.

In Stuttgart gab es nach dem Krieg ein kleines Kellerlokal, mehr Nachtklub als Varieté, dessen Besitzer ein junger deutschsprechender Pole jüdischer Herkunft war, der seine ganze Jugend im Konzentrationslager zugebracht hatte. In seiner Baracke gab es einen Mithäftling, der ein besessener Waldoff-Verehrer war, sie in Berlin dutzende Male auf der Bühne gesehen und gehört hatte und alle ihre Schlager auswendig konnte. Und der junge Pole bald auch. Jene Frau bekam für ihn eine so innige, übermächtige Bedeutung, daß er sich schwor, wenn er das Lager überlebte, würde er diese Künstlerin in einem eigenen Lokal bei sich engagieren. Nun war Claire Waldoff da. In der Kellerbar saßen an dem Abend die üblichen Gäste, zumeist amerikanische Soldaten mit ihren Mädchen, ein paar Einheimische und Pem mit Olly am Tisch. Als Claire bei halbdunkler Beleuchtung vorsichtig die Stufen zum Podium hinunterstieg und zu singen begann, schenkte ihr keiner Beachtung, die Unterhaltung an den Tischen ging weiter. Pem beobachtete den jungen Polen, der ganz allein an einem Tisch in der ersten Reihe saß, ein Auge auf Claire Waldoff, das andere zum

Publikum hin. Die Amerikaner verstanden wahrscheinlich nichts von dem, was gesungen wurde, und für die Stuttgarterinnen war ihr Berlinisch etwas Exotisches. Aber – es dauerte keine zwei Minuten, und sie hatte sich durchgesetzt. Es wurde absolut still. Einige Male schien sie steckenzubleiben, aus Nervosität, auch weil das Publikum sie irritierte. Am Schluß wollte der Beifall für sie kein Ende nehmen, so als hätten die zufälligen Gäste gewußt, welche bewegenden Lebensschicksale sich mit ihrer Liedkunst verknüpften. Für den jungen Mann aus Polen war es ein glücklicher Abend – in Erinnerung an den Freund im Lager, von dem er die Liebe und Verehrung für diese Frau übernommen hatte.

Was ihre Reisewünsche betraf, so hatte sie sich laut »Hamburger Echo« entschlossen, wegen der kalten Eisenbahnzüge nur noch zur Schlußfahrt eine Weltraumreise per Rakete zum Mond anzutreten, denn der Mars sei bei ihr in Verschiß. Vorher müsse es aber unbedingt ein Wiedersehen mit Berlin geben, lange schon erwogen, krankheitshalber mehrfach verschoben, aufgegeben aber nie. Ihre Gedanken waren immer in Berlin. Wie würde sie diese Stadt vorfinden, die von zehntausenden Tonnen Bomben der britischen und amerikanischen Luftflotten und der sowjetrussischen Artillerie bis zur Unkenntlichkeit zerschossen und entstellt war und wo noch immer fünf Jahre nach Kriegsende Tag für Tag 30 000 Tonnen Trümmerschutt weggeschafft wurden? Gab es das Künstlerlokal der Änne Maenz noch, wo sie in seltsam umgeisterten nächtlichen Sitzungen im Kreise Vertrauter zu Hause war? Und die Artistenkneipe gegenüber der »Scala«? Was war aus dem »Kabarett der Komiker« geworden? Dem »Theater am Nollendorfplatz«?

Für den Juni 1950 war ihr Gastspiel in Berlin im »Titania-Palast« festgesetzt. Als sie in Tempelhof aus dem Flugzeug stieg, eine kleine Person, noch kleiner geworden, war das Kapotthütchen, das sie statt Baskenmütze trug, etwas zerdrückt. Auf die Journalisten, die zum Empfang auf dem Flugplatz standen, wirkte sie »wie eine Hinterwäldlerin aus Bayern« und doch wieder ganz Claire. »Acht Jahre war ich nicht in Berlin. Ich habe oft unbändige Sehnsucht nach dieser Stadt gehabt«, waren ihre ersten Worte ins Mikrofon. Dann das übliche: »Also wat wolln'se wissen?« – »Wie war das damals mit Goebbels und ›Hermann‹?« – »Mit der Regierung habe ich überhaupt nie Glück gehabt!« – »Wie sind Sie zur Bühne gekommen?« – »In Kattowitz, da hab' ich denen sogar das ›Hannele‹ von Hauptmann hingelegt . . . und da liegt's noch. Fahrn'se hin!«

Die Berliner Gastspieldirektion hatte für ihren Auftritt einen unglücklichen Termin gewählt. An demselben Wochenende fand eine Massengroßveranstaltung in der Waldbühne statt. Mit der Aufführung des amerikanischen Monstrefarbfilms »Robin Hood – König der Vagabunden« hatte das größte Freilichtkino der Welt vor 22 000 Zuschauern seine Premiere. Die Waldbühne war ausverkauft, während bei Claire Waldoff im »Titania-Palast« in Steglitz der Saal nur zur Hälfte gefüllt war. Gegen Robin Hood und die in der Waldbühne anwesenden Filmstars aus den USA, Hauptdarsteller Errol Flynn und Olivia de Havilland, konnte sie nicht ansingen. Dafür bot sie ihren Gästen ein Programm erlesenster Chansonkunst, conferiert von Maria Ney. Ihr Begrüßungslied hieß »Alles kommt im Leben einmal wieder, / warum denn Eure Claire nicht . . .«. In ihrer Stimme war Zittern und Sehnsucht, Glückseligkeit und Traurigkeit, Witz und Frechheit, Trotz und Dankbarkeit – alles »mittenmang«. Ganz in Grün, mit flammend rotem Haar stand sie da wie aus dem Skizzenbuch von Meister Zille, als kleene Berolina.

Steh' ich auf der Bühne und sehe Sie an
und hör' ich Sie lachen, hab' ich Freude daran.
So sind mal wir Künstler, so woll'n wir auch sein,
an eurer Vergnügtheit woll'n wir uns erfreun.
Aber sitzt einer da unten, blasiert und empört,
und meckert: Det hab' ick ja schon mal gehört!

Und macht so'n Gesichte, Sie, dann mache ick schlapp –
Dann geht mir der Hut hoch! Dann ist der Bart ab!

Bei ihrem kurzen Berlin-Aufenthalt gab sie noch einen Abend im
»Corso-Theater«. Im ganzen blieb sie diesmal nur fünf Tage. Im
Herbst wollte sie wiederkommen, versprach sie, dann für längere
Zeit. Die Eindrücke, die sie von Berlin in ihre bayrischen Berge
mitnahm, sind in ihrem Erinnerungsbüchlein »Weeste noch!«
nachzulesen. »Blaß und tiefbewegt sah ich die Trümmer der großen verwundeten, zerstörten Stadt. Der Tiergarten verschwunden,
die Bendlerstraße. Diese Grabesstille des alten Westens, kein
Haus, kein Strauch, kein Hund bellte, kein Vogellaut. Aber ich
sah auch neben all der Zerstörung die braven, tapferen Berliner,
die sich nach all dem Schrecklichen, das sie durchgemacht hatten,
nicht unterkriegen ließen ... Keine Klagen, und es wurde nicht
unnötig gemeckert wie in anderen Städten ... Jeder strebte vor-
wärts, mutig und positiv.«
     Ihre in Aufsätzen und Interviews so oft betonte »Mission«, daß
sie mit ihren Liedern Zuversicht und Optimismus verbreiten und
das Herz der Menschen ansprechen wolle, beseelte ganz und gar
ihren neuen Berlin-Gesang, der im »Titania-Palast« zur Urauffüh-
rung kam, ihr gewidmet von Alfons Hayduk:

Berlin, Berlin, dich muß ich ewig lieben,
Berlin, Berlin, du bist mein schönster Reim.
Ist mir auch nix auf Erden sonst geblieben,
du bist mein Lied, nach dir da zieht's mich heim.
Berlin, Berlin, machst du mich auch nicht satt,
zum Fressen lieb' ich dich – Reichstrümmerstadt!

Im Oktober 1950 beging die Fünfundsechzigjährige, von Blumenarrangements eingerahmt, in München ihr 40jähriges Bühnenjubiläum, zu dem prominente Gäste in die Künstlerklause bei Kroll
geladen waren. Bei der Zahl »40«, die durch die Presse ging, ob-

wohl mittlerweile das 47. Bühnenjubiläum zu feiern gewesen wäre, mußte man wieder einmal an Alfred Kerr und dessen treffliche Zeilen denken: »Die Zeitung schreibt, wer weiß ob's wahr ist« . . . egal, die »Süddeutsche« und alle anderen machten das Spiel mit. In dem niedrigen Raum bei Kroll, mit Seidenbespannung, stilisierten Atelierfenstern, Tanzkapelle und Bar im Hintergrund gab Claire Waldoff ihren letzten Vortragsabend mit ihren alten, ewig jungen Liedern, bis in den letzten Seufzer hinein original. Beim »Lehmlied« sangen erst zwei, drei und schließlich alle mit: »Wer schmeißt denn da mit Lehm, / der sollte sich was schäm'n!« Man feierte sie, ließ sie hochleben. Theo Riegler vom Bayerischen Rundfunk stellte sie in seinem Gedicht »unter Denkmalschutz«, Hellmuth Krüger ernannte die seit 1939 in Bayern ansässige Berlinerin zur »Friedensnobel-Preißin«. Walther Kiaulehn machte sich zum Sprecher der vielen Exberliner in der bayerischen Metropole mit einem Bonmot, das der Gefeierten aus der Seele gesprochen war: »Jedem steht es frei, ein Berliner zu werden – das ist wunderbar! Aber sagen Sie mir eine Gegend in Deutschland, wo man Bayer werden kann!«

1951 verstärkten sich Krankheit und Müdigkeit. Herzmuskelschwäche und Bluthochdruck zwangen sie, jegliche künstlerische Tätigkeit einzustellen, wodurch sich ihre materielle Lage enorm verschlechterte. Durch die Währungsreform hatte sie 1948, wie schon einmal in der Inflation von 1921/23, sämtliche Ersparnisse verloren und mußte nun mit einer minimalen Rente von 70 Mark leben. Auf ihren Antrag hin hatte sie vom bayerischen Landesentschädigungsamt die Mitteilung erhalten, daß sie keinen Anspruch auf Entschädigung nach dem Gesetz über die Wiedergutmachung nationalsozialistischen Unrechts habe.

Ortsbewohner sagten aus, daß sie trotz dieser materiellen Sorgen ihren herben Humor behalten habe. Sie war in Bayrisch-Gmain als ausgesprochenes Original bekannt, ging oft singend durch den Ort beim Einkaufen und redete jeden mit Du an.

Berichtete ihr eine Nachbarin, sie habe im Radio eine Platte mit Liedern von ihr gehört, konterte Claire fidel: »Mensch, mach keen' Quatsch, sonst nehm' ich dir dein Kind weg!« Das war Claire. Wie es schien, unverwüstlich die Alte, aber in Briefen an die befreundeten Claubergs nach Schwerin doch schon ein bißchen resignierend: »Mit de Beene und mit de Oogen gehts man schon langsam.«

1953 – ein Jahr vor ihrem siebzigsten Geburtstag – erschien ihr Erinnerungsbüchlein unter dem Titel »Weeste noch ...!« mit einer kleinen Schallplatte als Beigabe. Diese persönlich gehaltenen Plaudereien fußen auf der schon 1932 in der »Berliner Morgenpost« veröffentlichten Artikelserie mit Erinnerungen, Anekdoten und Impressionen aus ihrer Bühnenlaufbahn. Auch verschiedene andere in Zeitschriften erschienene Aufsätze und Geschichten, wie sie Claire Waldoff Reportern erzählt hatte, wurden, überarbeitet, in das Buch einbezogen. Das lose zusammengefügte Bändchen läßt die impulsive Künstlerpersönlichkeit Claire Waldoff deutlich in Erscheinung treten. Dabei ist es unerheblich, daß sich mancher Irrtum im Fakt und manche zeitlich nicht stimmige Zuordnung eingeschlichen haben, verständlich, wenn man bedenkt, daß die meisten persönlichen Unterlagen der Neunundsechzigjährigen sicherlich nicht mehr zur Verfügung standen.

Alles in allem darf das Büchlein als ein menschliches und künstlerisches Credo ihres langen Bühnenlebens verstanden werden. Claire Waldoff vermied es, irgendwelche Verdienste oder sich selbst herauszustellen, auf theoretische Erörterungen, chansongeschichtliche Aspekte der Betrachtung oder Bewertung ihres Repertoires verzichtete sie ganz und gar. Als Lied-Künstlerin war sie zweifellos eine Diseuse großen Formats, doch spricht sie konsequent von sich nur als »Volkssängerin«, der es nach eigenen Worten darauf ankam, »ein erlösendes Lachen zuwege zu bringen. Denn der Untergrund dieser meiner besonderen, sehr berlinischen, sehr volkstümlichen Begabung ist ein warmes und unermüdliches Herz. Ein Herz, das andere mitzuerwärmen versteht.«

Und es spricht für Einsicht in den Gang und die Lehren der Geschichte, gewonnen aus den Erfahrungen ihres Lebens, wenn bei ihr warnend zu lesen ist: »Verdun und Stalingrad sind unauslöschliche Menetekel!« Gleiches gilt für den Satz, der 1953 auf dem Höhepunkt der Zeit des kalten Krieges von ihr niedergeschrieben wurde: »Ich glaube an das Leben – eine Hymne auf den nächsten Kreuzzug liegt mir nicht.«

Daß sie eine der bemerkenswertesten Künstlerpersönlichkeiten ihrer Zeit war, die über drei Jahrzehnte Unterhaltungskunst und Bühnengeschichte mitgeprägt haben, dokumentierte sich zu ihrem siebzigsten Geburtstag 1954. Die humoristisch-satirischen Blätter »Der deutsche Michel« in Düsseldorf erschienen mit einer Sonderausgabe für Claire Waldoff, darin Glückwünsche in Vers und Prosa von Theo Lingen, Trude Hesterberg, Irmgard Keun, Werner Finck und vielen anderen Freunden und Bekannten. Die Sektion Darstellende Kunst der Akademie der Künste der DDR sandte ein Telegramm: »Der leider immer noch fernen Urberlinerin Claire Waldoff die herzlichsten Wünsche zum siebzigsten Geburtstag und auf baldiges Wiedersehen.« Es unterzeichneten: Bertolt Brecht, Ernst Busch, Max Burghardt, Walter Felsenstein, Herbert Ihering, Wolfgang Langhoff, Kurt Maetzig, Gret Palucca, Hans Rodenberg und Helene Weigel. Ein anderer Bewunderer ihrer Kunst, der Schauspieler und Regisseur Gustaf Gründgens, stellte in seinem Geburtstagsglückwunsch noch einmal fest: »Der Wirkung dieser einzigartigen Frau konnte sich wohl niemand entziehen.« Daß sie in Berlin unvergessen war, versicherte ihr die »Tägliche Rundschau« in einem Aufsatz im Namen »vieler, vieler Berliner« für den Ostteil der Stadt, und die »Berliner Morgenpost« grüßte die »Volkskomikerin von größter Popularität« für den Westteil der Stadt, dessen Senat ihr aus Anlaß ihres siebzigsten Geburtstags einen monatlichen Ehrensold von 150,– Mark ausgesetzt hatte.

Werner Finck, ein Kollege vom Kabarett, sandte ihr ins oberbayerische Häusl gar ein Gedichtchen:

Geliebte Claire!
Zu Deiner Ehre
hundert Altäre
und hundert Empfänge
mit Sandwichgedränge.
Aber das paßt zu Dir
wie Schlagrahm zu Bier.
Was Chancen hätt',
wär ein Bläserquintett.
Der Trupp baut sich auf,
und dann bläst er
»Hermann heeßt er!,
Hermann heeßt er!«
Keen Sekt, nur Molle auf Molle
auf Claire, die Wundervolle!

An das mit ihr befreundete Artisten-Ehepaar »Die Battons«
schrieb sie am 1. November 1954, daß ihr Siebzigster »über Er-
warten ein Riesenerfolg« gewesen war und daß ihr von allen Erin-
nerungssendungen die anderthalbstündige vom Deutschlandsen-
der am besten gefallen habe.

»Eine kleine Frau mit rotem Haarschopf, im blauen Samtwams
und weißen Krägelchen. Und die Augen sind zwei freundliche
Sterne.« So schilderten sie in den letzten Jahren die Reporter der
Zeitungen, die manchmal angereist kamen, um ein Interview mit
ihr zu machen. Claire saß dann auf der Eckbank in der Wohnküche, vor sich Kaffeetasse und Aschenbecher, hinter sich an der
Wand als Hausaltar der Gekreuzigte auf Holz mit Kerze davor
und gegenüber davon ein Wandteller mit dem Spruch: »Mensch,
ärgere Dich nicht – es nutzt ja nischt!« Eine sehr anschauliche Be-
schreibung ihres Lebensmilieus in jenem kleinen Ort gab der
Münchner Bildhauer Paul Bronisch, der eine Büste von ihr anfertigte. »Im schmalen Gärtchen am Weißbachhäusl blühen die Rosen; der Bach, die Grenze zwischen Deutschland und Österreich,

Claire Waldoff
Bayr. Gmain
(Oberbayern)
Weißbach-Häus'l

18/II/54.

Mein lieber Hans Clauberg
und liebe Katharina —

Zuletzt hatte ich von Euch lieben
Oct. Geburtstagsbrief u. weil es nun schon
solange her ist, schreib ich ganz schnell
ein paar liebe Worte. Der lange, wie
dauernd Winter ist hoffe ich auch allmählich vorbei, hier in den Bergen bei den lieben
Zwergen "Knirke" ich sehnsüchtig nach dem
ersten Frühlings-Sonnenstrahl. aber kalt
ist es noch u. tiefer Schnee. Mit die Beene
u. mit die Oogen geht man schon langsam.
die Becchi ... Brille — ich habe 4 davon — wech-
selt durch die Scheinwerfer der Varieterampen
ist das Augenlicht sehr gelitten, na im Oct.
werde ich 70 Jährchen — trallala. Ein
letzten Oct. Geburtstag feierte mich per Funk
vor dem überfüllten für fürsten dann Theater

Blatt genug an beide / Gruß auch an das Vorg... ...mir

Brief an die befreundeten Claubergs nach Schwerin: »Mit die Beene und mit die Oogen geht's man schon langsam.«

215

rauscht am Hause vorbei. Nur einen Steinwurf weit ragt drüben der Turm der Großgmainer Kirche mit seinem herrlichen Helm. Und dahinter der Untersberg: Es ist ein wahrhaft entzückendes Panorama, Claire Waldoffs Domizil seit nunmehr fünfzehn Jahren. Der Platz vor der grünen Laube neben dem Hauseingang wird zum provisorischen Atelier; eine Arbeitsstätte, die wohl ihresgleichen sucht. Da sind die Zaungäste, hüben und drüben, ein Publikum, das auf Claires Frage: ›Na, isset ähnlich?‹ zustimmend applaudiert. ›Na siehste!‹ sagt Claire mit einem Rippenstoß zu mir . . . Sie ist rührend geduldig mit mir, und wenn ich sie bitte, stellt sie sich neben den Modellierblock und hilft mit, besorgt darum, daß ich sie nicht gar zu ernst darstelle. Da steht sie nun vor mir im Dirndlkleid und mit der obligaten Kappe, die ein gütiges Antlitz einrahmt, ein Menschengesicht, aus dessen Zügen so viel abzulesen ist.«

Krankheit und materielle Sorgen rissen sie in den letzten Lebensjahren mitunter zu bitteren Äußerungen hin. In ihren Briefen fallen Ausdrücke wie »arme Schlucker« oder »arme Kirchenmäuse«. An die Battons schrieb sie 1955: »Die Augen sind trübe geworden . . . Wenn man erst die siebzig auf dem Buckel hat und die grauslichen Kriegsjahre mit ihren Verfolgungen und ewigen Ängsten . . .«

Ihr kleines Häuschen ist total verschuldet, »doch ich möchte nicht verkaufen, weil ich dann nicht wüßte, wohin«. Sie verkauft weder das Haus noch die wenigen wertvollen Sachen, die ihr geblieben waren: eine Käthe-Kollwitz-Zeichnung, ein Ringelnatz-Bild von dem Maler Gustav Tolle, vor dem sie sich gern fotografieren ließ, und ihr eigenes Porträt, ein Ölgemälde, das die Berliner Malerin Augusta von Zitzewitz geschaffen hatte. Durch finanzielle Unterstützung von Freunden gelang es ihr, unter mancherlei persönlichen Entbehrungen, die Hypotheken-Zinsen zu zahlen, Heizkoks heranzuschaffen und das Nötigste zum Leben. Die so begehrten Zigaretten und Kaffee kamen zu ihr meist in Form von Liebesgaben-Päckchen anderer Leute. So verbrachte sie

Mit den Dorfbewohnern in Bayerisch-Gmain auf du und du.

ihre Tage, wie sie schrieb, mit ihrer Lebensgefährtin Olly von Roeder »still und zurückgezogen . . . Nur die hohen Berge Watzmann und Hoher Bär grüßen aus dem Nebel herüber, und manchmal denke ich, Herr Rübezahl begegnet uns über den Bergen bei den sieben Zwergen . . .«

Am 22. Januar 1957 ist Claire Waldoff im Krankenhaus Bad Reichenhall im Alter von 73 Jahren nach einem Schlaganfall gestorben. Als die Todesnachricht einen Tag später in Berlin bekannt wurde, erhoben sich im Berliner Friedrichstadt-Palast 3000 Berliner zu ihrem Gedenken. Gottfried Hermann, der damalige Direktor des Hauses – das zu der Zeit, als Claire Waldoff hier in Revuen auftrat, »Großes Schauspielhaus« hieß – und der Senior der Berliner Volkstheater, Willi Rose, sprachen Worte des Gedenkens. Sie erinnerten an die großartige künstlerische Leistung einer Frau, die aus Gelsenkirchen aufgebrochen war, um mit ihren Liedern vom Leben zu singen, den Alltag zu preisen und das Streben der Menschen nach Freude, Glück und Erfolg.

Ihre letzte Ruhestätte fand sie in der Familiengruft derer von Roeder auf dem Stuttgarter Prag-Friedhof. Hier wurde auch ihre Lebensgefährtin Ottilie von Roeder beigesetzt, die bis zu ihrem Tode am 7. Juli 1963 das Weißbach-Häusl bewohnte.

Die Zeilen, die Claire Waldoff vor Jahren einst für den guten Vater Zille gesungen hatte, könnten auch ihr Grabspruch sein.

Ruhst im letzten Haus
nun vom Leben aus.
Und der Menschen Lust und Weh –
Das war Dein Milljöh!

Anhang

Lieder aus dem Repertoire

Hermann heeßt er!

Hermann heeßt er!
Wie der Mann
Knutschen, drücken, küssen kann!
Druffjänger kenn' ick schon viele,
Aber so schnell kam zum Ziele
Keener noch.
Ja, der is Meester!
Hermann heeßt er!
Hermann heeßt er!

Dessen Sehnsucht is jestillt,
Erst wenn janz verknautscht, verknüllt
Meine Blusen, meine Röcke
Bloß von wejen Liebeszwecke.
Hach, in so wat is er Meester!
Hermann heeßt er!
Hermann heeßt er!

Der is treu,
Der hat keene nebenbei!
Ick bloß kann sein Herze rühren,
Den kann keene mir verführen.
Er verachtet so 'ne Beester,
Hermann heeßt er!
Hermann heeßt er!
Hermann heeßt er!

Ooch zum Ball
Führte er mir neulich mal.
Der kann wackeln, knicken, schieben,
'ruff und 'rum, mal hier, mal drieben,

Mit de Knie manchmal stößt er,
Hermann heeßt er!
Hermann heeßt er!
Hermann heeßt er!

Text und Musik: Ludwig Mendelssohn

Wer schmeißt denn da mit Lehm

Die Menschen heutzutage sind alle so nervös.
Über jede Kleinigkeit da werden sie giftig bös'.
Schimpft einer auf den andern, dann sing' ich voll Humor,
Damit er nicht mehr schimpfen soll, mein kleines Liedchen vor.
    Wer schmeißt denn da mit Lehm,
    Der sollte sich was schäm'!
    Der sollte auch was anderes nehm'
    Als ausgerechnet Lehm.

'ne junge Frau die stößt sich an einem spitzen Stein,
Der Bräutigam sagt liebevoll: »Mein armes Engelein!«
Sind die zehn Jahr' verheiratet, dann sagt er prompt zu ihr:
»Na, heb doch deine Beene off, du olles Trampeltier.«
    Wer schmeißt denn da mit Lehm,
    Der sollte sich was schäm'!
    Der sollte auch was anderes nehm'
    Als ausgerechnet Lehm.

Beim Herrn Nachbar Meyer ist immer etwas los.
Die sind sehr sportbegeistert, auch die Frau boxt tadellos.
Kriegt sie ihn mal beim Wickel, dann zählt sie'n aus komplett,
Dann setzt sie ihn aufs Töpfken druff und schiebt ihn unters Bett.
    Wer schmeißt denn da mit Lehm,
    Der sollte sich was schäm'!
    Der sollte auch was anderes nehm'
    Als ausgerechnet Lehm.

Jüngst traf ich auf der Straße den alten Maler Kraus,
Dem guckte aus dem Hosenbein der Sockenhalter 'raus.
Da schreit so 'n kleiner Bengel zu dem Alten hin sehr klug:
»Sie, passen Sie auf Ihr'n Bandwurm auf,

der macht 'nen Fluchtversuch!«
    Wer schmeißt denn da mit Lehm,
    Der sollte sich was schäm'!
    Der sollte auch was anderes nehm'
    Als ausgerechnet Lehm.

Die Berliner sind sehr höflich. Ein Herr trat neulich mal
Einer Dame auf die Schleppe. Im Foyer war'n Mordsskandal:
»Können Sie nicht sehn, Sie Ochse!« – »Ja«, sagt der Herr,
    »ich kann's,
Aber warum haben Sie olle Kuh so einen langen Schwanz.«
    Wer schmeißt denn da mit Lehm,
    Der sollte sich was schäm'!
    Der sollte auch was anderes nehm'
    Als ausgerechnet Lehm.

Text und Musik: Claire Waldoff

Heinrich heeßt er!

Heinrich heeßt er!
Seine Kunst brachte ihm des Volkes Gunst,
Er malt statt Parademärsche
Mädchenbusen, Kinderärme
Und die frechen duften Beester –
    Heinrich heeßt er!

Heinrich heeßt er!
Der geschickt weiß, wo der Schuh die Armen drückt.
Wenn Ihr glaubt, er malt die Sachen,
Bloß damit die Leute lachen,
Liebe Kinder, ja dann döst Ihr –
    Heinrich heeßt er!

Heinrich heeßt er!
Ganz Berlin schätzt und liebt und achtet ihn.
Keiner hat in diesen Landen
So wie er ein Volk verstanden.
Mach so weiter, lieber Meester,
    Heinrich heeßt er!

Heinrich heeßt er!
Er soll recht lang heiter bleiben mang uns mang.
Er, der 70 nun geworden,
Braucht nicht Titel, braucht nicht Orden.
Denn er bleibt auch so der Meester,
    Heinrich heeßt er!

Text und Musik: Claire Waldoff

Die Radpartie

Jeden Sonntag früh um fünfe machen wir 'ne Radpartie.
Ick hab' Mieze uff der Stange und der Paule die Marie.
Die Marie ist furchtbar dünne, und die Mieze is so dick,
Mensch, die bricht mir noch die Stange oder aber det Jenick.
Aber wird se mir zu schwer, looft se eben hinterher.
    Wir fahr'n nach Potsdam, nach Werder, nach Ferch.
    Es fragt sich bloß, wie komm'n w'r mit Miezen übern Berch.
    Wat nützt uns denn die Pumpe, wenn uns der Reifen platzt –
    Der Ausflug und der Sonntag, die wär'n total verpatzt.
    Eijentlich hat det nich viel Zwerch
    Mit Potsdam, mit Werder und Ferch.

Auf'm Alex will se runter, kommt fast jar nich mehr zurück,
Dann verliert se noch die Spange uff'n Platz der Republik.
Ach, ick sag' ja, mit die Weiber soll man nicht ins Freie jehn,
Weil sie meist die Tour vermasseln, was se fabelhaft verstehn.
Aber trotzdem ist es fein, so 'ne Radpartie zu zwein.
    Wir fahr'n nach Potsdam, nach Werder, nach Ferch.
    Es fragt sich bloß, wie komm'n w'r mit Miezen übern Berch.
    Wat nützt uns denn die Pumpe, wenn uns der Reifen platzt –
    Der Ausflug und der Sonntag, die wär'n total verpatzt.
    Eijentlich hat det nich viel Zwerch
    Mit Potsdam, mit Werder und Ferch.

Unsre Tour ist stets dieselbe, und die Fraun werd'n mitjenomm'n,
Aber meenste, det wir eenmal sind schon janz bis hinjekomm'n?
Dauernd wolln die Mächens runter und mit uns alleene sein,
Und jeht dann die Sonne unter, übernachten wir im Frei'n.
Aber hat man uns jefragt, hab'n w'r jedesmal jesagt:
    Wir war'n in Potsdam, in Werder, in Ferch.
    Wat meenste wohl, wie kam'n w'r mit Mieze über'n Berch.

Wir brauchten keene Pumpe, der Reifen hielt wie Stahl.
Den Ausflug so am Sonntag, den machen w'r bald noch mal.
Na, hat det vielleicht keen'n Zwerch
Mit Potsdam, mit Werder und Ferch?

Text und Musik: Helmut Markiewicz

Hannelore

Hannelore wohnt am Hall'schen Tor
Bei einer Blumenfrau.
Hannelore singt Revue im Chor, –
Man hört es nicht genau.
Doch wo se ging und wo se stand,
Da warn die Kerls außer Rand und Band,
Besonders so im Mai –;
Und voller Lenz und Lebensdrang
Schrieb eener mal uf eene Bank
Die schöne Melodei!
    Hannelore! Hannelore!
    Schönstes Kind vom Hall'schen Tore!
    Süßes, reizendes Geschöpfchen
    Mit dem schönsten Bubiköpfchen!
    Keiner unterscheiden kann,
    Ob du 'n Weib bist, oder 'n Mann!
    Hannelore! Hannelore!
    Schönstes Kind vom Hall'schen Tor!

Hannelore jeht uff'n Reimannball
Im hochgeschlossnen Kleid,
Nachher sitzt sie im Ludenstall
Zu früher Morjenzeit.
Sie tropft in die Augen Atropin
Und schnupft 'ne Handvoll Kokain,
Besonders so im Mai –;
Sie macht in Weltverjessenheit
Und ab und zu in Sündigkeit,
Ooch det jeht schnell vorbei!
    Hannelore! Hannelore!
    Schönstes Kind vom Hall'schen Tore!

Süßes, reizendes Geschöpfchen
Mit dem schönsten Bubiköpfchen!
Keiner unterscheiden kann,
Ob du 'n Weib bist oder 'n Mann!
Hannelore! Hannelore!
Schönstes Kind vom Hall'schen Tor!

Hannelore trägt ein Smokingkleid
Und einen Bindeschlips.
Trägt ein Monokel jederzeit
Am Band von Seidenrips.
Sie boxt, sie foxt, sie golft, sie steppt,
Und unter uns jesagt, sie neppt!
Besonders so im Mai. –
Es hat mir einer anvertraut:
Sie hat 'n Bräutjam und 'ne Braut
Doch dies bloß nebenbei –
   Hannelore! Hannelore!
   Schönstes Kind vom Hall'schen Tore!
   Süßes, reizendes Geschöpfchen
   Mit dem schönsten Bubiköpfchen!
   Keiner unterscheiden kann,
   Ob du 'n Weib bist oder 'n Mann!
   Hannelore! Hannelore!
   Schönstes Kind vom Hall'schen Tor!

Text: Willy Hagen
Musik: Horst Platen

Kritiker und Kollegen über
Claire Waldoff

Bei dem Satz von ihr in einer Posse auf der Bühne des Neuen Schauspielhauses, »Wat jeht mir Jelbsiegel an!«, stand mein Entschluß fest: diese kleine stupsnasige Person mit dem krächzenden Organ mußt du sprechen. Ich fragte die Kleine: »Können Sie etwas vorsingen?« und erhielt die Antwort: »Jawoll, een feste Burch is unser Jott«. Ich lachte der Kleinen ins Gesicht und engagierte sie sofort.

Paul Schneider-Duncker

Claire Waldoff mit ihren derben Gassenhauern zwingt vom Beleuchter bis zur verzückt lauschenden Garderobenfrau alles zu dauernden Lachstürmen. Claire ist in ihrem jugendlichen Überschwang auch im Privatleben ein verwegener Draufgänger. Sofort her mit ihr, und da ist sie auch schon und bringt unserem Programm eine neue Note, die uns bisher fehlte.

Rudolf Nelson

Das größte Geheimnis ihrer Wirkung ist: Sie sieht gar nicht so aus. Oben ein großer Hut, unten ein Jungfräulein, das in den Frühling tanzt, aber dazwischen der Kopf, und in dem Kopf der schmale, schiefe Mund, von dem sich jene Stimme löst – denn sie löst sich und wird ihr eigener Herr –, in der der Leichtsinn und freche Übermut der ganzen Welt Triumphe feiert, zu denen der begabte Schauspieler Arme und Beine und ein größeres Quantum Alkohol brauchen würde.

Siegmund Kalischer im »Sturm«

Die rothaarige Claire Waldoff mit einem süßen Gamingesicht verzeichnete durch ihren drastischen Vortrag einen Separatapplaus. Dieser niedliche Fratz ist künstlerisch zweifellos die stärkste Persönlichkeit des Ensembles.

H. H. über das »Chat noir«
(aus den Zensurakten des Berliner Polizeipräsidiums)

Eine Sängerin, blutjung, temperamentvoll, wild, berlinisch, proletarisch, fast mehr Mann als Frau – eine hinreißende, das Publikum entweder abstoßende oder einfach umwerfende Erscheinung . . . Sie sehen und erkennen, daß es sich bei diesem jungen Geschöpf um ein ganz großes, außerordentliches Talent handelte, war für mich eins.

Willi Schaeffers

Fräulein Waldoff vom Nollendorf-Theater gehört seit vielen Jahren zu den bekannten Größen des Brettls und hat sich auch in weiteren Kreisen als Schauspielerin in ihren Rollen als Frau Schliephake und als alte Schachtel einen Namen gemacht. Das große Theater-Café war natürlich ausverkauft. Claire Waldoff hat sich nicht verändert, alles da, wie vor dem Kriege: der ihr eigene schnarrende Vortrag, die schmucklose Aufmachung und Haarfrisur – und auch dieselben Vorträge: »Morgens willste nich, und abends kannste nich«, »Liebeslied einer Berliner Köchin«, »Laubenkolonie«, – wer hätte sie noch nicht gehört! Als Dacapo nach dem halb freundlichen Dank, halb Abweisung dokumentierenden bekannten Kopfnicken: »Hermann heeßt er«.

Der Artist, 1920

Einmal begegneten wir uns in Frankfurt am Main. Ich traf sie im Kaffeehaus, und sie erzählte mir, daß sie mit Nelson und seinem Ensemble in Frankfurt auftrete. Höhepunkt ihres Programms war ein Couplet mit dem Refrain »Det Schönste sind die Beenekens«, aber das hatte leider nur zwei Verse, und gerade als wir uns trafen, suchte sie händeringend einen dritten Vers, den sie Nelson, der an diesem Tag seinen Geburtstag feierte, als Überraschungsgabe reichen wollte. Ich setzte mich also hin und schrieb ihr – sozusagen auf Warten – diesen dritten Vers, über den sich dann Nelson abends besonders gefreut hat. Dieser eine Vers hat übrigens weittragende Folgen gehabt. Claire Waldoff hat noch jahrelang Chansons kreiert, die von mir stammten.

Willy Prager

Claire Waldoff war in ihren Grenzen, die sie niemals überschritt, eine vollkommene Künstlerin. Ich habe kaum jemanden vom Bau gefunden, ob Mann oder Weib, der seinen eigenen Stil derartig beherrschte wie Claire. Ich muß auch gestehen, daß ihre Winke für mich selbst von großem Wert waren.

Claus Clauberg

Das Publikum sah in ihr immer das Kind aus dem Volke. Bestimmt glaubten die meisten, diese kesse rothaarige Person stamme aus irgendeinem Bouillonkeller oder aus einem Gemüseladen in der Frankfurter Allee oder vom Wedding, jedenfalls von Berlin j.w.d. Wenige, selbst aus unserer Branche, wissen, daß Claire jeden Pfennig für gute Bücher ausgab, daß sie sich mit klugen Menschen umgab und geistige Diskussionen über alles liebte. Sie war außerordentlich gebildet und belesen. Jeder konnte das feststellen, der einige Abende mit ihr zusammen war.

Trude Hesterberg

Das Geheimnis der Claire Waldoff und ihres Ruhms war die Unbeirrbarkeit, mit der sie am Volkssängertum festgehalten hat. Alles, was sie sang, hatte die echte Luft der Straße. In ihrem Gesang lag die ganze Philosophie der Berliner Hinterhäuser, das genügsame Glück der emaillierten Kaffeekanne, die Muckefuckseligkeit, zwei Lot Zichorie und ein Lot Kaffee, Rollmops und Streuselkuchen, der Sonntagsausflug mit »ihm«, aber auch dieses: »Die Butter lasse ich mir noch lange nicht vom Brot nehmen!« und »Kopf in den Nacken!« – »Nicht von der Person!«

Walther Kiaulehn

Ihre Themen sind Berliner Liebe, Berliner Frauen, der Bräutjam, die Witwe: sozial gehobene Zille-Gestalten mit der unbekümmerten, unbeschwerten, problemfreien geschlechtlichen Triebkraft. Eine Erotik ohne Umwege, infolgedessen unanstößig.

Joseph Roth

Und dabei sieht sie aus, als sei sie eben von Toulouse-Lautrec skizziert worden oder als geheimnisvolle Chimäre von Notre Dame de Paris herabgekommen.

Weder eine Chansonette noch eine Diseuse, Sängerin oder Vortragskünstlerin, sondern eine Sängerin des Volkes, deren Texte ihr, und zwar nur ihr, auf den Mund geschrieben waren und von aufgesperrten Lippen geflüstert, gegröhlt, zwischen Hochsopran und Tiefbaß wechselnd, gesungen, mit dem »gewollt Unbestimmten in der Diktion«, wie Gounod von der Anfängerin Yvette Guilbert begeistert gesagt hatte.

Munkepunke
(Alfred Richard Meyer)

Diese Frau macht nicht viel von sich her, steht schlicht und unscheinbar auf der Bühne und singt ihre massiven Couplets, die eine ganze urtümliche Lokalposse, die so voll wirklichen, handgreiflichen Lebens sind . . . und solange sie da oben singt, erlebt man es gerührt und ironisch mit, merkt kaum, wie fein alles technisch abgestimmt ist, hat nie den Eindruck, daß hier etwas Künstliches, auf seine Wirkung Ausprobiertes vor sich geht.

Max Herrmann-Neiße
(Berliner Tageblatt, 1927)

Claire Waldoff trägt den Dutt, die Kleedahje und die Musspritze einer Berliner Portiersfrau mit eingeborener Frechheit und erreicht stärkste Komik mit den feinsten Kunstmitteln.

Siegfried Jacobsohn

Nie wurde Claire Waldoff banal oder trivial. Immer enthielten ihre mehr oder weniger spaßigen Texte ein Körnlein attischen Salzes. Wie alle großen Humoristen – von Fritz Reuter bis zu Charlie Chaplin – wollte sie die Menschen in erster Linie zum Lachen bringen, aber auch zum Nachdenken.

Karl Schnog

Von dieser kleinen rothaarigen Frau geht der Zauber einer jener ganz wenigen starken Persönlichkeiten aus, die den Weg des deutschen Kabaretts bestimmt haben. Eine der letzten wahrhaften Boheme-Naturen, die zwischen Alltag und Bühne keinen Unterschied machen, weil beides zusammen für sie erst das Leben ausmacht.

Paul Nikolaus

Wenn man Claire Waldoff hörte, fühlte man sich nicht mehr heimatlos im Nachtkabarett, sondern mehr wie auf einem Volksfest im Schrebergarten.

Irmgard Keun

Diese mutige Frau und unvergleichliche Chansonsängerin ist in erster Linie ein warmblütiger Mensch, den man bewundern und lieben kann zur gleichen Zeit. Ich bin stolz darauf, sie meine Freundin zu nennen.

PEM (Paul Markus)

Eins werde ich der Claire nicht vergessen: Von all den berühmten Kollegen und Kolleginnen, die damals im Kabarett herumwimmelten, war nur sie nett zu mir als der »Anfängerin«! Sie lud mich zum Glas Wein ein, bat mich in ihre entzückend eingerichtete Wohnung und bewirtete mich mit einem Kalbsnierenbraten Ia. Ich konnte vor Staunen gar nicht essen: denn sie hatte einen teuren seidenen Pyjama an, und ich kannte nur Baumwolle. Sie schenkte mir auch ein teures Jackenkleid. »Damit du nicht immer so poplig aussiehst.«

Senta Söneland

Aber dann: Klea Waldoff. Was Deutschland an der besitzt, wußten wir. Aber diesmal hat ihr Ludwig Mendelssohn ein Lied gedichtet und unter Musik gesetzt – das scheint das Letzte zu sein. Buttrig, quäkend und tugendsam singt sie erst eine Menge Dinge von ihrem Liebsten, ob und wie und wo – und auf einmal, über die bewegten Köpfe der lachenden Zuschauer und durch den Zigarrenrauch und den Lärm brüllt ihre Stimme andante: »Hermann heeest a«... Und noch einmal leiser: »Hermann –

heeest-a . . .« Und verhallend: »Hermann-heest-a . . .« Und gleich wieder
weiter, wie er tanzt und schnarcht und: ». . . selbst noch im Traume nach
mir quäst er . . . Hermann heeest a . . .!« Und dieses Piano ist so ulkig
angelernt, so wenig adäquat der Brüllstimme, daß man fassungslos ist.
Wie ringt sie sich dieses Piano, jenen Sopran ab? Einen Sopran, der so
hoch ist, daß sie gleich kippeln wird, g, gis, a, b . . . Gottseidank, gerettet!
Sie singet, wie der Berliner Spatz singt, unbekümmert, frech – und dann
(Stimme, von innen, verhallend): »Hermann heeest a . . .«

Kurt Tucholsky

Ich denke an unsere Wanderungen im Norden und Osten Berlins, um
»Nacht und Leute« zu studieren. Ich sehe Dein erstauntes, ernstes Gesicht, als sich Dir eine andere Welt zeigte – hast viel vom Ernst des
Lebens in Deine Kunst hineingenommen und die Hörer zum Denken
veranlaßt.

Heinrich Zille

Wirft keß den Kopf in den Nacken, daß die brandroten Locken nur so
fliegen und wirft mit ihrer knarrenden Stimme, die nicht »schön« und
dennoch der zartesten Modulationen fähig ist, der Meute Publikum die
frechen Pointen ins Gesicht, daß sich die Masse Mensch biegt und stöhnt
vor Lachen. »Warum liebt der Wladimir / grade mir?« Ach, nicht nur der
Wladimir, alle, wir alle lieben unsere Claire!

Das Organ der Varieté-Welt
1933

Claire Waldoff – la grande interprète de la chanson allemande.

Yvette Guilbert

Sie zog sich aus Berlin (»Berlin, wie kommste mir so anders vor . . .!«)
zurück nach Reichenhall. Ihre kräftige, gebrochene Stimme liegt, wenn
man richtig hinhört, heimlich immer noch über ihrer Stadt. Sie war wahrscheinlich, was man hier eine »dolle Bolle« nennt, eine unvergängliche

Verkörperung des besten Geistes dieser Siedlung an der Spree. Heute wäre sie hundert Jahre alt. Aber ihr rüder, tiefer Herzton ist, will uns scheinen, unvergänglich.

Friedrich Luft
in der »Berliner Morgenpost«
1984

Das Repertoire
(Werkverzeichnis)

Die Titel wurden ermittelt nach historischen Schallplattenaufnahmen, Schallplattenkatalogen der Firmen Odeon, Parlophon, Zonophon und Grammophon, Claire Waldoffs nachgelassenen Notenbüchern, Rezensionen in Tageszeitungen und Fachzeitschriften (u. a. Berliner Herold, Das Organ, Der Artist, Das Programm), Programmheften sowie den Zensurakten des Königlichen Polizei-Präsidiums zu Berlin.

Bei den Titeln ist der Komponist zuerst genannt, dann der Textautor. Ist nur ein Name angegeben, sind Komponist und Textautor identisch.

Abends vor der Türe (Ludwig Mendelssohn)
Aber ärgern über Männer, nee, das tu ich nicht (Wilhelm Aletter)
Aber mein muß er sein, janz allein (Erik Meyer-Helmund)
Ach, ein Mädchen macht sich nichts daraus (Rudolf Meinhard/Ludwig Mendelssohn)
Ach Jott, wat sind die Männer dumm (aus der Operette »Drei alte Schachteln« von Walter Kollo/Rideamus)
Ach Schatz, die Leute (Franz Adler)
Ach, wie ich die Lene liebe (Schusterjungenlied, mit Carl Geppert, aus der Operette »Immer die verflixte Liebe« von Anton Profes. Text: Hans Jansen-Jakobs)
Adolar (W. Wismar Rosendahl/Hermann Frey)
Alfrieds Los (Claus Clauberg)
Alleene, janz alleene (Ludwig Mendelssohn)
Alles kommt im Leben einmal wieder (Claire Waldoff/Alfons Hayduk)
Alle spielen Blindekuh
An der Panke, an der Wuhle, an der Spree (aus dem Singspiel »Hofball bei Zille oder Mein Milljöh« von Hans Brennert und Hans May)
Anruf an alle modernen Mädchen (hist. SPL-Aufnahme)
Argentinisch (Siegwart Ehrlich/Alexander Tyrkowsky)
Auf der Banke an der Panke (mit Karl Gessner; aus der Operette »Immer feste druff« von Walter Kollo)

August, reg dir bloß nich uff (hist. SPL-Aufnahme)
Ausgerechnet Bananen (Frank Silver/Irving Cohn)
Aus Großmutters Liederbuch (hist. SPL-Aufnahme)
Autolied (Sigismund Witt/Heide Sachs)

Ballade um Nantes und Jumbos Liebestod
Ballade vom linken Been (Otto Stransky/Leon Hirsch)
Ballade von der Jungfrau Cordula (Kurt Baumeister)
Bauer und Soubrette (Albert Szirmai)
Bei mir da hängste über meinem Bett (Alex Stone, Walter Borchert/Friedrich Schwarz)
Berlin (Claus Clauberg)
Berlin, Berlin, ich kenn' dich nicht mehr wieder (Fritz Ginzel)
Berliner Autolied (Sigismund Witt/Heide Sachs)
Berliner Blut, Berliner Blut is jut (Gassenhauer)
Berliner Bummellied
Berliner Mädels (hist. SPL-Aufnahme)
Berliner Margueritenkranz I, II, III (Kurt Tucholsky)
Berliner sein genügt (aus der Charell-Revue »Von Mund zu Mund« von Hans Brennert und Hans May)
Berliner Tempo (Rudolf Nelson)
Berliner Wiegenlied (Claus Clauberg/Frank Günther)
Berlin, wie siehste aus (Paul Niklaß-Kempner)
Bilanz der Liebe
Bleib'n Se auf'n Teppich
Bloß Adalbert, det Aas (Alex Stone)
Boxermaxe (Paul Strasser/Erich Kersten)
Brief an Muttern (Claus Clauberg)
Brigitte B. (Frank Wedekind)
Burlala (Studentenlied, plattdeutsch)

Charlott, total verrückt

Dagobert
Da kann kein Kaiser und kein König was bei machen (Soldatenmarschlied von Claire Waldoff)
Dann bist du jung, dann bist du alt (Erich Kersten)

Dann hat Reserve Ruh (Konrad Scherber)

Darum trinken wir noch eins (aus der Operette »Drei kleine Mädels« von Willi Kollo)

Das Dirndlkleid (Willy Prager)

Das Gänschen (Bruno Granichstaedten)

Das kann nur ein Schwips sein (Blues aus dem Vaudeville »Treffpunkt Dorado« von Rudolf Nelson)

Das Lied vom Avec (Hugo Leonard)

Das Lied vom Jagdschein (Kurt Tucholsky)

Das Lied vom Kamel (s. So ein Kamel)

Das Lied vom Vater Zille (Willi Kollo/Hans Pflanzer)

Das Lied von der grünen Wiese (hist. SPL-Aufnahme Grammophon)

Das Lied von der Kreatur (J. Rosenberg/Curt Peiser)

Das Lied von der wahren Liebe

Das Lied von meinem Kleenen (Ludwig Mendelssohn)

Das moderne Mädel (Claire Waldoff/Erich Kersten)

Das noble Berlin (Georg Mewes/Harry Senger)

Das Produkt unsrer Zeit (Rep. Metropol-Cabaret vor 1914)

Das rote Kleid (Rudolf Nelson/Fritz Grünbaum)

Das Schmackeduzchen (Walter Kollo/Hermann Frey)

Das Varieté (mit Carli Nagelmüller und Käthe Erlholz; Rep. »Chat noir« um 1909)

Da wackelt die Wand (Mac Rauls/Erich Kersten)

Der alte Faun (Victor Hollaender/Eddy Beuth)

Der Boxermaxe (Paul Strasser)

Der Einbruch bei Tante Klara (Käthe Hyan/Hans Hyan)

Der Frosch (Martin Knopf/Eddy Beuth)

Der grüne Aal (Sprechtext von Heide Sachs)

Der Jungfraun-Verein von Ixenthal (Walter Mendelssohn)

Der Kanonier (Soldatenlied)

Der kleine Herr Steppke (Claus Clauberg/Erich Kersten)

Der kleine Kadett (Siegfried Niklaß-Kempner/Eddy Beuth)

Der Klugschieter (Claus Clauberg/Erich Kersten)

Der Korporal (Ein Volkslied)

Der olle Leierkastenmann (Walter Mendelssohn)

Der Puls von Witwe Schulz (O. B. Roeser/Harry Senger)

Der rosaseidne Schlüpfer (Rep. Alt-Bayern und Femina 1932)

Der Schlips im Kohlenkasten (Sprechtext von Charlie Roellinghoff)

Der Soldate (Marschduett aus der Posse »Immer feste druff« von Walter Kollo. Mit Karl Gessner)

Des Treulosen Entschuldigung (Rep. Metropol-Cabaret vor 1914)

Det muß man jarnich ignorieren (Paul Strasser/Erich Kersten)

Det Scheenste sind die Beenekens (Walter Kollo/Claire Waldoff)

Die alte Kuchenfrau (Kurt Baumeister)

Die Ballade vom allzufleißigen Berliner (Tourneetitel 1934)

Die Ballade vom linken Been (Otto Stransky/Leo Hirsch)

Die Berliner Pflanze (Otto E. Lindner/Alexander Tyrkowsky)

Die Chance von der Rennbahn (Claire Waldoff/Kurt Steinfeld)

Die Direktrice (Claus Clauberg/Felix Josky)

Die Flundern, die werden sich wundern (Walter Kollo/Leo Leipziger)

Die Großstadtpflanze (Erich Einegg)

Die größte Entdeckung meines Lebens (Claus Clauberg)

Die Kartenlegerin (Paul Strasser/Heide Sachs)

Die Käseelse (Hans May/Hans Brennert)

Die Knochenballade (= Kuno, der Weiberfeind)

Die Laubenkolonie (Ludwig Mendelssohn)

Die Liebe hat mit Klugheit nichts zu schaffen (Eduard Künneke/Rideamus)

Die Mädels von Java (Henry Richards/Fritz Grünbaum)

Die praktische Berlinerin (Friedrich Hollaender)

Die Radpartie (Helmut Markiewicz)

Die Sonntagskluft (Ernst Leibholz/Lisa Simonis)

Die Tante ist nicht meine Tante (Paul Strasser/Julian Arendt)

Die Tausendkronen-Note (Harry Waldau)

Die Trommel ruft (Soldatenlied)

Die Tugend is 'ne sonderbare Tugend (aus der Operette »Wenn Liebe erwacht« von Eduard Künneke. Text: Haller/Rideamus)

Die Unschuld vom Lande (Karl Kapeller/Paul Lindau)

Die Zwiebelkur (Claus Clauberg/Kurt Steinfeld)

Dornröschen aus'm Wedding (Friedrich Hollaender/Hermann Vallentin)

Dösköppe haben heut' kein' Platz (Walter Mendelssohn)

Du mein Berlin (Georg Mewes/Harry Senger)

Een Dröpken aus de Panke (aus der Charell-Revue »Von Mund zu Mund« von Hans May und Hans Brennert)

Eh du mon Dieu, mon Dieu (Frank Wedekind)

Einmal geht jeder Sturm vorbei (Marcel Boissier/Harry Kornblum)

Einmal lebt man nur (Trinklied von W. Rosendahl und Hermann Frey)

Ein Meter zwanzig vom Autobus 2 (aus dem Film »Ich geh' aus und du bleibst da«; Otto Stransky/Karl Brüll)

Emil (Otto Stransky/Areuß-Benefeld)

Emilie vom Kurfürstendamm (Otto Stransky/Julian Arendt)

Erinnerungen an meinen Hermann (Claus Clauberg/Erich Kersten)

Er ist nach mir ganz doll (Carl Hötzel/Georg Wallis)

Er ist nach mir verrückt (Max Kluck/Ludwig Mendelssohn)

Er jeht mit se (Walter Mendelssohn)

Erna geht mit Max 'n bisken segeln (Ernst Kaufmann)

Er stand beim Train und war Sergeante (Heinrich Lautensack)

Erst hat er zu ihr Sie gesagt (Willy Prager)

Es gibt nur ein Berlin (Willi Kollo/Hans Pflanzer)

Es hat doch jeder seine eigne Note (Fritz Loewe)

Es ist nicht grade angenehm (Jobst Haslinde)

Es steht ein Storch auf einem Bein (Rep. Metropol-Cabaret 1915)

Es wird in hundert Jahren wieder so ein Frühling sein (Nico Dostal/ Robert Gilbert)

Familie Gänseklein (Erich Einegg/Erich Kersten)

Fang nie was mit Verwandtschaft an (aus der Nelson-Revue »Bitte zahlen«. Text: Kurt Tucholsky)

Fern der Heimat (Soldatenlied)

For mir (Köchinnenlied von Harry Senger)

Frau Kulickes Ermahnungen an ihre Tochter Hulda (Ernst Petermann)

Fräulein, woll'n Se nicht mit mir nachhause gehn (Willy Prager)

Fritze Bollmann wollte angeln (Brandenburgisches Volkslied)

Frühlingslied (Carl Hötzel)

Gassenhauer (Kurt Tucholsky)

Gespräch mit meiner Freundin Marie (Ernst Leibholz/Lisa Simonis)

Gleichet nicht den Fröschen (Wilhelm Lindemann)

Golf (Schütt/Willy Hagen)

Gotthold Bemmchens Abenteuer (Robert Stolz/Kurt Robitschek)

Grad so wie du (aus der Operette »Wenn Liebe erwacht« von Eduard Künneke. Text: Haller/Rideamus. Mit Carl Geppert)

Groschenlied (Friedrich Hollaender)

Gruß an unsre Heimat (Werner Schütte/Erich Kersten)

Guido vom Lido (Sigismund Witt/Willy Hagen)

Gustav mit'n Simili (O. B. Roeser/Harry Senger)

Hab'n wir det nötig (W. Rosendahl/Erich Kersten)

Hallelujah (Willi Kollo)

Halt dich fest, daß du die Balance nicht verlierst (aus der Operette »Mädi« von Robert Stolz. Text: Alfred Grünwald)

Hannelore (Horst Platen/Willy Hagen)

Happy end (= Na und denn) (Claus Clauberg/Kurt Tucholsky)

Hat er gesagt (Ludwig Schüller/Erich Kersten)

Hätt' Franz doch bloß keen Freund man nich (Monolog einer Köchin von Ludwig Mendelssohn)

Hättste det von Ferdinand gedacht (Mac Rauls/Willy Hagen)

Heinrich heeßt er (nach der Melodie »Hermann heeßt er«. Text: Claire Waldoff)

Hei, Shimmy, so klingt es (mit Kurt Lilien; aus der Operette »Die Ehe im Kreise« von Eduard Künneke)

Hermann heeßt er (Ludwig Mendelssohn)

Herrgott, schütz mir vor de Liebe (Erich Ziegler/Hans Pflanzer)

Herr Meyer, Herr Meyer, wo bleibt denn nur mein Reiher (aus der Operette »So bummeln wir« von Jean Gilbert)

Hier sitz ich am Tische, von Freunden umkränzt (Kommersbuch-Lied)

Hier sitz ich auf Rasen (Altes Studentenlied)

Hier wird nich jedrängelt (Fritz Loewe)

Ich bin ja nicht schön, aber frech (Rudolf Nelson/Fritz Prager)

Ich bin nicht für die Treue gemacht (Irving Caesar/Robert Gilbert. Aus der Charell-Revue »Von Mund zu Mund«)

Ich bin und weiß nicht was

Ich brauch 'nen Mann (Europa-Couplet aus der Operette »Die Ehe im Kreise« von Eduard Künneke)

Ich fühl, det ick wat Feines bin (Willy Prager)

Ich gehe meinen Schlendrian (Altes Studentenlied)

Ich hab' so'n Krach mit meinem Mann (Claus Clauberg/Felix Josky)

Ich kann um zehne nicht nachhause gehn (Claus Clauberg/Erich Kersten)

Ich rolle Punkt (Sigismund Witt/Heide Sachs)

Ich sag nicht ja, ich sag nicht nein (Shimmy aus der Operette »Señora« von Hugo Hirsch. Text: Alfred Berg/Paul Fago)

Ich seh's an deiner Miene (hist. SPL-Aufnahme Electrola)

Ick lass mir nich de Neese verpatzen (Paul Strasser/Julian Arendt)

Ick war uff alles jefaßt (Ludwig Mendelssohn)

Im Dilemma

Im grünen Klee (Hermann Leopoldi/Beda)

Immer ran an' Speck (Walter Mendelssohn)

Im Nußbaum links am Molkenmarkt (aus dem Singspiel »Hofball bei Zille oder Mein Milljöh« von Hans May und Hans Brennert)

In Berlin auf dem Kurfürstendamm (Willy Prager)

In Tegel, in Tegel gibt's lockre Vögel (Franz Schmidt-Hagen)

In Weißensee träumt eine alte Pappel (W. Rosendahl/Hermann Frey)

Ja, die Liebe hat ihre Launen (Rudolf Nelson)

Ja wenn du denkst, nu kannste (Paul Strasser/Loewenberg)

Jedes Mädel kriegt mal Einen (Shimmy aus der Revue »Die Welt ohne Schleier« von Paul Hühn. Text: Alfred Berg)

Jetzt ist's zuende mit der Schießerei (Emil Hartmann)

Jonny (Friedrich Hollaender)

Jottlieb Neumann (Ludwig Mendelssohn)

Junger Mann, kauf dir 'ne Zeitung (Henry Kassbon/Erich Kersten)

Juni, Juli und August schwindet jede Liebeslust (Willy Prager)

Junkel-Funkel (Marschlied von W. Rosendahl/Hermann Frey)

Kann ich dafür (Romanze aus dem Spanischen von Jobst Haslinde)

Kannste mir denn noch 'n bißchen leiden (W. Rosendahl)

Klärchen aus dem Gartenhaus (Harry Senger)

Knoll, der stramme Grenadier (Wilhelm Lindemann)

Knoll, der Trommler (Wilhelm Lindemann)

Knoll, jawoll (Soldatenlied)

Komm, mein Schatz, wir trinken ein Likörchen (Paul Preil)

Komm mit mir, Karolin (Willy Prager)
Krause (Ralph Benatzky)
Kremserlied (Willi Kollo)
Kriegslied eines Tertianers (Ludwig Mendelssohn)
Kuno, der Weiberfeind (Rudolf Nelson/Fritz Grünbaum)
Kußlehre (Jobst Haslinde)

Lieber Leierkastenmann (Willi Kollo)
Lied der Harfenjule (Paul Strasser/Walter Mendelssohn)
Lied der Pompadour (aus der Operette »Madame Pompadour« von Leo
    Fall/Rudolf Schanzer und Ernst Welisch)
Lied der Portokasse (Hermann Schulz-Buch)
Lied über einen Kriegsgefangenen aus Kanada
Line mit's große Temperament (hist. SPL-Aufnahme)
Lulu unterwegs nach der Barnimstraße (Claus Clauberg/Kurt Steinfeld)

Mach kein Meckmeck (Mac Rauls/Erich Kersten)
Mädel, du bist für die Liebe gemacht (Anton Profes/Hans Pflanzer)
Mädel, komm mit (Oscar Jascha/Ferdinand Kahn)
Mädel, kriegst du keinen Mann (aus dem Singspiel »Hofball bei Zille
    oder Mein Milljöh« von Hans May und Hans Brennert)
Mädel, wenn dich böse Buben locken (Taratata-Step von Alfredy)
Man ist nur einmal jung (Walter Kollo/Rudolf Bernauer)
Man kann auch treu sein (Arthur Rebner)
Mariechen saß weinend im Garten (Küchenlied)
Marutschka
Maskenball im Ziegenstall (W. Kollo)
Max, nimm dir doch den Schnurrbart ab (Richard Hirsch)
Maxe von der schweren Artillerie (Victor Leander)
Meine kleine Villa (Helmut Markiewicz)
Meine schwache Seite (Claus Clauberg/Erich Kersten)
Mein Justav, der Süße (aus der Operette »Woran wir denken« von Max
    Winterfeld. Text. Walter Turszinsky)
Mein Kleener (Ludwig Mendelssohn)
Mein kleines Wonnepröppchen (Walter Mendelssohn)
Mein Maxe (Fritze Fischer = Walter Mendelssohn)
Mein Paulchen ist weg (Otto Stransky/Felix Josky)

Mein Schorsche mit der Forsche (Emil Hartmann)

Mein Yo Yo (Erich Kersten)

Mensch, dir hängt ja 'n Zippel raus (Hermann Schulz-Buch)

Mensch, heerst du den Grammophon (aus dem Singspiel »Hofball bei Zille oder Mein Milljöh« von Hans May und Hans Brennert)

Mensch, komm mal rüber (Harry Waldau)

Mensch, lach doch (Walter Mendelssohn)

Menschliches-Allzumenschliches (Claus Clauberg/Erich Kersten)

Mich hat ein fremder Mann geküßt (Melchert/Elow)

Minna muß zum Film (Otto Stransky/Felix Josky)

Mir hab'n se die Gurke vom Schnitzel weggemopst (O. B. Roeser/Harry Senger)

Mir ist schon wieder so – ick weeß nich wie (Henry Kassbon/Erich Kersten)

Mir ist so trübe (Soldatenlied)

Mitten in der Nacht (Harry Hauptmann/Erich Franz Glaser)

Morgens willste nich und abends kannste nich (Emil Hartmann)

Moritat (Ludwig Mendelssohn)

Muckepicke (Otto Stransky/Heide Sachs)

Mutterns Hände (Claus Clauberg/Kurt Tucholsky)

Nach meine Beene is ja janz Berlin verrückt (Walter Kollo/F. W. Hardt)

Na, denn laß es dir man jut bekommen (Walter Kollo/Emil Hartmann)

Na, nu jeht et schon wieder so 'n bisken (aus der Operette »Drei alte Schachteln« von Walter Kollo. Text: Rideamus)

Na schön, da haben wir eben Pech gehabt (Werner Schütte/Erich Kersten)

'ne dufte Stadt ist mein Berlin (Walter Kollo/F. W. Hardt)

Nur ein kleiner Schwips (Byron-Gay/Otto Stransky und Fritz Rotter)

Nutt, nutt, nutt, ist die Walze ooch kaputt (Walter Mendelssohn)

Oh, Marianka! Komm auf die Banka! (Ernö Geiger/Arthur Rebner)

Ohne Licht (Foxtrot von Siegwart Ehrlich/Hans Pflanzer)

O wie praktisch ist die Berlinerin (Friedrich Hollaender)

Piefke in Paris (Ralph Benatzky)

Püppchen Liese (Elit Worsing/Arthur Rebner)

Raus mit den Männern aus dem Reichstag (Friedrich Hollaender. Aus der
    Charell-Revue »Von Mund zu Mund«)
Reserve hat Ruhe

Sabinchen war ein Frauenzimmer (Küchenlied)
Sag mir wann (Willi Weill)
Schatz, ach Schatz, schenk mir 'ne Kleinigkeit (Shimmy-Lied von Max
    Bertuch aus der Revue »An alle«)
Schiebermaxe (Schusterjungenlied von Walter Kollo/Hermann Frey)
Schlaflied für Molleken (Claus Clauberg/Frank Günther)
Schlesisches Soldatenlied (Willy Prager)
Schnuppquadrat (Wilhelm Lindemann)
Schulzens Töchter (Ludwig Mendelssohn)
's ist janz egal (Maurice Yvain)
So denkt im Frühling die Berlinerin (Hermann Schulz-Buch)
So ein Kamel (Paul Pallos/Fritz Grünbaum)
Solang nicht die Hose am Kronleuchter hängt (Walter Kollo/Hermann
    Frey)
Soldatenlied (Als ich jüngst grad ging von Haus)
Soldatenlied (Der Soldat muß hinaus in die weite Welt. Aus der Operette
    »Drei alte Schachteln« von Walter Kollo/Rideamus)
Soldatenmarschlied (Wenn die Soldaten durch die Stadt marschieren von
    H. F. Rollers)
Soldaten-Romanze (Der erste war ein Korporal; Rep. Metropol-Cabaret
    um 1914)
Sonntagskluft (hist. SPL-Aufnahme Parlophon)
Strempels Mieze
's wird schon wieder Morgen werden (Jolson/Conrad/de Sylva)

Tante Ida (W. Rosendahl)
Tutankhamen-Shimmy (Jaro Benès)

Und dann kommste nicht (Claus Clauberg/Lilly Austerlitz)
Und wieder stand ich Wache vor meines Königs Haus (Soldatenlied)
Und willst du nicht die Meine sein, na schön, dann nicht (Robert Stolz)
Unsere Minna (Claus Clauberg/Erich Kersten)
Unsre Havel ist unser Rhein (Paul Strasser/Harry Kornblum)

Verliebt, verlobt, verheiratet (M. Werau/Hans Pflanzer)

Verwandlungen (Claus Clauberg/Erich Kersten)

Vier Stationen (Erich Einegg)

Waldemar-Mieze-Duett (mit Guido Thielscher; aus der Revue »Woran wir denken« von Jean Gilbert = Max Winterfeld/Text: Leo Leipziger)

Warum haste mir denn bloß geheirat' (Claus Clauberg/H. L. Rumpf)

Warum kiekste mir denn immer uff de Beene (Harry Waldau)

Warum kommste denn schon wieder mal so spät, Marie (Hugo Hirsch/Willy Hagen)

Warum liebt der Wladimir grade mir (Hans May/Robert Gilbert)

Warum soll er nich mit ihr (Walter Mendelssohn. Lied aus der Revue »An alle«)

Warum willst du mich denn ganz verlassen (Hofsängerlied von Helmut Markiewicz)

Was braucht der Berliner, um glücklich zu sein (Fritz Paul/Werner Hassenstein)

Was hat man eigentlich von seiner Liebe (Claus Clauberg/Werner Hassenstein)

Was liegt bei Lehmann unterm Apfelbaum (Walter Kollo/O. A. Alberts)

Was mein Bruder sang = Annemarie (Victor Hollaender/Julius Freund)

Was meinste Mensch, wie man sich täuschen kann (Gutkind/Willy Hagen)

Was nützt denn den Mädchen die Liebe (aus der Operette »Drei alte Schachteln« von Walter Kollo/Rideamus)

Was nützt mir der schönste Grunewaldsee (Fritz Loewe/Robert Gilbert)

Was willst du denn im Engadin (Werderlied; von Erwin Strauß/Käthe Huldschinsky)

Wat hängt bei de Leute an de Wand (Claus Clauberg)

Wat hat denn der Bräut'gam von der Braut (Carl Hötzel)

Wat kiekste mir denn immer in die Bluse (Hugo Hirsch/Alfred Berg)

Wegen dir hab ich meine jute Stellung bei Tietz uffjejeben (Balladenparodie von Erich Einegg)

Wegen Emil seine unanständige Lust (Paul Strasser/Julian Arendt)

Weine nicht, mein Liebling, weine nicht (Arthur Rebner/Richard Rillo)

Wenn der Bräut'gam mit der Braut (Walter Kollo/F. W. Hardt)

Wenn die kleinen Mädels nah an sechzehn (Theo A. Körner/Willy Prager)

Wenn du nicht kannst, laß mich mal (Theo A. Körner/Fritz Grünbaum)

Wenn du schlau bist (Wilhelm Aletter)

Wenn Evelyne nur die Achsel zuckt (Otto Stransky)

Wenn ich dich seh, dann muß ich weinen (Artur M. Werau)

Wenn ick dir lieben soll (W. Rosendahl)

Wenn ick mir so in dem Trimoh bekieke (aus der Operette »Drei alte Schachteln« von Walter Kollo/Rideamus)

Wenn man allein ist (Hugo Hirsch)

Wenn's duster is im Friedrichshain (Walter Mendelssohn)

Wenn Willi Püppchen zu mir sagt (Helmut Markiewicz)

Wenn wir Mädchen jung sind (Marcel Boissier)

Wenn zwei verliebt sind, soll man sie nicht stören (Julian Fuß/Willy Prager)

Wer schmeißt denn da mit Lehm (Claire Waldoff)

Wer wird denn weinen, wenn man auseinandergeht (aus der Operette »Die Scheidungsreise« von Hugo Hirsch/Arthur Rebner)

Wie denkste dir denn det nu mit uns beiden (Edmund Nick/Gertrud Renner)

Wie wohl ist mir am Wochenend (Artur M. Werau/Hans Pflanzer)

Willst du Minister sein

Wirst du deinem Mädel schnuppe (Scheibenhofer)

Wir woll'n den Gram in Sekt ertränken (Terzett mit Lori Leux und Ilse Marwenga aus der Operette »Die Ehe im Kreise« von Eduard Künneke. Text: Rideamus)

Witwe Meyer (Walter Mendelssohn)

Woher nehmen und nicht stehlen (hist. SPL-Aufnahme Zonophon)

Wozu hat der Soldat eine Braut (Walter Bromme)

Zeppeline (Rudolf Nelson/O. A. Alberts)

Zieh doch dein Dirndl an (Rudolf Nelson/Kurt Tucholsky. Aus der Nelson-Revue »Bitte zahlen«)

Zippel-Polka (Hermann Schulz-Buch)

Zur Frühlingszeit, zur schönen Frühlingszeit (mit Carl Geppert, aus der Operette »Wenn Liebe erwacht« von Eduard Künneke. Text: Haller/Rideamus)

Unterstützung bei der Ermittlung des Repertoires erhielt die Autorin von Roswitha Seidel, Berlin; Sieghart Rodig, Dohna; Heinz Diersch, Berlin; Hans Jahr, Gera; Wolfgang Blobel, Dresden; Günter Große, Regis-Breitingen; Heinz Sauer, Berlin; H. P. Schmidt, München, sowie Alfred Zill, Etzdorf.

Zu einigen Titeln konnten die Angaben nur unvollständig ermittelt werden. Für Hinweise und Ergänzungen sind Autorin und Verlag jederzeit dankbar.

Claire Waldoffs Lebenslauf

1884 am 21. 10. als Clara Wortmann in Gelsenkirchen, Mühlenstraße 8, geboren. Der Vater, ehemaliger Steiger des Gelsenkirchner Reviers, betreibt am Ort eine Schankwirtschaft mit Futtermittelhandel und Zimmervermietung.

1896 Besuch der ersten Mädchengymnasialkurse der Helene Lange in Hannover mit dem Ziel, Ärztin zu werden. Heimliche Liebe zum Theater.

1903 erstes Bühnenengagement als Naive und jugendliche Liebhaberin »mit einem einzigen Hemd und einem Paar Strümpfe«. Bis 1906 an der Wanderschmiere Kattowitz unter anderem als Rautendelein in Gerhart Hauptmanns Stück »Die versunkene Glocke«.

1906 Aufbruch nach Berlin. Ihre Entdeckerin und Förderin ist die Schauspielerin und Schriftstellerin Olga Wohlbrück, an deren Figaro-Theater sie in Einaktern von Paul Scheerbart auftritt.

1907 Übertritt zum Kabarett. Erstes Engagement am »Roland von Berlin«. Der junge Walter Kollo, ihr Komponist und Pianist, fördert ihre Berlinische Note. Ihr erster großer Erfolg, »Mein geliebtes Schmackeduzchen«, wird auch ihre erste Schallplatte.

1908 Rudolf Nelson holt die aparte Person an sein »Chat noir« im Zentrum der Friedrichstadt. Sie ist Kollegin von Fritz Grünbaum, Willy Prager, Käthe Erlholz, Willi Schaeffers und Gussy Holl und eine Attraktion des weltstädtischen Berliner Kabarett- und Nachtlebens.

1910 Sie ist der Star des »Linden-Cabarets« an der Friedrichstraße. Die Erfolgstitel lauten: »Nach meine Beene is ja janz Berlin verrückt«, »Was liegt bei Lehmann unterm Apfelbaum«, »Die Laubenkolonie«, »Wenn der Bräut'gam mit der Braut«.
Gemeinsames Auftreten mit Egon Friedell in dessen Kabarett-Einakter »Goethe im Examen«.

1911 Zwei Monate am »Empire«-Varieté in London. Für die Kritiker ist sie »The imp of every form of fun«. Ihre Spezialität ist und bleibt der Berliner Gassenhauer.

1913 In Berlin entsteht ihr Standardlied »Hermann heeßt er!« Kurt Tucholsky veröffentlicht über sie und dieses Lied einen Aufsatz in der »Schaubühne«. Zu ihren frühen Verehrern gehört auch Heinrich Zille.

1914 Mitwirkung in den zeitüblichen patriotischen Revuen des Metropol-Theaters, u. a. »Woran wir denken« als Partnerin von Guido Thielscher.

1916 Oskar Kokoschka zeichnet ihr Porträt. Es erscheint als Titelblatt von Herwarth Waldens Zeitschrift »Sturm«. In den zwanziger Jahren entstehen weitere Zeichnungen und Bildnisse der Waldoff von Emil Orlik, B. F. Dolbin, Walter Trier, Augusta von Zitzewitz, Heinrich Zille und anderen.

1917 steht sie zum erstenmal als »Köchin Auguste« auf der Operettenbühne mit dem Couplet »Ach Gott, was sind die Männer dumm«.

1918 Als Schaufensterpuppe in dem Kinolustspiel »Die Dame im Schaufenster«. Filmrollen sind in ihrer künstlerischen Laufbahn jedoch die große Ausnahme.

1924 kreiert sie in einer Charell-Revue ihr Berliner Lied »Warum soll er nicht mit ihr«. Keine Rundfunk-Kabarettsendung ohne Claire Waldoff.

1925 Mitwirkung in dem Singspiel »Hofball bei Zille oder Mein Milljöh«. An ihren Namen heftet sich das Etikett »Zille-Göre«.

1926 Mitwirkung in der Charell-Revue »Von Mund zu Mund«. Darin ihr Friedrich-Hollaender-Lied »Raus mit den Männern aus dem Reichstag«. Sie ist in den zwanziger Jahren Bühnenpartnerin von Margo Lion, Marlene Dietrich, Curt Bois, Wilhelm Bendow, Theo Lingen und vielen anderen Stars.

1927 bis 1933 ausverkaufte Häuser mit Claire Waldoff. Anerkennende Rezensionen von Alfred Polgar, Kurt Tucholsky, Alfred Döblin, Alfred Kerr und den Artistenfachblättern. Der Lyriker Max Herrmann-Neiße spricht von »Lebensliedern«. Yvette Guilbert, Pariserin und Weltstar des Chansons, würdigt ihre Berliner Kollegin als »grande interprète de la chanson allemande«.

1928 Erneuerung des Repertoires in Zusammenarbeit mit namhaften Kabarett- und Schlagerkomponisten der zwanziger Jahre, u. a. Erich Einegg, Otto Stransky, Willi Kollo, Paul Strasser, später Claus Clauberg und Helmut Markiewicz. Sie singt Gassenhauer,

Operettentitel, Schlagerlieder, Couplets wie auch Hollaender- und Tucholsky-Chansons.

1929 nimmt sie von Tucholsky »Mutterns Hände« ins Repertoire. In der »Weltbühne« identifiziert Tucholsky die Berolina mit Claire Waldoff als »das olle Wappen von die Stadt Berlin«. Tucholsky schreibt und vertont um jene Zeit mehrere Lieder für sie.

1930 steht sie mit durchschnittlich zwei Schallplatten pro Monat an der Spitze ihrer Branche. Die Schlager ihres Repertoires heißen: »Familie Gänseklein«, »Witwe Meyer«, »Hannelore«, »Der Schlips im Kohlenkasten«, »Die Radpartie«, »Die Kartenlegerin«, »Wegen dir hab ich meine gute Stellung bei Tietz uffjejeben« – Lieder mit Humor, Gemüt und sozialen Akzenten.

Enthüllung des Zille-Denkmals durch Claire Waldoff. Sie kreiert das Lied vom Vater Zille mit dem Refrain »Das war sein Milljöh«.

1932 Auftritte vor Arbeitslosen und zugunsten hungernder Kinder zusammen mit Erich Weinert, Werner Finck, Paul Graetz, Alexander Granach und anderen. Mitwirkung im Bunten Programm auf dem Funkball der Dresdner Arbeiter.

Im Mai großes London-Gastspiel mit der englischen Fassung ihrer Lieder.

In der »Berliner Morgenpost« erscheinen von ihr Lebenserinnerungen als Fortsetzungsserie unter dem Titel »Das Kabarett – Mein Leben«.

1933 Die politischen Verhältnisse in Deutschland verdrängen sie mit ihren Engagements an die Peripherie. Sie tritt weiterhin auf, gilt jedoch als nicht erwünscht.

1935 Von Eduard Duisberg, dem Direktor der Scala, erhält sie als Ehrengeschenk eine in Brillanten gefaßte Goldmedaille mit der Inschrift: »Unserer geliebten Claire«.

Der Leitartikel im nationalsozialistischen Fachblatt »Die deutsche Artistik« lautet: »Die Reichsfachschaft Artistik marschiert!« Claire Waldoff marschiert nicht mit. Sie zieht sich mit Ausbruch des Krieges, 1939, in ihr Weißbach-Häusl nach Bayerisch-Gmain an der österreichischen Grenze zurück. Dort lebte sie mit ihrer Freundin und Lebensgefährtin Olly von Roeder bis zu ihrem Tode.

1948 vereinzelte Auftritte im süddeutschen Raum (u. a. Bad Reichenhall, Regensburg, Stuttgart, Karlsruhe) und anschließend 1949 einmal in Hamburg.

1949 wird für sie unter »Claire Waldoff, Vortragskünstlerin« ein Mitgliedsausweis der Vereinigten der Verfolgten des Naziregimes, unterzeichnet vom bayerischen Landesvorsitzenden, ausgestellt.

1950 Berlin-Comeback nach dem Kriege. Auftritt im Titania-Palast. Ihr neustes Lied: »Alles kommt im Leben einmal wieder. / Warum denn Eure Claire nicht.«

1953 erscheint ein Erinnerungsbüchlein von ihr unter dem Titel »Weeste noch. / . . .«.

1957 am 22. Januar in Bad Reichenhall gestorben. Beigesetzt auf dem Prag-Friedhof in Stuttgart (Grabstätte der Familie des Freiherrn von Roeder).

Literaturverzeichnis

Beiträge zur Geschichte des Rundfunks, Nr. 2/3, 1976. Herausgegeben vom Lektorat Rundfunkgeschichte des Staatlichen Rundfunkkomitees beim Ministerrat der DDR.

Bemmann, Helga: Wer schmeißt denn da mit Lehm. Eine Claire-Waldoff-Biographie. Berlin 1982.

Bemmann, Helga (Hrsg.): Die Lieder der Claire Waldoff. Nach alten Schallplatten rekonstruiert. Berlin 1983.

Bemmann, Helga: Claire Waldoff und ihr Liedrepertoire. In: Sabine Schutte (Hrsg.): Ich will aber gerade vom Leben singen. Reinbek bei Hamburg 1987.

Bemmann, Helga: Berliner Musenkinder-Memoiren. Eine heitere Chronik von 1900–1930. Berlin 1981.

Bemmann, Helga: Marlene Dietrich – Ihr Weg zum Chanson. Berlin 1986.

Bemmann, Helga: In mein' Verein bin ich hineingetreten. Kurt Tucholsky als Chanson- und Liederdichter. Berlin 1989.

Bemmann, Helga (Hrsg.): Mitgelacht – Dabeigewesen. Erinnerungen aus acht Jahrzehnten Kabarett. Berlin 1980.

Brenner, Hildegard: Die Kunstpolitik des Nationalsozialismus. Hamburg 1963.

Brennert, Hans: Hofball bei Zille oder Mein Milljöh. Textbuch. Berlin 1925.

Buchner, Eberhard: Varieté und Tingeltangel in Berlin. Berlin und Leipzig 1905.

Clauberg, Claus: Autobiographische Aufzeichnungen. Unveröffentlichtes Manuskript.

Czerny, Peter und Hofmann, Heinz P.: Der Schlager. Ein Panorama der leichten Musik. Bd. I. Berlin 1968.

Cziffra, Géza von: Kauf dir einen bunten Luftballon. Erinnerungen an Götter und Halbgötter. München/Berlin 1975.

Dahlhaus, Carl: Studien zur Trivialmusik des 19. Jahrhunderts. Regensburg 1967.

Döblin, Alfred: Griffe ins Leben. Theaterkritiken. Berlin 1974.

Frey, Hermann: Immer an der Wand lang. Allerlei um Hermann Frey. Berlin 1943.

Goltz, Joachim von der: Der Baum von Cléry. München 1936.

Guilbert, Yvette: L'art de chanter une chanson. Paris 1928. Dtsch. Ausgabe: Die Kunst, ein Chanson zu singen. Berlin 1981.

Guilbert, Yvette: Lied meines Lebens. Berlin 1928.

Herrmann-Neiße, Max: Eine Einführung in sein Werk und eine Auswahl. Schriftenreihe Verschollene und Vergessene. Wiesbaden 1951.

Herrmann-Neiße, Max: Gesammelte Werke. Zweitausendeins. Frankfurt am Main 1986.

Hesterberg, Trude: Was ich noch sagen wollte. Berlin 1971.

Hösch, Rudolf: Kabarett von gestern. Nach zeitgenössischen Berichten, Kritiken und Erinnerungen. Band I (1900–1933). Berlin 1969.

Jameson, Egon: Am Flügel Rudolf Nelson. Berlinische Reminiszenzen. Berlin 1967.

Jansen, Wolfgang: Glanzrevuen der zwanziger Jahre. Berlin 1987.

Kerr, Alfred: Sätze meines Lebens. Über Reisen, Kunst und Politik. Berlin 1977.

Kiaulehn, Walther: Berlin – Schicksal einer Weltstadt. München 1981.

Kollo, Walter: Drei alte Schachteln. Textbuch der Gesänge. Berlin 1917.

Kothes, Franz-Peter: Die theatralische Revue in Berlin und Wien 1900–1938. Berlin 1977.

Lasch, Agathe: Berlinisch. Eine berlinische Sprachgeschichte. Berlin 1928.

Lange, Annemarie: Das wilhelminische Berlin. Berlin 1967.

Lange, Helene: Lebenserinnerungen. Berlin 1927.

Mann, Willy: Berlin zur Zeit der Weimarer Republik. Berlin 1957.

Mendelssohn, Ludwig: Vom Überbrettl. Michows Musikalische Modebibliothek, Bd. 1. Charlottenburg o. J.

Meyer, Hans (Hrsg.): Der richtige Berliner. Berlin 1925.

Otte, Bernd: Die soziale Entwicklung Gelsenkirchens 1870–1914. Examensarbeit (vervielfältigtes Ms.). Gesamthochschule Duisburg, 1973.

Pacher, Maurus: Sehn Sie, das war Berlin. Weltstadt nach Noten. Berlin 1987.

Pem (Paul Markus): Heimweh nach dem Kurfürstendamm. Aus Berlins glanzvollsten Tagen und Nächten. Berlin 1962.

Prager, Willy: Sie werden lachen. Nichts erfunden – alles erlebt. Berlin 1948.

Ranke, Winfried: Vom Milljöh ins Milieu. Heinrich Zilles Aufstieg in die Berliner Gesellschaft. Hannover 1979.

Riess, Curt: Das gab's nur einmal. Die große Zeit des deutschen Films. Wien-München 1977.

Ringelnatz, Joachim: Reisebriefe an M. (Muschelkalk). Berlin 1964.

Ruttkowski, Wolfgang Victor: Das literarische Chanson in Deutschland. Bern und München 1966.

Schaeffers, Willi: Tingel-Tangel. Ein Leben für die Kleinkunst. Hamburg 1959.

Scheerbart, Paul: Gesammelte Arbeiten für das Theater, Bd. 1 und 2. München 1977.

Schlagerchronik 1892–1959. Hrsg. von Wolfgang Adler. SFB-Archiv, Bd. 3. Sender Freies Berlin. Berlin 1987.

Schneidereit, Otto: Operettenbuch. Berlin 1962.

Sperr, Monika: Das große Schlagerbuch. Deutsche Schlager von 1800 bis heute. München 1978.

Schmidt, Felix: Das Chanson. Herkunft, Entwicklung, Interpretation. Ahrensburg – Paris 1968.

Tucholsky, Kurt: Gesammelte Werke, Bd. 1–3. Hamburg 1960/61.

Waldoff, Claire: Weeste noch. Aus meinen Erinnerungen. Düsseldorf – München 1953.

Waldoff, Claire: Das Kabarett – Mein Leben. Von ihr selbst erzählt. In: Berliner Morgenpost, zweite Beilage, Teil 1–3, 30. Oktober bis 2. November 1932.

Waldoff, Claire: Repertoire. Harmonie-Verlag. Berlin 1921.

Waldoff, Claire: Schellack-Titelliste (Computerausdruck). Bestandsverzeichnis des Deutschen Musikarchivs Berlin (Gärtnerstraße).

Weihermüller, Manfred: Discographie der deutschen Kleinkunst, Bd. 1–3. Bonn 1991

Wohlbrück, Olga: Vortragsmappe von Olga Wohlbrück. Halle 1893.

Es wurden weiterhin folgende Zeitungen und Zeitschriften benutzt: Berliner Tageblatt, Jgg. 1921–1933; Berliner Morgenpost, Jg. 1932; Die Schaubühne, Jgg. 1906–1913; Berliner Illustrirte, Jgg. 1924–1933; Der

Sturm, Jg. 1916; Die Funkstunde, Jgg. 1926, 1927, 1930; Der Ton (Magazin für Musik- und Tanzfreunde), Jgg. 1927–1932; Die Stimme seines Herrn (Zeitschrift der Deutschen Grammophon AG), Jgg. 1910–1918; Das Programm (Artistisches Fachblatt), Jgg. 1919–1933; Das Organ der Varieté-Welt, Jgg. 1907–1913 sowie 1919–1933; Der Artist, Jgg. 1909, 1910 sowie 1919–1930; sowie einschlägige Aktenbestände des Berlin Document Centre und des Brandenburgischen Landeshauptarchivs Potsdam (Sanssouci-Organerie).

Abbildungsnachweis

Märkisches Museum Berlin (7):   S. 29, 41, 91, 120, 137, 159, 169
Brandenburgisches Landeshauptarchiv (BL HA),
Pr. Br. Rep. 30 Berlin C Polizeipräsidium Berlin
Titel 74 Th Nr. 136, (1):   S. 102
Landesbildstelle Berlin (2):   S. 109, 129
Bilderdienst des Süddeutschen Verlages (1):   S. 217
Archiv Helga Bemmann (22):   S. 13, 33, 45, 48, 54, 58, 62, 65, 73, 77,
    85, 127, 139, 149, 154, 168, 172, 179, 195, 199, 204, 215
Claire Waldoff, Weeste noch, 1953 (10):   S. 12, 21, 35, 41, 55, 98, 112,
    118, 194, 206
Zeichnung Bruno Paul (1):   S. 36
Hermann Frey, Immer an der Wand lang, 1943 (1):   S. 51
Der Sturm, Heft 9, 1916 (1):   S. 125

In einigen Fällen konnte die Rechtsnachfolge für verwendete Abbildungen nicht ermittelt werden. Berechtigte Ansprüche werden selbstverständlich abgegolten.

Personen- und Sachregister

Admirals-Cabaret 115
Alberts, O. A. 63 f., 175
Alsberg, Max 158
Alt-Bayern 88, 115, 155
American-Theater 59
Apollo-Theater (Berlin) 60, 66, 81
Apollo-Theater (Königsberg) 105
Appelbaum 68
Arnold, Franz 98
Arnold, Karl 138

Bab, Julius 82
Baluschek, Hans 84
Bamberger, Elly 177
Baron, Rudolf 59
Barrett, Lawrence 198
Baselt, Georg 38
Bassermann, Albert 25
Battons, Die 143, 196, 214, 216
Baudelaire, Charles 28
Baumeister, Kurt 180
BEBA-Filmpalast 119
Benatzky, Ralph 123
Bendix, Martin 67, 69, 165
Bendow, Wilhelm 123, 150
Berber, Anita 158
Berlin, Irving 123 f.
Berliner Landwehrcasino 68
Bernauer, Rudolf 52, 166, 178
Berolina 201

Beuth, Eddy 64, 175
Bierbaum, Otto Julius 50, 178
Björnson, Björn 25
Boelcke (Fliegerhauptmann) 106
Bois, Curt 150
Brecht, Bertolt 153, 213
Brennert, Hans 66, 134 f.
Bretschneider, Carl 105
Bronisch, Paul 214
Brümmer, Adalbert 18
Bunter Würfel (München) 200
Burghardt, Max 213
Busch, Ernst 116 f., 213
Byron, George Gordon Noel 28

Café Vaterland (Hamburg) 155
Caillavet 35
Carow, Erich 156
Charell, Erik 123, 150, 182
Charlott-Casino 84, 115, 162, 183
Chat noir 44, 60 f., 63 f., 66, 68, 71 f., 83, 115, 153, 175, 230
Chevalier, Maurice 122
Clauberg, Claus 82, 114, 137, 140, 160 f., 183 ff., 212, 215, 232
Clauberg, Katharina 160
Cochran, Charles B. 188
Comedian Harmonists 153
Corso-Theater 210

Courths-Mahler, Hedwig 33
Cziffra, Géza von 152

Dehmel, Richard 126
Deutsches Haus (Kattowitz) 19, 23
Die Bösen Buben 178
Die Kleine Freiheit (München)
205
Dietrich, Marlene 138, 150 ff.,
170, 172, 198
Döblin, Alfred 118
Dolbin, B. F. 127, 199
Dörmann, Felix 27
Dorsch, Käthe 150
Dostal, Nico 175
Douglas, Louis 150
Duisberg, Eduard 190, 193, 197

Ebinger, Blandine 130
Eden-Cabaret (Leipzig) 155
Ehrlich, Max 163
Einegg, Erich 183, 185
Eisler, Hanns 116
Eldorado 157
Elers, de 35
Empire-Varieté (London) 80
Erlholz, Käthe 61, 64, 94, 115
Etté, Bernard 150
Ewers, Karl-Heinz 162 f.
Eysler, Edmund 20
Eysold, Gertrud 126

Fall, Leo 74
Felsenstein, Walter 213
Femina (Berlin) 163
Figaro-Theater 31, 33 ff., 38 f.
Finck, Werner 30, 60, 163, 198,
213

Fledermaus 72
Flora-Theater (Hamburg) 189
Flügge, Gerhard 47
Flynn, Errol 209
Frankonia-Kabarett 136
Friedell, Egon 72, 115
Friese, Mize 56
Freund, Julius 51, 192
Frey, Hermann 48 ff., 55, 60,
166, 175
*Fürstliches Sommertheater
Pyrmont* 18

Gebrüder-Herrnfeld-Theater 165
Gebühr, Otto 150
Gert Valeska 185
Giampietro, Josef 51
Girardi, Alexander 174
Glaßbrenner, Adolf 88, 135, 185
Glasenapp, von 100
Gläßner, Erika 150
Glaser, Erich Franz 175
Goebbels, Joseph 189 191, 196 f.,
209
Göring, Hermann 77, 195 f.
Goethe, Johann Wolfgang von
28
Goltz, Joachim von der 105
Graetz, Paul 59 f., 115, 118, 141,
153, 163, 198
Granach, Alexander 163
Grock 156
Cabaret Größenwahn 185
Großes Schauspielhaus 123, 134,
150, 153
Grünbaum, Fritz 61, 64, 66, 115,
175, 198
Gründgens, Gustaf 213

Gürtler, Danny 57, 72, 178
Gilbert, Jan (= Max Winterfeld) 98 148 f.
Guilbert, Yvette 61, 81 ff., 121, 126, 147 f., 167 f., 199, 235
Gutten, Jeanette 64

Hagen, Willy 229
Halbe, Max 25, 34
Haller, Herman 97, 108, 117
Halm, Alfred 42
Hardekopf, Franz 38
Hardt, F. W. 63, 73, 166, 175
Hase, Annemarie 115
Hartmann, Emil 169
Hauptmann, Gerhart 20 ff., 34, 47, 209
Hauptmann, Harry 174
Haus Vaterland (Hamburg) 204
Havilland, Olivia de 209
Hayduk, Alfons 206, 210
Heilmann, Frl. (Walzersängerin) 24
Heine, Heinrich 72
Heinzmann (Staatsanwaltschaftsrat) 68
Helmerding, Franz 165
Hennings, Emmy 115
Hermann, Gottfried 218
Herrmann-Neiße, Max 83, 145 ff., 155, 194, 199 f., 233
Herzog, Elsa 158
Hesterberg, Trude 28, 115, 140 f., 200, 213, 232
Heymann, Werner Richard 114
Heyse, Paul 28
Hinkel, Hans 189 ff.
Hirsch, Hugo 175

Hitler, Adolf 156, 187, 199
Holl, Gussy 61, 115
Hollaender, Friedrich 114, 130 f., 138 f., 151, 182, 185, 198
Hollaender, Victor 66, 123, 178, 192
Holtei, Karl von 88
Holz, Arno 185
Hötzel, Carl 180
Huths Sommertheater 31
Hyan, Hans 134, 176
Hyan, Käthe 46, 72, 115, 176

Ibsen, Henrik 27
Immelmann (Jagdflieger) 106
Intimes Theater 59
Interimstheater (Kattowitz) 19, 23

Jacobsohn, Siegfried 34, 38, 74, 233
Jannings, Emil 115, 197
Jhering, Herbert 213

Kabarett für Alle 153, 155 f.
Kabarett der Komiker 88, 137, 208
Kabarett Vaterland 160
Kainz, Josef 26
Kalisch, Ludwig 55
Kalischer, Siegmund 230
Kapeller, Karl 175
Kästner, Erich 139 f., 185, 205
Kerr, Alfred 11, 34 f., 126, 147, 211
Keun, Irmgard 116, 213, 234
Kiaulehn, Walther 211, 232

Klabund 114, 185
Kluck, Max 180
Knopf, Martin 64
Kollo, Walter 48 ff., 52, 55, 57,
    63, 67, 73, 80, 83, 97, 108,
    110 f., 129, 134, 166, 169,
    171 f., 174 f., 180 ff.
Kollo, Willi 49
Kollwitz, Käthe 85, 216
Komische Oper 148
Konzerthaus Bellevue 196
Kokoschka, Oskar 125 f., 199
Korso (Berlin) 155
Kolpe, Max 160
Kraus, Karl 126
Kristallpalast (Düsseldorf) 155
Kristallpalast (Leipzig) 189
Krüger, Hellmuth 204, 211
Kühl, Kate 115, 141, 185
Künneke, Eduard 117, 129, 134,
    175

Land, Lene 61
Langhoff, Wolfgang 213
Lamberts-Paulsen, Harry 93,
    136
Lange, Helene 16 f.
Langer, Resi 163, 185
Laurence, Max 46, 52
Lehar, Franz 74
Lehmann, Else 25 f.
Leibholz, Ernst 180
Leipziger, Leo 98
Leonard, Hugo 73, 177
Lessing, Gotthold Ephraim 59
Lichtenstein, Alfred 185
Liebich (Breslau) 155
Lincke, Paul 66, 74

Lindemann, Wilhelm 67, 176
Linden-Cabaret 58, 62, 71 ff.,
    78, 93, 111, 115, 125, 166,
    172, 180
Lingen, Theo 16, 213
Lion, Margo 115, 123
Loos, Adolf 126
Loos, Lina 72
Luft, Friedrich 236

Maas, Frl. (Schauspielerin) 24
Maetzig, Kurt 213
Mann, Carla 19
Mann, Heinrich 19
Mann, Thomas 19
Markiewicz, Helmut 180, 227
Meinhard, Carl 178
Massary, Fritzi 51, 98, 167
Maßmann, Hans Ferdinand 41
May, Hans 134, 182 f.
Mehring, Walter 114, 140
Mendelssohn, Ludwig 75, 77,
    81, 169, 178 ff., 192, 222
Mendelssohn, Walter 131, 179 f.
Merbach, Alfred Paul 32
Methfessel, Albert 40
Metropol-Cabaret 98 ff., 178
Metropol-Theater 31, 66, 81, 98
Meyer, Conrad Ferdinand 28
Meyer, Alfred Richard 161, 233
Meyerinck, Hubert von 115
Michels (Direktor) 22
Mistinguett (= Jeanne-Marie
    Bourgeois) 121
Moreau, Jean 61
Moulin Rouge (Paris) 121
Mühsam, Erich 72, 178, 185
Müller (Schutzmann) 62

Nagel, Otto 84
Nahrwold (Konrektor) 15
Nauck & Hartmann (Druckerei) 55
Nelson, Rudolf 44 f., 50, 60 ff., 64, 69 f., 73, 83, 94, 100, 115, 123, 130 f., 175 ff., 182, 198, 230
Neues Schauspielhaus 42 f.
Ney, Maria 209
Nick, Edmund 181
Niklaß-Kempner, Siegfried 81, 169
Nikolaus, Paul 234

O'Montis, Paul 153, 163
Orlik, Emil 93, 127 ff.
Ostwald, Hans 134
Otéro, La belle 51

Palucca, Gret 213
PEM (= Paul Markus) 200, 207, 234
Platen, Horst 183, 229
Polgar, Alfred 140
Prager, Willy 22, 61, 69 f., 79, 174, 177, 231
Prater 31
Preil, Paul 130
Presber, Rudolf 66, 148
Puhlmanns Garten 31
Puttkammer, Alberta von (= Marie-Madeleine) 27

Rastelli 156
Rath-Rex 190
Regina-Palast (Dresden) 190
Reicher, Emanuel 46

Reimann, Hans 150
Reinhardt, Max 23, 46, 108, 114
Residenz-Theater (Paderborn) 204
Reutter, Otto 18, 30, 59, 80, 84, 95, 107, 153, 174, 182, 206
Richthofen, Manfred von 106
Rideamus (= Fritz Oliven) 108, 111, 117
Riegler, Theo 211
Riess, Curt 151
Rilke, Rainer Maria 28
Ringelnatz, Joachim 114, 119, 121, 160, 198, 206, 216
Roda Roda 72, 93, 118
Rodenberg, Hans 213
Roeder, von (Freiherr) 198
Roeder, Olly von 93, 138 f., 157, 197 f., 218
Roeser, O. B. 81
Roland von Berlin 44, 46, 50, 55, 57, 60, 81, 166, 180
Rose-Theater 200
Rose, Willi 218
Rose, Vincent 124
Rosen, Willy 156
Rosenberg (Hofrat) 40
Rosenfeld, Karl 71
Rosenfeld, Theodor 71
Roth, Joseph 86, 232
Rückert, Friedrich 28 f.

Sabo, Oskar 123
Sachse, Peter 183
Salzer, Marcel 46
Sandrock, Adele 119
Scala 153, 174, 190, 193 f., 196 f., 208

Shakespeare, William 20
Silberne Punschterrine 176
Simmel, Paul 143
Simplicissimus (München) 114
Söneland, Senta 72, 115 f., 234
Spoliansky, Mischa 114
Sudermann, Hermann 20, 47, 59

Schaeffers, Willi 19, 90, 156,
    158, 231
Schall und Rauch 114
Schanz, Frida 27
Schanzer, Rudolf 66
Schaubude (München) 205
Scheerbart, Paul 35 f., 38, 46 ff.,
    126
Schickele, René 57, 61
Schiffer, Marcellus 139 f.
Schmidt-Hagen, Franz 169
Schneider-Duncker, Paul 44 ff.,
    50, 52, 55, 61, 115, 158, 176,
    180, 230
Schnog, Karl 115, 185, 198, 233
Schönwald, Gustav 67, 69
Schulz-Buch 180
Schwarzer Kater 183
Schweizergarten 31

Stadtwäldchen 71
Stein, Leo Walter 148
Steiner, Jo 62, 72
Steiner, Jules 204
Steinitz, Paul 61
Stern, Ernst 108, 123, 150
Stolz, Robert 175
Stransky, Otto 137, 183
Strasser, Paul 180, 183
Straus, Oscar 178

Tauber, Richard 152
Tauentzin-Varieté 115
Terrasse, Claude 35
Thalia-Theater (Wiesbaden) 200
Theater am Kurfürstendamm 147
Theater am Nollendorfplatz 97,
    108 f., 111, 115, 117, 208, 231
The Franks 163
The Three Kukirolers 119
Thielscher, Guido 84, 98 f., 165
Titiania-Palast 208 ff.
Tolle, Gustav 121, 206, 216
Toulouse-Lautrec, Henri de 161,
    168
Trautschold, Ilse 185
Trier, Walter 123 f., 150, 199
Tschechne, W. 47
Tucholsky, Kurt (= Theobald
    Tiger) 61, 71, 74, 76 f., 89, 95,
    111, 114 f., 125, 130 f., 139 ff.,
    182, 184 f., 235
Turszinsky, Walter 98

Überbrettl 33, 178

Valentin, Karl 153, 206
Valetti, Rosa 115, 141, 163, 185
Vara, Anni 31 f., 35, 39, 51
Varieté Hohenzollern
    (Magdeburg) 155
Volksgarten (Reichenbach) 200

Wagner, Richard 23
Waldau, Harry 180
Walden, Claire 80
Walden, Herwarth 126
Waldow, Fritz 80
Walhalla-Theater 53

Wallburg, Otto 163
Wallner-Theater 196
Wanda, Gustav 66
Wassmann, Hans 150
Wedekind, Frank 34, 130, 171
Weidenhof-Casino 183
Weigel, Helene 213
Weimanns Volksgarten 31
Weinert, Erich 163, 185
Werau 180
Werkmeister, Hans 34
Werkmeister, Lotte 118
Westermeier, Paul 93
Wilde Bühne 115, 140
Wilde, Oscar 152
Wilhelm II. 68, 85, 88
Wilken, Heinrich 42
Wilcynski, Karl 116
Wintergarten 60, 66, 81, 153,
    163, 189, 200
Witt, Sigismund 180

Wohlbrück, Olga 31 ff., 36, 39
Wolff, Felix 59
Wolff, Willi 97
Wollstein, Ernst 39
Wolzogen, Ernst von 33, 50, 178
Worsing, Elit 131
Wortmann, Clementine (Mutter)
    11, 17 f., 26, 30, 69, 164
Wortmanns Varieté 15, 17
Wortmann, Wilhelm (Vater)
    11 f., 14 f., 17, 26, 164

Yvain, Maurice 175

Zepler, Bogumil 178
Ziegler, Erich 180, 183
Zille, Heinrich 11, 47, 71, 84, 86,
    93, 95, 125, 134 ff., 144, 154,
    175, 177, 186 f., 209, 218, 235
Zitzewitz, Augusta von 119, 158,
    216

Bitte beachten Sie
die folgenden Seiten

Helga Bemmann

Erich Kästner

Ullstein Buch 35391

Seine Werke kennt jedes Kind: *Emil und die Detektive, Das doppelte Lottchen, Pünktchen und Anton*. Doch wer war dieser Erich Kästner, der so viele unvergängliche Werke schuf? Ein weltbekannter Kinderbuchautor, ein Gebrauchslyriker, ein Unterhaltungsschriftsteller, ein Bürgerschreck oder ein erschrockener Bürger?
Mit Akribie und erzählerischer Leichtigkeit zeichnet Helga Bemmann das wechselvolle Leben des berühmten Schriftstellers nach, zeigt dem Leser einen Menschen mit all seinen Widersprüchen und veranschaulicht, wie aus dem Musterschüler ein Erfolgsautor wurde.

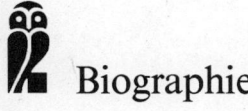

Biographie

Helga
Bemmann

Kurt Tucholsky

Ullstein Buch 35375

Was war das für ein Mensch,
der neben sich vier Pseud-
onyme stellte, den Panter und
den Tiger, den Wrobel und
den Hauser? Was war das für
ein Mensch, der hinter diesen
Texten stand – frech, witzig,
verspielt und melancholisch,
bissig und satirisch?

»Eine gewissenhaft recher-
chierte und sprachschöne
Monographie.«
Süddeutsche Zeitung

»Die erste ernst zu nehmende
Tucholsky-Biographie.«
Der Tagesspiegel

 Biographie

Maurus Pacher

Sehn Sie, das war Berlin

Weltstadt nach Noten

Ullstein Buch 34830

Eine geistreiche, amüsante Hymne auf die unsterbliche Legende Berlin, eine Geschichte der Berliner Unterhaltungskultur, frech und witzig, frivol und ironisch.

»Pacher legt wirklich eine ›Zeitgeschichte nach Noten‹ vor, ohne selbstinszenierte Beleuchtungen, er benutzt die Quellen und er sortiert mit Akribie in der Überfülle des Materials. Daß der Literaturnachweis und das Personenregister einen stolzen Fleißzettel bilden, versteht sich unter diesen Umständen von selbst, nicht jedoch, wie perfekt dieser buntscheckige Bericht gebaut ist.« *(Die Presse)*

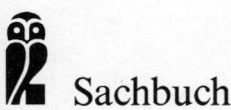

Sachbuch

Ursula Madrasch-Groschopp

Die Weltbühne

Porträt einer Zeitschrift

Ullstein Buch 34307

Arnold Zweig über den Gründer der »Weltbühne«, September 1930:

»Von Siegfried Jacobsohn aber ist diese Weltbühne geblieben, ... diese Weltbühne, rechthaberisch manchmal, ... streitsüchtig manchmal, irrend manchmal ..., aber vor allem furchtlos wie er ... Sein schmetterndes Gelächter ist verstummt, und weit entfernt, einen Goldrand der Erinnerung um ihn zu ziehen, sehen wir ihn vielmehr scharf umrissen mit seinen Schwächen und seinen Kräften, und so ... steht die Weltbühne unter den wirkenden Elementen dieser Zeit ...«

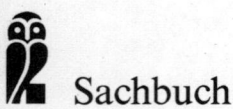

Sachbuch